더 늦기 전에
시작하는

생태
환경사
수업

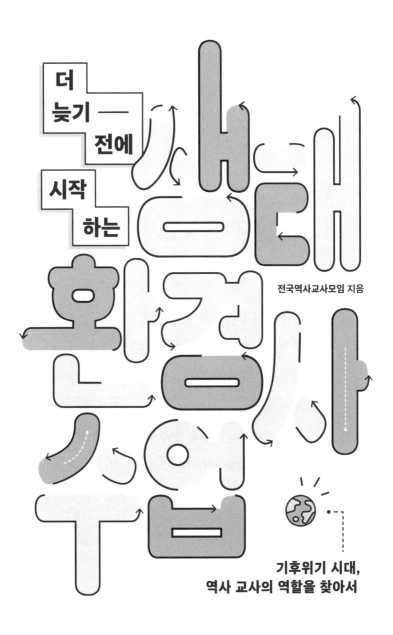

더 늦기 전에
시작 하는

생태환경사 수업

전국역사교사모임 지음

**기후위기 시대,
역사 교사의 역할을 찾아서**

차 례

총론

생태환경사를 공부하고 가르친다는 것 6

1부 생태환경사 수업의 출발

1. 교사의 준비 기후위기 시대,

　　　　　　역사 교사니까 잘할 수 있는 일을 찾아서 27

2. 세계사 수업 세계사 교과서를 낯설게 마주하는 시간 48

3. 동아시아사 수업 동아시아를 넘나들며 직조하는 생태환경사 70

4. 한국사 수업 녹색 한국사 수업을 그리다 104

5. 융합 수업 생태환경 융합 수업의 가능성 넓히기 124

2부 생태환경사 수업의 다양한 실천

1. 그림 소의 자리가 있는 한국사를 상상하다 147

2. 설화 설화를 활용한 생태환경사 수업 170

3. 답사 지역의 역사를 새롭게 바라보는 생태 답사 194

4. 인터뷰 구술 인터뷰로 산업화와 공해의 역사 돌아보기 217

3부 생태환경사 수업의 새로운 내러티브

1. 인류세 새로운 세계사를 위한 밑그림 243

2. 발전 서사를 넘어 역사를 보는 틀의 전환을 향해 269

3. 수업론 생태환경사 수업 구성을 위한 단계별 접근법 292

좌담회 생태환경사 수업을 막 시작하려는 선생님들께 314

미주 347

참고문헌 및 추천도서 367

생태환경사를 공부하고 가르친다는 것

김육훈_前 전국역사교사모임 회장

여러분! 지금 안녕하신가요?

몇 년간 우리 사회와 온 인류는 충격적인 팬데믹에 시달렸습니다. 오랫동안 일상이 정지되었고, 많은 사람이 고통을 받았으며, 아무런 잘못도 없는 이들이 갑작스럽게 세상을 떠나기도 했습니다. 개개인이 경험한 팬데믹은 달랐지만 우리는 모두 병에 걸릴 수 있고 치료받지 못하면 죽을 수 있다는 진리를 새삼 확인해야 했습니다. 인류가 그동안 쌓아 온 다채로운 문화와 찬란한 문명을 생각하면, 인간도 그저 다른 동물과 다를 바 없는 생물학적 존재임을 체험하는 순간은 참으로 특별했습니다.

코로나19 팬데믹이 기승을 부리던 때, 모두가 위기감으로 불안해할 때 이것은 겨우 시작일 뿐이라며 경고하는 이들이 있었습니다. 미처 느끼지 못하던 사이에 인간이 살아가는 터전, 인간이라는 생물이 서식하는 생태계-지구시스템이 고통을 호소하기 시작했던 것이지요. 그것을 다 기억하면 우울해져 살기 어렵지만 우리는 이미 몇 년 사이에 지구 곳곳에서 일어나는 충격적인 사달을 많이 겪었습니다. 어떤 곳에서는 일찍이 없던 대홍수가, 또 다른 어떤 곳에서는 유례를 찾을 수 없는 가뭄이, 또는 가뭄을 동반한 엄청난 규모의 산불이 이어졌습니다. 많은 인간을 포함해 뭇 생명이 단박에 사라졌지요.

더 우울한 점은 홍수로 모든 것을 잃어버린 이들, 가혹한 가뭄으로 고통받는 이들 중에 유난히 약자들이 더 많다는 사실입니다. 문제를 여기까지 이르게 한 책임은 가장 적을 텐데도 말입니다. 그런데 이런 일들이 몇 년 일어나다 말 일이 아니라면서요? 더 나쁜 상황이 올 수도 있고, 더 자주 일어날 수도 있다 하니 두려운 마음까지 들곤 합니다.

여전히 민감하게 느끼지 못하는 이들이 많지만 적지 않은 이들은 이 속에서 종말론에 가까운 위기감을 느낀다고 합니다. 종말론까지는 아니어도 오늘의 삶이 지속가능할지 의문을 품는 이들은 더 많을 것입니다. 여전히 한국에서는 낯설지만 국경만 걸어 내면 세계 어디서도 지속(불)가능성에 대한 우려, 대안을 지향하는 논의를 접할 수 있습니다.

교육이 근본적으로 달라져야 한다는 논의도 대세를 이루는 듯합니다. OECD나 UNESCO처럼 평소에는 얼마간 보수적인 목소리를 내던 국제기구들조차 한목소리로 지속불가능성을 우려합니다. 그리고 교육부터 변해야 한다면서 학생들의 행위 주체성을 높이고 변혁적 역량을 기르는 데 주안점을 두어야 한다고 주장합니다. 지금 태어나는 아이들, 교육받는 학생들이 성인이 되어 살아갈 때를 생각해 보면 너무 암울하기 때문이지요. 교육의 생태적 전환은 더 미룰 수 없는 과제라는 것을 이제는 많은 이가 공감하나 봅니다.

역사 교과까지 생태를 말해야 할까요?

최근 몇 년 사이 위기감이 부쩍 높아지다 보니 이제 한국에서도 교육의 생태적 전환이 필요하다거나 생태전환 교육을 실천하자는 이야기가 낯설지 않습니다. 교육과정을 개발하던 이들도 문제를 심각하게 느꼈고요. 그래서 새 교육과정이 적용되면 여러 과목에서 이 위기감을 반영한 내용을 다룰 것입니다. 이 문제의식을 담은 수업 소재들이 부쩍 늘었으니까요. 고등학교에서지만 교양과정에서 환경을 다루는 과목('생태와 환경')이 있고, '지구시스템과학' 같은 진로 선택, '기후변화와 지속가능한 세계', '기후변화와 환경생태' 같은 융합 선택 과목도 새로 생겼습니다.

생태와 환경 혹은 기후위기를 의제화하는 교양 과목이나 선택 과목을 공부하는 학생들이 얼마나 될지 가늠하긴 쉽지 않지만, 그래도 긍정적인 변화라 생각합니다. 그러면서 또 이렇게 생태환경이나 기후위기를 다루는 과목이 있는데, 다른 교과에서까지 관련된 내용 요소를 가르쳐야 할까 하는 의문도 들긴 합니다. 개별적 환경 문제든, 지구시스템과 관련 있는 기후위기 차원이든 기본적으로 STEM 차원에서 접근해야 하지 않느냐고 말하는 이들이 제법 있는 것도 사실입니다.

　STEM은 과학(Science) · 기술(Technology) · 공학(Engineering) · 수학(Mathmatics)의 약자인데, 이 영역이 기후생태 문제를 풀어 가는 데 중요한 역할을 할 것임은 분명합니다. 어쩌면 핵심적인 역할을 할 수 있을 것이라고 생각합니다. 그런데 한편으로는 이 STEM 영역이 지금의 문제를 낳은 것도 사실이고, 문제를 개선할 수도 있지만 악화시킬 수도 있지 않을까요? 그렇게 생각하면 STEM 영역이 어디에 위치해 있으며 어떤 역할을 해 왔고, 해야 할 것인지를 살피는 다른 관점도 필요하지 않을까요?

　중국에서 곡식을 먹는 참새를 잡자는 참새 소탕 작전을 펼친 적이 있습니다. 그래서 많은 사람이 수많은 참새를 잡아 당초 계획을 초과 달성했는데, 과연 그 결과가 식량 증산으로 이어졌을까요? 불행히도 그렇지 못했습니다. 참새가 쪼아 먹은 양보다 훨씬 더 많은 곡식을 참새가 잡아먹지 못한 메뚜기 등이 먹어 치웠지요. 이처럼 하나의 현상을 이해하려면 복잡한 원인을 살펴야 하고, 대책을 마련할 때도 다각적으로 탐색해야 합니다.

　역사생태학(Historical Ecology)이라는 연구 분야가 있다고 합니다. 자연도 변한다는 전제에서 시작하는데요, 자연 그 자체의 논리에 따라 변하기도 하고 인간의 작용에 의해 변하기도 한다고 봅니다.

생태변화, 변화에 영향을 미친 요소들을 탐구하는 학문 분야입니다. 사회생태시스템(socio-ecological system)이라는 단어도 있고 사회생태학(Social Ecology)이라는 연구 분야도 있다고 합니다. 외국에서는 연구가 많이 축적되어 다양한 연구 모델이 있다고 하는데, 이는 기본적으로 생태계에 영향을 미칠 어떤 결정을 할 때 복합적 측면을 잘 고려하자는 취지입니다. 환경을 우려하는 이들은 변화된 환경 그 자체뿐 아니라 변화에 영향을 미친 인간적 요인과 변화가 가져온 사회적 결과를 함께 생각합니다. 인간은 사회생태적 존재라는 것이지요.

지금까지 STEM으로만은 부족하다는 이야기를 하기 위해 소개했습니다. 기술이 많은 문제를 해결하겠지만 기술이 사회 속에서 존재하는 방식을 성찰적으로 돌아보면서 문제를 점검하고, 지속가능한 방식으로 작동하는 사회를 만들기 위한 또 다른 성찰이 필요하다는 것이지요. 생태 혹은 자연 그 자체도 변화하는 체계라는 생각을 가지고 역사·사회과학 관점으로 볼 수 있을 때 문제의 원인을 제대로 찾고 의미 있는 대안을 상상할 수 있으리라 생각합니다.

기후 교육인가, 생태환경사 교육인가?

기후위기에 대한 책임감으로 꼭 기후사를 다룰 필요는 없습니다. 물론 기후도 변화한다거나 기후변화가 자연과 인간 사회에 영향을 준다는 사실을 아는 것은 중요하고, 역사 시간에도 더 많이 다루면 좋겠습니다. 그러나 "기후현상은 과학 시간에 체계적으로 다루고 기후변화의 영향은 지리나 사회 시간에서도 많이 접하는데, 굳이 또 역사 시간에 다루어야 하나"라는 질문에 나름의 대답은 준비해야겠지요?

　기후변화는 폭우나 가뭄 같은 일시적 재난을 불러일으킬 뿐 아니라 동식물의 성장이나 분포에 영향을 미치는 한편, 인간을 포함한 생물이 살아가는 조건을 지속적으로 악화시킬 수 있습니다. 그런데 모두가 언제나 똑같이 영향을 받지는 않습니다. 힘없는 이들부터 영향을 받을 것이고, 한정된 자원을 놓고 벌이는 경쟁은 갈수록 악화될 수 있습니다. 그러므로 기후위기라 부르는 현상은 실상 기후·생태 위기며 복합적 사회위기라고 보아야 합니다. 기후 문제는 그 자체로 인권 문제이자 정의의 차원일 수 있다는 것입니다. 기후 문제에 대한 사회적 상상력이 필요한 이유입니다.

　더 중요한 것은 기후가 변화한다는 사실 그 자체가 아니라, 변화의 원인이 자연에 있지 않음을 아는 일입니다. 위기의 책임이 인간과 사회에 있다고 인식할 때 문제를 해결할 주체를 어떻게 정립할지 상상할 수 있겠지요. 자연현상이 사회적 갈등으로 이어지는 구조와 동학, 문제 해결을 위한 실천과정에서 일어나는 의견들의 경합과 그것이 빚어낼 결과에 대한 정치적 상상력이 있어야 합니다. 그래야만 문제를 일으킨 권력이나 자본, 기술에 해결의 칼자루를 넘기지 않을 수 있으며 조금은 더 나은 대안을 탐색할 수 있을 것입니다.

전문가들에 따르면 지금의 기후변화는 속도가 매우 빨라 앞으로 어떤 일이 일어날지 예측하기 어렵다고 합니다. 그러므로 무엇을 준비할 수 있을지 난감하기도 합니다. 그런데 과거라는 아카이브 속에는 기후변화와 관련한 다양한 사례가 있습니다. 기후변화가 불러오는 생태계의 변화, 급기야 기후변화로 치닫고 말게 된 사회 변화 및 이와 연결된 인간의 선택들, 기후·생태 변화에 따른 인간의 적응 혹은 문명의 파괴, 이를 둘러싼 극단적 갈등과 연결된 이야기들 말입니다.

기후위기를 의제로 삼는다는 것은 단지 기후사를 더 많이 가르치기 위함이 아닙니다. 기후변화를 생태환경이라는 더 넓은 차원에서 살피고, 생태변화를 일으킨 인간적 요인을 짚으면서 달라진 조건에서 상황의 악화를 막으며 인간이 할 수 있는 일을 폭넓게 생각해 보자는 것이지요. 그러므로 기후사에서 생태환경사로 나아가자는 것이며 자연환경 자체에 국한하지 않고 사회생태사, 생태경제사 혹은 생태정치사의 문제의식을 폭넓게 고려하자는 것입니다.

콜로세움을 보며 화려했던 로마 문명을 누차 설명했으면서도, 그 공간에서 수많은 동물과 인간 대학살이 일어났다는 사실은 얼마나 가르쳤는지 생각해 보세요. 산업화나 경제성장을 힘주어 가르치면서도, 그 과정이 나라 안팎의 자연 파괴와 연결되었다는 점을 놓쳐 버린 데서 출발합시다. 그리고 인간이 자연을 자원으로만 보고 파괴해 온 결과가 이제 지구시스템 전체에 영향을 미칠 정도라는 냉엄한 사실을 무겁게 받아들일 수 있도록 우리가 가르쳐 온 역사 교과서의 서사를 다시 생각하는 기회가 되면 좋겠습니다.

지금 교과서 내용도 많은데 생태환경까지?

사실 지금 역사 교과서도 소화불량에 걸릴 정도로 내용이 많습니다. 그래서 시대별로 생태환경과 관련된 소재를 조금이라도 넣으려 한다면 고개를 갸웃할 수도 있을 것입니다. 제기할 만한 의문이라 생각하지만 생각하기에 따라서는 성립되지 않는 질문일 수도 있습니다.

울산에 온산이라는 곳이 있는데, 1970년대에서 1980년대에 이곳에서 충격적인 공해 사건이 일어났습니다. 모든 교과서에서 비중 있게 다루는 산업화 과정에서 일어난 일인데요. 공해가 얼마나 엄청났는지 지역 주민 대다수가 충격적인 피해를 입었습니다. 그런데 역사 교사들조차 이런 사실이 있었는지 잘 모릅니다. 경제개발5개년계획의 세부 내용은 역사적 사실인데, 그 과정에서 일어난 집단 공해 사건은 사실로서 다루어지지 않았기 때문입니다.

아무개가 대통령에 당선되었다는 것이 역사적 사실인 것처럼, 신라 때 녹읍이 있다가 없다가 다시 생겼다는 사실, 고려 때 봉박이라는 제도가 있었다거나 공민왕이 정동행성이문소를 없앴다는 것이 역사적 사실인 것처럼 말이에요. 온산 공해 사건을 제외하고는 모두 지금 교과서에 나오는 역사적 사실인데요. 이 사실들을 다

공부하면서 또 온산공단의 공해를 학습하려고 하면 분량이 많아지긴 할 것입니다. 그런데 온산 공해 사건이 봉박이나 녹읍이라는 제도의 연혁보다 반드시 덜 중요할까요?

선생님들 혹시 경신대기근이라고 들어 보셨나요? 경술년(1670)과 신해년(1671)에 있었던 최악의 기근을 아울러 가리키는 말입니다. 현종 때 일인데요. 1차 예송, 2차 예송, 상복 입는 방법, 서인, 남인, 붕당정치 이런 이야기는 교과서에서 늘 비중 있게 다루는데, 이 사건은 한 번도 등장하지 않았습니다. 수십만 명이 굶어 죽었다는데도 말입니다.

기존 교과서를 자명한 것인 양 간주하고 여기에 생태환경 관련 사실을 덧붙인다는 생각에서 벗어나 봅시다. 지금 학생들에게 더 소용 있는 지식이 무엇일지, 이들이 더 나쁜 세상에서 살지 않으려면, 나아가 더 나은 미래를 만들려면 어떤 의제를 성찰해야 할지 생각해 보세요. 그러면 오래된 과거의 이런저런 제도에 관한 지식만큼 가치 있는 것은 또 있을 것입니다. 온산 공해 사건을 포함한 경제성장의 역사를 구성하는 식으로 또 다른 사실을 찾아서 교재화하다 보면 교과서 서사도 다소간 달라지긴 할 거예요. 그렇게 하자는 것입니다.

안타깝게도 그동안 역사 교과서들은 산업화를 경제성장과 연관 지어 매우 비중 있게 다루었습니다. 개발과 발전을 우리가 지향할 중요한 가치로 여기도록 이끌었지요. 그렇다 보니 대부분의 교과서에는 심지어 공해나 환경오염 같은 단어조차 없었습니다. 조선 후기를 농업생산력이 늘고 상품 화폐경제가 성장해 내부로부터 근대적 전환이 준비되고 있었다고 가르칠 것이라면, 적어도 경신대기근이나 을병대기근°과 같이 큰일은 함께 언급해야 하지 않을까요? 지속불가능성에 대한 우려가 세계적으로 확산되고 있는데도 우리 역사 교육은 마치 고립된 섬처럼 그런 변화에 귀를 닫고 있었다고 하면 지나칠까요?

"역사 교사까지 생태환경을 다루어야 하나요?"라고 묻지 않아야 합니다. 왜냐하면 역사 교사들은 지금까지 개발을 비중 있게 다루면서 발전·성장 지상주의적 사고를 자연스럽게 받아들이도록 구성된 교과서로 수업해 왔으니까요. 산업화를 문명이나 진보와 관련지어 서사화하려면 산업재해에 따른 노동자와 그 가족의 건강, 공해가 미친 공중 보건의 문제 등은 다루어야 하지 않을까요? 농경지나 도시 건설을 위해 숱한 간척지를 개발했다면 그 결과에 대한 긍정적 묘사뿐 아니라 간척지에서 생계를 이어 가던 수많은 이의 이야기도 같이 조명해야 하는 것은 아닐까요?

● 을병대기근은 을해년(1695)·병자년(1696)부터 기묘년(1699)까지 이어진 대기근이다. 실록에 식인(食人) 기록이 넘쳐 나고 공식 통계에 141만 명 이상의 인구 감소가 기록되는 때다. 서인과 남인, 환국, 장희빈과 인현황후 등이 교과서 서사의 중심인 숙종 때 일이다. 김문기, 〈17세기 중국과 조선의 재해와 기근〉, 《이화사학연구》 43, 2011.

생태환경사 수업은 일차적으로 인간도 자연의 일부며 자연의 영향에서 자유롭지 않다는 사실을 기회가 있을 때마다 상기시키는 데서 출발할 것입니다. 인간의 삶이 더 넓은 자연생태계에 적응하는 과정에서 생성되었으며 자연이 부과하는 한계를 넘어서 살아갈 수 없다는 이 원리를 인간 사회를 이해하는 데 적용해야 한다는 뜻입니다. 아울러 기후나 생태 조건이, 동물이나 병원균 같은 미생물이 중요한 역사적 행위자일 수 있다는 점을 생각하도록 이끄는 일입니다. 그럴 수 있을 때 사회나 역사 변화를 설명하는 힘도 더 커지고, 자연이 만들어 내는 예상하기 어려운 미래를 겸허히 받아들일 수 있게 되겠지요.

생태환경사 수업의 또 다른 측면은 인간이 자연과 환경에 미치는 영향을 적극적으로 의식하는 일입니다. 1970년대 이후 여러 나라에서 환경사 연구와 교육이 활발히 이루어졌는데, 두 가지 요인이 있었다고 합니다. 첫째는 갈수록 심각해진 자연 파괴 문제였습니다. 공해처럼 인간에게 돌아와 자연과 인간을 직접 파괴하는 일이지요. 둘째는 자원은 한정되어 있는데, 이러다가 세상이 끝나는 것이 아닌가 하는 지속불가능성에 대한 우려였습니다. 당시 환경 운동가들이 생각했던 것과 오늘 우리가 실천하려는 생태환경사 수업은 이런 점에서 공유하는 부분이 많을 것입니다.

생태환경사 수업은 평범한 인간들의 삶을 보다 잘 이해하려는 노력의 일부입니다. 당연한 듯싶지만 우리 교과서를 펼쳐 보면 당연하지 않습니다. 그동안 교과서가 인간과 자연의 분리, 문명과 진보, 개발·국가 주의 서사로 구성되었던 점을 부정할 수 없습니다. 생태환경사의 시선으로 본다면 평범한 사람들의 일상을 중심에 놓고 과거를 다른 방식으로 살피는 데 도움이 될 것입니다. 아울러 문명과 풍요라는 단어와 종종 연결되는 도시나 서구 사회가 비도시 지역이나 식민지라는 다른 생태계에서 수탈한 자원과 식량으로만 존속할 수 있다는 사실을 짚어 볼 수 있습니다. 아예 도시나 서구를 다른 생태계들과 묶어 더 큰 생태계 속에서 이해하는 방식을 시도할 수도 있습니다.

환경사가들은 사회변화의 요인으로 자연의 중요성에 주목하지만 자연의 역할을 지나치게 강조하는 것을 경계합니다. 기후결정론이나 환경결정론처럼 사회 문제의 원인을 단일한 요인에서 찾으려 해선 안 된다는 것이지요. 자연은 인간적 요인을 매개해 다른 인간적 요인과 함께 사회변화의 동인으로 작동하기 때문입니다. 역사 교육자들도 기후가 인간의 삶에 영향을 미친다는 사실 그 자체가 아니라 위기를 조장한 인간적 요인에 주목하고, 기후위기가 사회와 문화에 영향을 미치는 방식을 설명하려 애써야 하겠지요.

환경사가들은 인간과 자연이라는 이분법 대신, 인간이 다른 존재들과 함께 존재하며 역동적으로 상호작용하는 크고 작은 공동체를 상상합니다. 학자들에 따라 그 공동체를 생태계, 생명공동체, 생명의 그물망, 지구시스템으로 다르게 주목하지만, 인간을 이 공동체의 일부로 간주하고 역사를 이해하는 데 생태학적 설명을 시도

한다는 점에서는 비슷할 것입니다.

환경 파괴라는 말은 흔히 국지적 차원에서 일어난 일을 가리킬 때가 많았습니다. 그런데 오염된 공기나 물이 흔히 지역과 국경을 넘듯 환경 문제는 지역과 국경을 넘나들어 왔습니다. 국지적·지역적 차원에서 일어난 일도 그 원인이 다른 곳에, 심지어 아주 먼 곳에 있을 때가 많습니다. 오존층 문제나 지구온난화 문제에서 단적으로 드러나듯 이제는 지구시스템 스케일로 보아야 할 환경 문제가 갈수록 늘고 있습니다. 그러므로 민족이나 국가 규모로만 이루어진 역사 교육, 인간·사회에만 주목하는 역사 교육의 틀을 전체적으로 다시 살펴야 하지 않을까요?

생태환경을 변화시키는 인간적 요인은?

모든 역사가 그렇듯 생태환경사는 생태환경의 변화를 주로 다룹니다. 그 변화가 자연에서 비롯되기도 하지만 역사에서는 주로 변화의 원인이 인간인 경우를 살핍니다. 이제 환경변화를 일으키는 인간적 요인에 대해 좀 더 생각해 보겠습니다.

초기 환경사학자들은 환경 행동에 영향을 미치는 사상에 주목했습니다. '자연과 인간을 구분짓고 자연을 정복과 이용의 대상으로 간주하는 서양식 자연관이 환경 문제의 주된 원인이다'라는 식이지요. 그래서 동서양의 종교 교리나 철학자들의 글에 나타난 자연사상을 조사해 비교하는 연구가 많이 진행되었습니다. 조사 결과는 어땠을까요? 자연을 스스럼없이 이용하고 지배하려는 사고와 행동, 자연 친화적인 사고와 행동은 동서양을 막론하고 존재했다는 것이 역사학자들의 결론입니다. 환경 파괴의 원인을 인간의 본성이나 종교나 철학(문화)에서 찾는 것 이상으로 경제적·정치적 목적에 더 주목해야 한다는 것이지요.[1]

환경과 관련된 인간의 활동을 생각해 보기 위해 사례를 하나 들어 볼까요? 언젠가 국사편찬위원회 한국사데이터베이스에 '봉산'과 '시멘트'라는 검색어를 입력하고 실행한 적이 있습니다. 선생님들도 지금 한번 해 보세요. 다섯 차례의 《동아일보》 보도를 확인할 수 있는데요. 1938년 황해도 봉산에 아사노시멘트 회사가 세워졌다는 내용, 그로부터 1년도 채 되지 않아 봉산 주민들이 환경 파괴를 일으킨 공장과 격렬하게 대치한 사실을 다룬 내용입니다. 그 무렵 많은 일본 자본이 조선에 투자했는데, 아사노시멘트도 그중 하나였습니다.[2] 이 회사는 공해를 많이 일으켜 일본 시민들에게 쫓겨난 뒤 식민지 조선의 황해도 봉산으로 그 시설을 옮겨 왔습니다. 이런 일이 어떻게 가능했을까요? 식민지 조선에는 당시 일본에 있는 근로기준법도, 환경 규제 장치(공장법)도 없었기 때문입니다. 더욱이 일본인 기업의 이익을 위해 조선 민중의 항의를 폭력적으로 제압해 줄 총독부 권력이 있었기 때문이겠지요.

최근에 읽은 중국 환경사 책 내용도 잠시 소개하겠습니다. 저자에 따르면 우리가 아는 그 황하(黃河)는 당초 그냥 하(河)로만 불렸는데, 한나라 때 황(黃) 자가 추가되었다고 합니다. 농경의 확산이 불러일으킨 토양 유실이 누적된 결과로 한 제국이 흉노와 벌인 전쟁에서 승리한 뒤 목축민을 몰아내고 그들의 초원을 관개(灌漑)해 한족의 농경지로 변화시킨 일도 원인 중 하나라고 합니다. 저자는 인간을 조직적으로 동원할 수 있는 국가, 그리고 국가 간 사활을 건 전쟁이야말로 환경변화의 중요한 동력이라고 강조합니다.[3]

　인간은 본성적으로 자연과 대립할 수밖에 없다거나 먹고살려면 자연을 이용할 수밖에 없지 않느냐는 말은 조심해서 써야 합니다. 공업화를 위해 오염이 불가피했던 것도 아닙니다. 생태환경사는 바로 생태환경에 미친 인간적 요인을 조사해 그것이 인구 증가나 기술의 변화에 따른 자연스러운 결과인지, 시장의 힘이나 자본·권력의 탐욕 때문인지, 그것들이 뒤엉킨 전쟁정치 때문인지 질문할 수 있도록 해 줍니다.

　인간은 지구에 서식하며 자연에 의존해 살아갑니다. 생태환경을 의제로 삼고 인간에 의한 환경변화에 주목한다고 해서 인간의 자연 이용 그 자체를 문제시하는 것이 아닙니다. "지구 먼저(Earth First)"를 내세우면서 인구 증가를 막는 것이 무조건적인 선(善)이라고 간주한다거나 모든 개발을 중단하자고 주장하는 것도 아닙니다. 인간이 실제 자연을 어떻게 이용하고 남용하는지 살피면서 환경 파괴의 피해자와 가해자가 누구이고 무엇인지 밝히고, 피해가 지속되도록 만드는 체제나 문화는 무엇인지 질문하는 것이지요. 또한 지속가능성(sustainability)을 적극적으로 의식한 삶의 방식이나 사회적 실천 등을 애써 찾아보는 것입니다. 그럴 수 있을 때 우리의 환경사 지식은 세상이 더 나빠지지 않도록 경계하고 파괴된 자연을 복원하는 방법을 찾는 데 도움이 될 것입니다.

그래서 무엇을 해 볼 수 있을까요?

생태환경사 수업을 해 보려 할 때 많은 선생님이 여전히 막막함을 느끼는 것이 현실입니다. 그러나 지금 교실에서 함께 생활하는 우리 학생들이 2030년 혹은 2050년에도 겨우 청장년일 것을 생각하면, 그들 중 다수는 어쩌면 22세기에도 생존할 수 있다고 생각하면 막연히 손 놓고 있어서는 안 될 듯한 책임감 같은 것이 생기지 않나요?

지금 당장 할 수 있는 무언가가 우리 주변에 있을 것입니다. 교과서 저자들이 적극적으로 의식하진 않았으나, 생태환경이라는 렌즈를 통해 차분히 살펴보면 지금 교육과정과 교과서를 따르더라도 다룰 수 있는 생태환경사 소재들이 제법 있을 것입니다. 여럿이 하는 이런 실천들이 교사 모임 같은 네트워크를 통해 하나둘 쌓이면 환경사를 더 풍부하게 하는 데서 나아가 녹색의 역사라는 대안적 서사로 가는 길도 조금씩 열릴 것입니다.

문명과 진보, 개발과 국가를 중심에 둔 역사 교과서를 넘어서 겠다는 적극적 의지로 지금 교과서 서사들을 비판적으로 읽고 토론하기 시작하면 이 길은 더 빨리 가능해질 수도 있을 것입니다. 역사적 사실에 대한 생태학적 설명을 적극적으로 고려하고, 지속가능성이나 환경 정의를 구체적으로 고민해야겠지요. 이 과정에서 인간과 사회가 더 넓은 차원의 일부로 존재한다는 사실을 생각해 보고, 더 깊은 시간 속에서 종적 존재로서 인류(Homo Sapiens)의 위치와 미래를 적극적으로 의식하는 새로운 감각을 체화할 수도 있지 않을까요?

선생님들에게 지금껏 써 온 교과서를 버리라고 말씀드리는 것이 아닙니다. 그동안 해 온 역사 교육을 자연스럽고 당연한 것으로 바라보지 않고, 그것이 만들어졌던 맥락과 오늘의 맥락을 비교하면서 앞으로의 역사 교육 방향을 열어 놓고 토론해 보자는 것입니다. 거의 등장하지 않는 '지금 이 순간의 역사', 눈곱만큼 들어가는 문명 이전의 역사를 좀 더 다루면 좋겠습니다. 헤아리기조차 어려운 숱한 왕조나 의미를 알기 어려운 온갖 제도와 사건을 열거하는 대신, 오랜 기간 지속된 생산 양식이나 문화 등 장기 지속의 역사를 더 비중 있게 살피면 좋겠습니다.

생태환경사 수업은 역사 수업입니다. 역사학 연구 성과를 바탕으로 역사학의 방법론을 적극적으로 고려하면서 수업이 이루어져야 할 것입니다. 환경 문제를 역사적으로 살피는 이유가 원인과 해결 방안의 복잡성과 예측불가능성을 고려하는 것에 있다면, 단일한 원인을 바탕으로 똑소리 나게 설명하고 싶은 충동을 특별히 경계해야 할 것입니다.

교사가 마음속으로 결론을 내려 놓고 학생들에게 주입하려는 방식도 경계해야 합니다. 학생들은 이미 교실 밖에서 다양한 지식을 얻고, 그렇게 획득한 지식은 행동에 영향을 미치는 인지적·정서적 요소로 학생들 내부에 자리 잡고 있습니다. 아무것도 모르는 학생에게 무언가를 설파하는 수업이 아니라 다양한 생각을 가진 학생들이 대화하도록 돕는 수업을 구상해야 합니다.

과거는 너무나 풍부해 무엇인가를 도모하려는 이들이 자의적으로 이용할 만한 사례가 널려 있습니다. 친환경적 행동을 고무하는 데 유용한 사례도, 파괴를 대놓고 설파하거나 피할 수 없다고 정당화하는 데 유용한 사례도 얼마든지 찾을 수 있습니다. 우리는 오랫동안 생태환경을 의식하지 않았고 '먹고사니즘'을 앞세워 다른 이의 고통과 지구의 지속가능성 문제를 외면해 왔습니다. 더욱이 요즘에는 많은 나라에서 '반환경'을 대놓고 설파하면서 개발과 국가를 제창하는 정치적 동원이 횡행하고 있습니다.

우리의 생태환경사 수업이 서 있는 현실은 바로 여기입니다. 역사 교사는 누군가가 과거를 부당하게 남용하지 않는지 눈을 부릅떠야 하고, 학생들이 과거의 이용과 남용 사이에서 균형 잡을 수 있는 힘을 길러 주어야 합니다. 역사 교사가 아무것도 하지 않는 동안에도 과거를 남용해 지속가능성과 정의를 위협하는 일들이 계속되고 있다는 것을, 더 강화될지 모른다는 것을 의식해야 할 것입니다.

생태환경사 수업의
출발

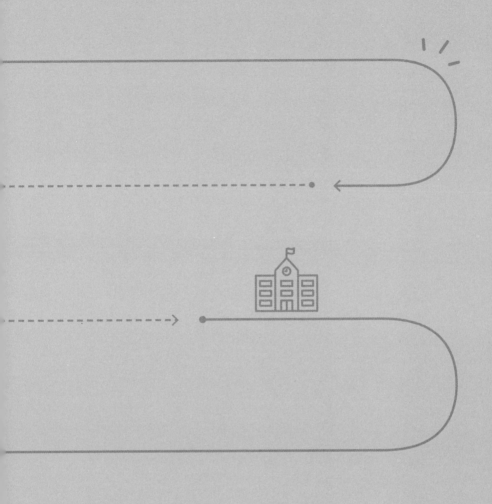

생태환경사적 시야를 확보하는 과정에서
불편함과 죄책감, 무력감을 느끼기도 합니다.
그러나 공부와 사유가 깊어지면 인식이 변화합니다.
위기의 연원을 파악하고 역사적 선택을 살펴보면서
변화를 이끌 수 있고
다른 이들과 연대할 수 있다는 희망을 품습니다.

1. 기후위기 시대, 역사 교사니까 잘할 수 있는 일을 찾아서

환경을 생각하며 산다는 것은

우주로 나가 지구를 향해 시선을 돌린 우주인들은 창백한 푸른 점을 마주합니다. 지구 밖 시점에서 지구를 대면하고 돌아온 우주인들은 이전과 같은 눈으로 세상을 볼 수 없게 된다고 합니다. '오버뷰 효과(the Overview Effect)'는 이처럼 아주 높은 곳에서 큰 그림을 볼 때 일어나는 세계관과 가치관의 변화를 이르는 말입니다. 저는 지구 밖으로 나가 본 적도 없고 지구인으로서 살아온 지도 얼마 되지 않았지만, 기후위기 시대를 온몸으로 통과하며 시민으로서, 역사 교사로서 세 번의 오버뷰를 경험했습니다. 그 과정에서 '지속가능성'이 삶의 가장 중요한 화두가 되었지요.

2020년 1월, 코로나19가 턱밑까지 추격해 오는 것도 모르고 즐겁게 떠난 제주 여행의 마지막 날《아무튼, 비건》이라는 책을 한 권 구입했습니다. 항공기가 연착되는 동안 읽은 이 책은 시민으로서 저의 삶을 바꾸어 놓았습니다. 책의 핵심인 철학자 레비나스의 말을 소개해 봅니다. "참으로 사람다운 삶은 그냥 존재하는 데 만족하는 것이 아니라 타자에 눈뜨고 거듭 깨어나는 삶이다."

우리는 살아가며 나와 타인을 구분짓는 '타자화'의 관성을 자연스럽게 습득합니다. 사람과 사람 사이에도 그러한데, 인간과 비인간 존재 간의 경계를 세우기는 너무나도 쉽습니다. 비건이라는 삶의 지향은 단순히 음식의 취향에 관한 이야기가 아닙니다. 이를테면 밥상에 올라온 맛있는 고기가 하나의 '생명'이었던 때를 기억하며 그들이 한 생명으로서 마땅히 누렸어야 할 권리를 떠올리는 일이지요. 이런 성찰은 다소 고통스러운 작업을 동반합니다.

환경을 생각하며 사는 삶 또한 그렇습니다. 귀찮고, 불편하고, 느리고, 찔리는 일투성이입니다. 기념일을 축하하는 식탁 위의 스테이크, 축구 경기를 보며 먹는 치킨, 출퇴근길에 타는 자동차, 점심시간에 먹는 테이크아웃 커피, 예쁜 옷을 사거나 배달 음식으로 스트레스를 푸는 일을 지구별의 지속가능성과 기후위기의 관점에서 생각하게 됩니다. '나 혼자 이런다고 뭐가 바뀌나?' 하는 생각도 시시때때로 저를 괴롭게 하지요. 지구온난화라는 용어로도 모자라 '지구가열화'라는 용어가 등장한 지금, 극심한 이상기후 발생에 대한 뉴스를 보면 불안감을 느끼기도 합니다. 기후변화로 인해 무력감, 피로감, 막막함을 느끼고 우울감이 지속되는 상태를 '기후우울증'이라고 합니다. 자신의 소비가 환경에 미칠 영향을 우려하며 죄책감을 느끼는 청소년들도 늘고 있다고 합니다. 기후위기라는 실체를 인식한 후 저는 이전과 같이 살 수 없게 되었습니다.

현재 우리가 처한 상황은 공부하면 할수록 더 절망적입니다. 간디학교 교가인 〈꿈꾸지 않으면〉이라는 노래를 참 좋아하는데요. 배운다는 것은 꿈을 꾸는 것이고, 가르친다는 것은 희망을 노래하는 것. 아득한 상황에서도 별 헤는 마음으로 없는 길을 가려는 것이 교육이라면 제 자리에서 할 수 있는 일을 해 보기로 했습니다.

역사 교사의 환경 동아리 운영기

죽이 되든 밥이 되든 환경 교육을 한번 해 보자는 취지에서 교내 환경 동아리를 창설했습니다. 보통 자율 동아리는 학생들이 모여 개설하고 지도 교사를 섭외하는 방식으로 이루어지지만, 이번에는 선생님인 제가 먼저 동아리를 조직하고 학생들에게 홍보한 뒤 모집하는 형태가 되었습니다. 인간이 하는 모든 활동은 지구에 '웨이스트(waste)'가 되지만 그것을 '제로(zero)'에 가깝게 만들고자 하는 시민을 기르는 것이 환경 교육의 궁극적 목표라고 생각합니다. 환경 동아리 '제로웨이스트'는 그렇게 시작되었습니다. 일곱 명의 학생과 한 명의 교사가 모였고 그야말로 아주 미미한 날갯짓을 시작했습니다. 당시 학교의 자율 동아리 중 유일하게 '과학' 분야로 분류되었던 환경 동아리를 역사 교사인 제가 이끌게 되었다는 점도 홍미로웠는데요. 환경에 대해 잘 모르던 저는 지도 교사로서 고군분투하며 학생들과 함께 배우고 성장할 수 있었습니다.

환경 동아리는 크게 세 가지 활동을 했습니다. 먼저 환경오염과 생태계 파괴, 이상기후 등 인류가 맞닥뜨린 기후위기의 현실을 파악하고 그 심각성을 인식하기. 다음으로 기후위기가 인류의 무분별한 소비와 개발이 초래한 결과임을 인식하기. 마지막으로 '우리가 할 수 있는 일은 무엇일까?'를 탐구하며 앎에서 삶으로 나아가기입니다.

유엔 환경 기념일을 활용한 계기 교육부터 교내 캠페인, 축제 부스 운영까지 작지만 의미 있는 활동을 꾸준히 이어 나갔습니다. 유엔 환경 기념일로는 4월 22일 지구의 날, 5월 10일 바다 식목일, 6월 5일 세계 환경의 날, 10월 1일 세계 채식인의 날, 11월 마지막 주 아무것도 사지 않는 날 등이 있는데요. 지구의 날을 맞아 '지속 가능한 세상을 위한 빙고'라는 이름으로 교사용·학생용 빙고 게임을 제작해 함께했던 교내 캠페인이 특히 기억에 남습니다. 빙고 게임에는 다회용 컵에 음료 마시기, 수업 끝나고 TV 끄고 나오기, 마트에서 과대 포장 사례 사진 찍기, 깨끗하게 먹은 급식판 사진 찍기, 개인 이메일함 비우기 등 아주 간단한 친환경 행동을 담았습니다. 일상에서 어렵지 않게 시도할 수 있는 친환경 행동이 생각보다 다양함을 알리고 자신의 실천을 확인하면서 성취감을 느끼는 기회를 제공하기 위함이었지요. 빙고를 완성하는 교사나 학생들에게는 씨앗 화분을 선물했습니다.

동아리 학생들과 함께 교내 축제 및 시에서 주관하는 청소년 동아리 축제에 참여해 부스를 운영했던 기억도 여전히 선명합니다. 학생들이 직접 제작한 환경 OX퀴즈, 다양한 일상의 상황과 환경 개념을 연결하는 카드게임, 환경 보드게임, 푸른 하늘 사진을 찍어 인증하는 공모전, 다회용기를 가져오면 비건 과자를 담아 주는 '용기내 챌린지'와 축제에서 발생한 쓰레기를 주워 오면 과자를 주는 플로깅(Plogging) 등 다채로운 활동을 진행했습니다. 프로그램은 '환경 감수성, 환경 문제 인식, 환경 문제 해결 역량을 함양할 수 있는가'를 기준으로 기획했습니다. 겉으로는 친환경을 표방하지만 실제로는 전혀 친환경적이지 않은 또 하나의 그린워싱(Green Washing, 위장환경주의)이 되지 않도록 조심했습니다. 내용과 형식의 일치가 환경 교육의 핵심이라고 생각했기 때문입니다.

저보다 학생들이 더 적극적으로 나서서 부스 쓰레기를 줄이는 방안에 대해 논의하고 환경 동아리에 맞는 상품은 무엇일지 고심했습니다. 그 모습들이 참 예뻤습니다. 이 과정에서 시행착오를 겪기도 했는데요. 환경 교육 보드게임을 주문했더니 플라스틱 쓰레기가 많이 나오는 과대 포장 상품이 도착해 다 같이 한숨짓기도 했습니다. 활동 참여자에게 줄 간식을 준비하면서 쓰레기를 줄이려고 개별 포장되지 않은 거대 뻥튀기를 구매했다가 뒤처리가 어려워 난감했던 일도 있었고요. 비건 과자가 생각보다 비싸 예산에 맞는 비건 과자를 찾으며 환경을 생각하는 일의 피곤함을 뼈저리게 느낀 웃지 못할 순간들도 기억에 남습니다. 환경 교육이라는 이름으로 지구에 또 다른 쓰레기를 만들어 내는 것을 극도로 경계하는 선생님 때문에 지나치게(?) 교육적이었던 우리 부스는 손님이 적었습니다. 고생한 동아리 구성원들이 서운할까 봐 내심 신경 쓰이고 미안했던 마음이 떠오르네요.

1년간 학생들과 같이 공부하면서 '환경을 보다 꾸준히, 좀 더 깊게 공부해 보고 싶다'라는 생각과 함께 '역사 교사니까 더 잘할 수 있는 일이 있지 않을까?' 하는 갈증이 생겼습니다. '역사 수업에서 환경과 지속가능성을 이야기할 수는 없을까?' 이런 질문이 마음속에 움트기 시작했습니다. 역사 교사라는 정체성으로 생태전환을 이야기하는 방법에 대해 의문만 품고 있던 때였습니다.

전국역사교사모임의 '생태환경사 공부 모임'을 만나다

시작은 전국역사교사모임으로부터 온 한 통의 문자 메시지였습니다.

생태환경사에 관심이 많은 선생님들과 함께 수업 연구 모임을 만들어 가고 싶습니다. 기후위기, 기후정의, 생태민주주의에 대한 관심이 필요한 때입니다. 국제 사회에서는 역사 교육에서도 생태환경과 관련된 논의와 실천을 진행하고 있습니다. 그러나 한국의 역사 교육계는 이에 대한 논의가 거의 없었습니다. 2015 교육과정 고등학교 《한국사》를 보면 민주화 운동과 민주주의에 관한 내용이 강화되었지만 기후와 환경, 공해 문제에 대한 언급은 거의 없고 이것을 사회정의로 연결시키는 경우는 더더욱 없습니다. 《세계사》, 《동아시아사》 교과서 역시 마찬가지입니다. 앞으로는 기후변화와 같은 환경 문제로 인해 발생하는 사회적 불평등과 계급 문제가 역사 교육에서 고민해야 하는 민주 시민 교육의 중요한 과제가 될 것입니다.

전국역사교사모임의 생태환경사 공부 모임은 앞과 같은 문제의식에서 시작했습니다. 늘 의문스럽던 부분을 시원하게 긁어 준 안내 글을 읽은 뒤 고민할 겨를도 없이 신청서를 작성했습니다. 안내 글만 보아도 모르는 영역이 아직 많구나 싶었지만 역사 교사들이 모여 생태환경을 이야기한다니 저에게 딱 필요한 모임이었습니다. 그렇게 2021년 하반기부터 시작된 생태환경사 공부 모임은 '역사 수업에 녹색 빛을 비추는 것'을 목표로 출발했습니다. 모임은 선생님들의 관심 분야에 따라 세계사, 한국사·동아시아사, 기후위기와 역사 교사 팀으로 나뉘어 운영되고, 생태환경적 관점에서 교육과정과 교과서를 재구성해 수업을 개발하고 실천하고 있습니다.

생태환경사 공부 모임을 통해 비로소 '연구자로서의 교사'가 무엇인지 경험할 수 있었습니다. 생태환경적 관점에서 역사를 공부하다 보면 자연스레 세상을 더 넓게 보는 렌즈를 장착하게 되는데, 그래서인지 우리 사회가 더 흑백으로 보이기도 했습니다. 그러나 절망 속에서 희망을 노래하는 법도 익힐 수 있었습니다. "분노와 무력함에 잠겨 있지 말고 헤엄쳐 나오자." 직접적으로 내뱉은 적은 없지만 우리 모임 선생님들 모두 마음 한편에 품은 문장일 것입니다.

2022년 한 해 동안 세계사 수업 모임에서 부단히 읽고 쓰고 이야기했습니다. 세 팀과 별도로 조직된 교육과정 팀에 참가해 〈생태환경사의 시선으로 역사 교육과정과 교과서를 말하다〉 보고서를 펴냈습니다. 지금까지는 그렇지 못했지만 '앞으로 만들어질 교육과정과 교과서는 청소년들이 살아갈 미래를 담보할 수 있었으면, 적어도 역사 교육이 현재의 위기를 외면하고 가속화하지는 말았으면' 하는 마음을 담았습니다. 2023년에도 생태환경사 모임 내 두 분과에 참가하고 별도로 이 책을 준비하는 모임에도 참가했습니다. 함께하는 선생님들과 기후정의 행진에도 동참했습니다. 그 현장에서 지금의 위기를 고민하며 해결하고자 하는 많은 이가 존재함을 두 눈으로 확인하고 힘을 얻었습니다. 2024년, 녹색 빛의 역사 교육을 통해 우리 사회에 지속가능성이 뿌리내리길 진심으로 바라며 이 글을 쓰고 있습니다.

역사 시간에 생태환경 이야기하기

한 해의 첫 시간, 첫 단추를 잘 끼워야 합니다. 오리엔테이션 시간에는 세계사 학습의 의미와 수업 목표, 수업에서 중심이 되는 문제의식 등을 학생들과 나누었습니다. 2015 교육과정에서 세계사 학습의 의미는 '정체성 형성, 현재의 이해, 교훈 획득'입니다. 생태환경사 수업을 하겠다고 마음먹고 생태환경적 관점으로 세계사 학습의 의미를 재구성해 전달했습니다. '세계 시민을 넘어 지구 시민으로서 현대 사회의 다양한 문제를 역사적으로 이해하며 이를 바탕으로 지속가능한 세상을 만든다.' 제가 설정한 세계사 학습의 의미입니다. 거창하지만 나름의 절박함을 바탕으로 '지속가능한 세상을 꿈꾸는 역사 교실'이라는 이름도 붙였습니다.

  학생들에게 생소할 수 있는 용어인 '인류세(Anthropocene, 人類世)'에 대해서도 소개했습니다. 인류세는 파울 크뤼천이 제안한 개념으로 호모 사피엔스가 지질학적 초강대자가 되어 지구를 새로운 길로 이끈 시기를 묘사합니다. 인류세는 인류의 역사, 생명의 역사, 지구 자체의 역사에서 전환점이며 인간의 행동이 지구에 미치는 엄청난 영향을 모두 아우르는 말입니다.[1] 인간의 활동에 따른 자연환경 파괴, 인간이 초래한 기후위기 속 지구환경 변화, 동물 종의 대량 멸종에 따른 생물 다양성의 급격한 감소 같은 지금 상황에 대한 성찰이 반영된 개념입니다. 아직 의견이 분분하지만 '농경의 시작, 신항로 개척, 산업혁명, 최초의 핵실험, 20세기 중반 이후의 거대한 가속(Great Acceleration)*' 등이 그 시작점으로 지적되고 있습니다.

---

* 《사피엔스가 장악한 행성》에서 저자는 인구의 급속한 증가, 산업화에 대한 경쟁, 더 많은 재화를 생산하기 위해 지속적으로 재투자하려는 노력, 전 지구적 에너지와 자원 사용량의 엄청난 팽창은 지구시스템에 대한 인간의 영향이 전례 없는 수준이 되었음을 의미한다고 말했다. 또한 환경사학자들은 칼 폴라니의 '거대한 전환'이라는 개념을 따라 이 1945년 이후의 기간을 '거대한 가속'이라고 부른다.

그렇다면 학생들이 생각하는 인류세의 시작은 언제일까요? 답변은 다양했습니다. 나무와 산을 밀고 공장을 세워 대량생산을 하기 시작한 때, 사람뿐 아니라 생태계도 망가뜨린 세계대전, 자연을 착취 대상으로 삼고 인간의 편리함만 중시하기 시작한 때, 배달 어플의 발명, 일회용품 사용, 플라스틱 발명……. 인류세의 개념을 정확히 이해하고 핵심을 꿰뚫는 창의적인 답변의 향연이 즐거웠습니다. 한편으로는 이런 무거운 유산을 짊어지고 갈 청소년들이, 우리 모두의 미래가 안쓰럽게 느껴졌습니다.

1학기가 지나며 수업에서 생태와 환경을 말하는 것이 자연스러워졌습니다. 학생들의 입에서 자연스럽게 환경 이야기가 흘러나왔습니다. 생태환경사 수업을 시작하고 수업 소재 또한 풍부해졌습니다. 수업에서 이루어지는 여러 탐구 활동, 수행평가에도 생태환경적 관점을 적용했습니다. 앞서 이야기한 것처럼 첫 시간에 왜 생태환경적 관점에서 역사를 바라보아야 하는지 학생들과 충분히 이야기를 나눈 덕에 이후 이어진 수업과 평가의 설득력도 높았다고 생각합니다.

그러나 보완할 점도 많았습니다. 자본주의의 기원 및 생태 파괴의 역사 등을 다루다 보니 서양사에서 그 사례를 찾고 적용하기는 수월하나 이슬람사, 동아시아 지역까지 생태환경적 관점에서 소재를 찾아 재구성하기에는 시간이 부족했고 어려움이 많았습니다. 생태환경사 공부를 어느 정도 하고 난 지금에야 아이디어가 많아졌지만 당시에는 공부가 부족했던 탓입니다. 역사 속 기후변화와 같은 소재를 찾아 소개하는 데서 끝나는 것이 아니라 학생들이 인류세의 관점을 습득해 자연스레 역사를 생태적 사고로 읽을 수 있도록 이끌어야 하는 까다로운 작업이므로 수업 구상에 시간이 오래 걸렸습니다. 무엇보다 익숙한 역사 교과서 속 서사들을 버리기가 어려웠습니다. 결국 첫해에는 서양사만 겨우 재구성할 수 있었습니다. 또 기후변화로 인한 문명의 흥망성쇠라는 매력적 스토리텔링에서 환경결정론적 시각에 빠지지 않도록 늘 경계해야 했습니다.

생태환경사 수업을 처음 시도하며 역사 속에서 생태환경적 요소를 찾는 데 집중해 지속가능성에 대한 논의까지는 나아가지 못했다는 한계도 느꼈습니다. 2학기에는 이런 점을 보완해 수업 주제를 선정하고 사고 확장을 위해 모둠 토의 활동을 전개했습니다. 2학기 수업 주제는 '지속가능한 인간 사회를 위한 역사 공부'로 잡았습니다. 평화, 민주, 인권이라는 기존 역사 교육에서 다루어 온 가치와 서사에 지속가능성의 관점을 더했습니다. 너무 특별하지도, 뻔하지도 않은 수업이 시작되었습니다.

역사를 향해 질문하는 방식을 바꾸다

생태환경사 수업을 시작하면 수업에서 다루는 소재가 확장됨은 물론 질문 방식 역시 바뀝니다. 수업에서 나누었던 몇 가지 질문을 소개하고자 합니다.

'국가의 발전과정에서 소외되는 사회적 약자, 비인간 존재를 보호하기 위한 법안을 제안한다면?' 교과서 서사에서 흔히 미국이 처음 등장할 때 언급되는 '서부 개척 및 영토 매입', '최초의 민주공화국', '대륙 횡단 철도' 등의 개념뿐 아니라 '인디언과 눈물의 길', '버팔로 절멸' 등을 다루었습니다. 미국은 국토를 넓히고 국가 발전을 이루는 과정에서 아메리카 선주민의 삶의 터전을 빼앗고 생태환경을 파괴하는 모습을 보였습니다. 인디언들의 생활 기반이 되어 준 버팔로를 무자비하게 학살하기도 했습니다. 국가 발전을 앞세워 사회적 약자, 비인간 존재가 희생되는 일을 정당화할 수 있을까요? 앞으로도 국가에서, 지역에서 발전이라는 미명 아래 소외되고 희생되는 존재들의 생존과 삶의 질을 보장하려면 어떤 노력이 필요할까요?

질문의 답을 탐구하기 위해 국가의 발전과정에서 필요한 법안을 제안해 보기로 했습니다. 학생들의 답변 중 '국립공원', '그린벨트'와 같은 보호구역을 만들자는 이야기가 눈에 띄었습니다. 다시 질문을 던졌습니다. "실제로 미국은 '인디언 보호구역'을 설정해 인디언들을 그곳으로 몰았습니다. 그런데 이 '보호구역'은 누구를 위한 것일까요? 과연 인디언들은 그곳으로 가는 여정이 행복했을까요? 그리고 정착한 후에는 어떻게 살았을까요?" "미국에 존재하는 '인디언 보호구역'을 '인종 감옥'이라면서 비판하는 의견도 상당히 많습니다. 그 이유는 무엇일까요?" 어떤 법안이 적절할지 저도, 학생들도 명쾌하게 답을 내리지 못했습니다. 하지만 논의를 확장하면서 교과서 속 개척과 발전의 서사에서 의도적으로 배제된 이들에 대한 이야기를 보다 깊이 나눌 수 있었습니다.

'제국주의는 어떻게 세계를 불평등하게 만들었을까?' 이 질문을 함께 고민하기 위해 환경사의 고전이자 세계적 베스트셀러인 클라이브 폰팅의 《녹색 세계사》를 활용했습니다. 제국주의 국가가 식민지의 숲과 산림을 파괴한 사례, 광물 탈취 등 자원 약탈에 대한 읽기 자료로 활동지를 제작했고 학생들은 모둠별로 읽고 토의를 전개했습니다.

제국주의 국가는 식민지를 상품 시장이자 사치성 식량, 산업 작물, 목재와 광물 등을 무한히 얻을 수 있는 공급처로 보았습니다. 정복과 약탈 과정에서 생물 다양성의 터전인 숲과 산림이 무참히 파괴되었고, 식민지인들의 노동력을 강제로 동원해 원료를 채굴하고 빼앗아 갔습니다. 이런 행태는 제국주의 국가의 눈부시게 빠른 발전을 가능하게 했고 자본주의 탄생과 성장의 동력이 되었습니다. 동시에 식민지 국가들을 저개발과 빈곤의 늪으로 빠뜨렸고 현재의 종속적 경제 상황을 만들어 냈습니다. 지금도 선진국들은 어마어마한 이산화탄소를 배출하며 기후 악당의 면모를 보이고 있고 저개발국은 기후 취약국으로 피해를 입고 있습니다. 이런 이야기를 나누며 자연스레 기후정의 논의까지 수업을 확장할 수 있었습니다.

'친환경적인 전쟁이 가능할까?' 터무니없는 질문 같지만 방위 산업에서는 이미 너도나도 친환경적 전쟁 무기를 광고하고 있습니다. 이 주제는 학기 말 설문 결과, 가장 흥미로웠던 토의 주제 중 하나로 뽑히기도 했는데요. 토의를 위해 네 개의 짧은 글로 이루어진 읽기 자료를 제공했습니다. 제2차 세계대전 당시 등장한 화학무기 및 생물학무기와 이런 무기들이 사용된 후 바다에 폐기된 이야기, 핵이 어떻게 생태계를 파괴하는가와 같은 글을 읽은 학생들의 토론은 뜨거웠습니다. 과학기술이 발달한다면 친환경적인 무기 개발도 가능하다는 주장도 있었고, 원시 시대처럼 돌로 만든 무기로 싸운다면 환경오염을 일으키지 않는 전쟁이 가능하다는 우스갯소리도 오갔습니다.

여기서 질문을 던졌습니다. "'친환경'이란 무엇일까? 친환경적이라고 했을 때 어떤 조건을 갖추어야 할까?" 학생들의 토의는 원점으로 돌아갔습니다. 한 학생이 "환경에 인간도 포함되나요?"라고 물었습니다. 그것도 토의 주제가 될 수 있겠다 싶어 학생들에게 되물었습니다. 대부분은 인간도 환경의 일부라고 답했습니다. 여기서 대개 토론이 끝났습니다. 학생들은 '친환경적인 전쟁'이라는 말 자체가 성립될 수 없다고 했습니다. 사람도 환경의 일부라면 사람을 더 많이 죽여 이기는 것이 목적인 전쟁이 친환경적인 행위가 될 수 없다는 것입니다. 의도하지 않았지만 학생들의 질문과 토론을 통해 제가 더 많이 배웠던 수업이었습니다.

'춘추전국 시대 제자백가들이 기후위기 문제를 해결한다면?' 1학기 논술형 평가에 대해 고민하다가 춘추전국 시대 제자백가 사상가들과 기후정의 문제를 바탕으로 문제를 구상했습니다. 기후위기를 유발한 국가와 피해를 입는 국가가 달라 발생하는 기후 부정의 문제를 해결하기 위해 제자백가 사상가를 한 명 등용하고자 할 때 어떤 사상가를 어떤 이유에서 등용할 것인지를 작성하는 논술 수행평가였습니다.

학생들의 답안은 놀라웠습니다. 한비자의 법가 사상을 바탕으로 법을 강화하고 엄격하게 규제하자는 답안이 가장 많을 것으로 예상했는데, 생각보다 다채로운 이야기가 나왔습니다. 묵가의 절제, 겸애와 도가의 무위자연 사상 등 그 해결 방안이 기후위기의 핵심을 꿰뚫어 보고 있다는 점에서 감동적이기까지 했습니다. '대량생산-대량소비-대량폐기'라는 소비 사회의 특징에 대한 비판, 기후정의 문제에서 '나', '우리', 그리고 '인간'만 생각하는 것이 아니라 '너', '그들', '비인간 존재'를 고려해야 한다는 점을 학생들은 알고 있었습니다.

'인류가 끊임없는 전쟁으로 망친 지구의 생태환경을 아소카왕이 본다면 뭐라고 말할까?' 마우리아 왕조의 아소카왕은 정복전쟁을 끝내고 불교의 가르침에 따라 나라를 다스리겠다고 선언한 뒤 그 의지를 표현하기 위해 곳곳에 있는 돌기둥이나 바위에 법령을 새겼습니다. 이전에는 평화의 관점에서만 이를 바라보았지만 생태환경사를 공부하고 나니 아소카왕이 인간뿐 아니라 비인간 존재까지도 자비를 베풀 대상으로 삼았다는 부분이 눈에 들어왔습니다.* 이 내용을 수업하고 아소카왕이 현대의 우리에게 어떤 교훈을 남겼는지 생각해 보는 학습 활동을 진행했습니다.

우리는 전쟁이 막대한 인명 피해와 재산 피해를 불러올 뿐 아니라 심각한 생태 파괴를 일으키는 환경 범죄라는 점을 쉽게 잊어버립니다. 우크라이나 환경부가 2023년 발간한 보고서에 따르면 러시아-우크라이나 전쟁은 그에 따른 환경 손실이 구체적으로 집계된 첫 전쟁이라고 합니다. 이 전쟁으로 600종의 동물과 880종의 식물이 멸종위기에 처했고 우크라이나 토지 3분의 1이 농업에 이

- **바위 칙령 1:**

  여기(내 영토 안에서는) 생명 있는 것들은 제물로 바치기 위해 죽여서는 안 된다. 또한 사마자를 열어서도 안 된다. 왜냐하면 자비로운 삐야다시왕은 이와 같은 사마자의 모임에서 여러 가지의 악함을 보기 때문이다. 그렇지만 자비로운 삐야다시왕은 어떤 사마자는 허락한 것도 있다. 전에는 자비로운 삐야다시왕의 주방에서 음식을 만들기 위해 매일 수많은 동물이 도살되었다. 그러나 이 담마 칙령이 쓰여진 지금에는 단지 세 마리의 동물만이 음식을 만들기 위해 도살된다. 즉 두 마리의 공작새와 한 마리의 사슴이다. 그러나 이 한 마리의 사슴조차도 정기적으로 도살되지는 않는다. 그러나 이 세 마리의 동물도 장차 도살되지 않을 것이다.

  돌기둥 칙령 5:

  내가 왕위에 오른 지 26년이 되었을 때 다음의 동물을 죽이는 것을 금하였다. 앵무새, 살리까(구관조), 아루나(붉은 새의 일종), 붉은 거위, 야생 거위, 낭디무카, 겔라따, 박쥐, 여왕개미, 민물거북이, 뼈 없는 물고기, 웨다웨야까, 갠지스강의 뿌뿌따까, 홍어, 바다거북, 호저, 다람쥐, 숫사슴, 야생 황소, 집에서 기르는 동물, 코뿔소, 하얀 비둘기, 집비둘기, 유용하지도 않고 먹을 수도 없는 네 발 가진 동물, 그리고 젖을 먹이거나 새끼 밴 또는 새끼 딸린 암염소, 암양, 암퇘지와 6개월도 안 된 어린 가축을 죽이는 것을 금한다. 수탉은 거세해서는 안 된다. 살아 있는 존재들이 숨어 있는 더미를 불태우지 않으며, 정당한 이유 없이 또는 살아 있는 존재들을 죽이기 위해 숲을 불태워서는 안 된다. 동물에게 다른 동물을 먹이로 주어서는 안 된다.

  Romila Thapar, *Aśoka and the Decline of the Mauryas*, Delhi: Oxford University Press, 1997.

용 불가능하게 파괴되고 말았습니다. 자연보호 구역과 습지대, 생물권 파괴 위협도 심각한 상황입니다. 러시아의 적대 행위로 인한 직접적 오염뿐 아니라 전쟁으로 지금까지 발생한 이산화탄소의 양은 가히 어마어마합니다. 이처럼 평화 또한 지구 생태환경의 지속가능성을 위한 필수 조건입니다. 이 역시 생태환경사 수업을 시작하지 않았다면 보지 못했을 부분이자 하지 않았을 이야기입니다.

지속가능성의 눈으로 세상을 보는 방법을 훈련한 시간

어느 날 경기도교육청에서 발송한 환경 교사 부전공 관련 공문이 학교에 도착했습니다. 큰 망설임 없이 환경 부전공에 지원했습니다. 환경 동아리 지도 교사로서 환경 교육 자체에 대한 전문성을 높이고 싶어서 선택한 길이었습니다. 생태환경사 수업 기획을 위한 아이디어를 얻어 보자는 다소 가벼운 마음도 한몫했지요. 그러나 환경 교육은 생각보다 훨씬 융합적인 성격이 강했습니다. 물, 대기, 토양, 해양과 자원 순환 및 폐기물처럼 환경을 이루는 다양한 영역 각각에 대한 이해는 물론 환경 교육론까지 함께 살펴야 했습니다. 과학적·수학적 소양이 부족한 저에게는 수업, 과제, 시험 무엇 하나 쉬운 것이 없었습니다. 생태와 환경을 사랑하는 마음만으로는 모자란 것인지, 생각보다 고된 과정 속에서 솔직히 고통스러운 순간도 많았습니다.

그럼에도 불구하고 환경 부전공으로 얻은 가장 큰 수확은 '지속가능성의 눈으로 세상을 보는 방법에 대한 훈련'이었습니다. 환경 부전공 집합 연수과정 중 2박 3일 체험 학습으로 교원대학교 황새 생태연구원, 청주동물원 등을 방문했습니다. 황새는 우리나라에서 흔히 볼 수 있는 텃새였지만 1970년대 이후에는 야생에서 번식하는 개체가 사라졌다고 알려졌습니다. 1971년, 황새 한 쌍이 충북 음성에서 서식한다는 이야기가 9시 뉴스에 보도되었습니다. 그런데 그해 4월 황새 한 쌍 중 수컷이 밀렵꾼에게 죽임을 당하고 말았습니다. 당연히 남은 한 마리도 오래 살 수 있을 리가 없었지요. 그렇게 우리나라에서 영영 사라지는 줄 알았던 황새가 교원대학교 황새생태연구원에서 복원되었습니다.[2] '역사와 환경', 언뜻 교집합이 없어 보이지만 우리 삶과 떼려야 뗄 수 없는 동시에 눈에 보이지 않는 가치를 추구하는 주제라는 점에서 꽤 공통점이 있다는 생각이 들었습니다.

청주동물원은 무척 인상 깊었던 곳입니다. 처음에는 '환경 교육과 현장 실습 코스에 왜 동물원이 있을까?' 하고 궁금했습니다. 동물원은 환경의 눈으로 볼 때 다소 비교육적인 장소라고 생각했기 때문입니다. '갈비뼈 사자'라는 충격적인 모습으로 언론에 보도되었던 바람이를 기억하시나요? 2023년 바람이는 살던 곳을 떠나 청주동물원으로 보금자리를 옮겼고 이 일로 청주동물원은 많은 사람에게 알려졌습니다.[3]

청주동물원 역시 이전에는 그 밖의 다른 동물원처럼 비좁은 공간에 동물을 가두고 전시하는 형태였지만 생태적 감수성이 뛰어난 수의사, 사육사들의 의지와 관심으로 재탄생과정을 거쳐 왔다고 합니다. 현재는 멸종위기 야생동물을 복원하고 영구 장애와 함께 살아가는 동물을 치료하고 보살피는 공간이 되었습니다. 동물과 인간의 관계를 돌아보게끔 하는 교육적인 역할을 하고 있지요. 청주동물원에는 코끼리가 없습니다. 기린도 없습니다. 관람객을 위해 동물의 수나 종류를 늘리기보다 인간의 개입을 필요로 하는 동물을 어떻게 돌볼지를 더 중요한 기준으로 삼기 때문입니다. 적은 수의 동물들의 야생성을 존중하며 야생에서 적응하기 어려운 장애가 있거나 결함이 있는 동물들을 보살피는 데 목적을 두고 있습니다. 그래서 이곳에는 주로 토종 야생동물이 살아가고 있지요. 어쩌면 이것이 우리가 몸담은 생태환경의 건강을 위해 인간이 감당할 수 있는 역할 아닐까요?

또 환경 부전공 과정을 통해 환경 교과가 교육과정에서 필수 과목으로서 위치를 점하는 '분과적 환경 교육'이 중요함을 다시 한 번 깨달았습니다. 동시에 '분산식 환경 교육'으로서 환경 과목 외에도 모든 과목에서 환경 교육이 이루어져야 함을 느꼈습니다. 지금은 무엇보다 세상을 지속가능하게 만드는 교육이 필요할 때입니다. 우리는 역사 교사로서 기후위기 시대에 어떤 역할을 할 수 있을지, 역사 교사이기 때문에 어떤 것들을 더 잘할 수 있을지 진지하게 고민해야 합니다.

그럼에도 불구하고 사랑하며 살아 내야

생태환경사 수업은 단순히 생태환경을 지키고 사랑하자는 메시지를 전파하는 것이 아닙니다. 일상 속 작은 선택이 내 삶의 방식을 결정하고, 결국 내가 어떤 삶의 방식을 택하느냐가 곧 우리 사회의 지속가능성을 결정함을 알게 합니다. 분명 인간과 함께 살아왔으나 소외되고 대상화되었던 비인간 존재를 주체로서 다시 세웁니다. 습관적으로 취하던 인간 중심적 사고에서 벗어나 오늘과 내일을 함께 고려하는 확장적이고 장기적 사고가 필요함을 일깨웁니다.

기존 교육과정과 교과서의 주요 내용을 포함하되, 인류가 걸어온 길을 '지속가능성'이라는 새로운 관점으로 성찰하고 탐구하는 수업은 저에게도, 학생들에게도 아주 큰 도전이었습니다. 어려움에도 불구하고 고군분투한 결과, 역사 수업에서 생태환경을 이야기하는 것이 자연스러워짐을 경험했습니다. 수업의 소재와 서사가 풍부해졌으며 논쟁적인 주제를 적극적으로 수업에서 다루게 되었습니다. 덕분에 이전보다 학생들의 삶과 밀착된 역사 수업이 될 수 있었다고 생각합니다.

자연 앞에 극히 일시적이고 부분적이며 이기적인 인간의 노력으로 기후위기를 극복할 수 없을지도 모릅니다. 그럼에도 불구하고 이 시대를 사랑하며 살아 내야 합니다. 기후위기란 더 이상 뛰어넘거나 무시하고 지나칠 수 없는, 그야말로 '진짜' 현실이기 때문입니다. 이 시대를 온몸으로 통과하는 우리가 역사 교사로서 어

떤 일을 할 수 있을지 물을 때 생태환경사 수업이 그 대답 중 하나
가 될 것입니다.

2. 세계사 교과서를
낯설게 마주하는 시간

보이지 않던 지점에 관심을 기울일 때

인간을 포함한 모든 동식물은 지구상에 출현한 순간부터 환경과의 끊임없는 상호작용을 거쳐 지금에 이르렀습니다. 그런 점에서 역사는 인간과 비인간 존재가 생태환경을 이용하고 변형하며 그 변화에 적응해 온 과정이었다고 할 수 있습니다. 그런데 우리는 역사에 대해 사고할 때 생태환경적 요소를 고려하는 것에 익숙하지 않습니다. 생태환경이 인간의 삶을 지탱하는 기본적이고 필수적인 요소임은 맞지만 이를 너무 당연하게 인식해서 중요성을 실감하기가 쉽지 않기 때문입니다. 오히려 생태환경을 인간의 필요에 따라 이용하거나 관리해야 할 대상, 혹은 극복해야 할 대상으로 여기면서 인간과 분리된 세계로 바라보는 방식에 더 익숙합니다.

생태환경이라는 렌즈를 장착하고 세계사를 다시 들여다보면 그동안 보이지 않았던 지점이 새롭게 시야에 들어오기 시작합니다. 인간이 기후변화, 전염병, 자연재해 등과 같은 환경변화에 얼마나 큰 영향을 받았는지, 인간의 활동이 생태환경을 어떻게 변화시켰는지 알 수 있습니다. 또 인간이 비인간 존재와 조화로운 관계 속에서 삶을 지속하기 위해 어떤 삶의 방식을 취사선택했는지에 대해서도 관심을 기울이게 됩니다. 어쩌면 생태환경적 관점에서 세계사를 이해하려는 시도가 오늘날 인류의 실존을 위협하는 기후위기 문제의 역사적 근원을 찾는 길로 우리를 안내할지도 모릅니다.

우리에게 익숙한 세계사 교과서

중고등학교 세계사는 선사 시대부터 현대에 이르기까지 세계 여러 지역의 인류가 걸어온 삶의 변화를 다루는 과목입니다. 2015 개정 교육과정이 제시하는 고등학교 세계사 과목의 목표는 다음과 같습니다. "여러 지역의 독특한 문화적 특징과 역사적 형성과정을 비교의 관점에서 탐구하도록 하고, 지역 간의 교류와 갈등을 통해 형성된 인류의 다양한 경험을 심층적으로 이해하도록 한다." 이에 따라 여섯 가지 대주제*와 각각의 대주제에서 다루어야 하는 학습 요소

● 인류의 출현과 문명의 발생, 동아시아 지역의 역사, 서아시아·인도 지역의 역사, 유럽·아메리카 지역의 역사, 제국주의와 두 차례 세계대전, 현대 세계의 변화.

들을 선정했습니다. 세계사 교육과정의 내용 체계를 보면 고대 국가의 성립부터 근대 국가의 수립까지는 지역사별 접근, 19세기 이후의 현대사는 통사적 접근 방식을 취하고 있습니다. 전근대사에 해당하는 범위를 동아시아, 서아시아·인도, 유럽·아메리카 지역으로 구분하고 있어서 여러 지역을 균형 있게 다룬다는 인상을 줍니다.

그러나 교과서 내용을 살펴보면서 전반적으로 중국사, 유럽사 서술 비중이 크며 역사 행위의 주체가 인간-백인-남성 중심으로 설정되어 있다는 느낌을 받았습니다. 특히 전근대 시기에 해당하는 범위는 대부분 왕조 및 지배층 중심의 서사로 채워져 있습니다. 교과서 설명에 따르면 중국과 인도, 서아시아의 전근대 시기 왕조들은 대부분 왕조 말에 지배층의 타락과 부패, 농민반란, 이민족의 침략으로 멸망했습니다.

학창 시절 제가 학교에서 배웠던 역사 역시 왕조의 흥망성쇠에 지나지 않았고 그조차 인간의 행위, 특히 지배층의 결정에 좌우되는 것이었습니다. 교육과정과 교과서를 비판적으로 보는 시각이 부족했던 저 또한 중국의 역대 왕조를 쭉 나열하고, 그 아래 각 시기에 일어난 농민반란을 나란히 적은 뒤 학생들에게 순서대로 외우게 했던 경험이 있습니다. 그러면 학생들은 수학 공식을 외우듯 농민반란과 왕조의 멸망을 암기했습니다. 생태환경사를 공부하면서 농민반란이 일어나고 왕조가 멸망하는 데는 훨씬 다양하고 복잡한 맥락들이 숨어 있다는 것을 알게 되었습니다.

생태환경적 관점에서 세계사를 들여다보면 화산 폭발, 지진과 같은 자연재해 혹은 기후변화가 인류 역사에 변곡점으로 작용했고, 이런 환경변화가 정치체제 및 사회구조에 큰 영향을 미쳤음을 알 수 있습니다. 세계사의 주요 내용 요소인 자크리의난과 와트타일러의난, 프랑스혁명의 배경 중 하나가 바로 기후변화였다는 사실을 예로 들 수 있는데요. 자크리의난과 와트타일러의난이 일어난 14세기 중후반과 프랑스혁명이 일어난 18세기 후반은 지구의 평균 기온이 크게 떨어졌던 시기입니다. 약 300년에서 400년간 추위가 지속되었던 이 시기를 소빙기라 부르기도 합니다. 기온 하락과 함께 일조량이 감소하면서 흉작이 이어졌고 여기에 기근과 흑사병까지 겹치자 사회 기반이 무너지기 시작했습니다. 이런 상황에서 지배층의 무거운 과세와 수탈은 농민들에게 큰 부담으로 작용했고 이는 곧 체제에 저항하는 세력이 성장하는 배경이 되었습니다.[4]

아메리카 선주민 학살과 마녀사냥처럼 대규모 인명 살상을 불러일으킨 역사적 사건의 배후에도 전염병 확산, 지구의 급격한 기후변화 등이 있었습니다. 기후변화가 야기한 기근과 사회 혼란이 정치적 변화의 원인 중 하나였지만 이런 사실을 다루고 있는 교과서는 없습니다. 물론 어떤 역사적 사건이 벌어진 데는 다양한 원인이 복합적으로 작용합니다. 중요한 것은 생태환경적 요소도 우리가 고려해야 할 사항 중 하나라는 점입니다.

세계사 교과서가 지닌 또 다른 한계는 인류가 농경문화와 자본주의 발전 단계를 거쳐 지금에 이른 과정을 역사의 유일한 발전 서사인 것처럼 설명하고 있다는 점입니다. 인류가 농경을 시작하고 자본주의 경제체제 속에서 살게 된 것은 결코 필연이 아니었으며 이런 체제는 과거나 지금이나 유일하고 보편적인 삶의 양식도 아닙니다. 인류가 등장한 후 농경이 시작된 것은 한참 뒤에 일어난 일이며 농경이 시작된 이후에도 많은 지역에서 수렵과 목축을 통해 삶을 영위하는 사람들이 존재했습니다. 자본주의 역시 인류사에 비추어 보면 비교적 최근에 등장한 경제시스템이며 그 시스템이 만들어지는 과정이 자연스러웠던 것도, 다수의 이해관계를 반영한 것도 아니었습니다. 《생태시민으로 살아가기》의 저자 이나미는 '자본주의 경제체제는 자연 발생적으로 성장한 결과가 아니며 의식적인 설계를 통해 제도화한 것'이라고 설명합니다. 이윤을 추구하고 부를 축적하는 데 유리하도록 설계된 시스템이라는 의미입니다.

자본주의 체제의 등장과 함께 인간과 자연을 분리하고, 여기서 더 나아가 자연을 수단과 객체로 여기는 인식이 강력한 이데올로기로 자리 잡았습니다. 토지 사유화 경향이 나타나고 이윤 추구가 사회의 기본 작동 원리로 작용하면서 사상과 철학, 사회 전반의 시스템이 이에 맞게 구조화되었습니다. 이윤 추구가 삶의 강력한 동기인 사회에서 자연은 인간과 상호작용하는 존재이기보다는 필요에 따라 이용하고 수탈할 수 있는 대상으로 여겨졌습니다. 이런 변화 속에서 자연은 인간의 지배를 받는 수동적이고 열등한 존재로 새롭게 자리매김하게 된 것입니다. 자본주의가 싹트기 시작하면서 비교적 최근에 형성된 이런 인식을 우리가 너무나 당연하고 원래

부터 그랬던 것으로 받아들이게 된 데는 역사 교과서가 결코 작지 않은 역할을 했다고 생각합니다.

'인간' 중심의 사고체계를 유지한 채 자본주의적 성장 추구가 인류가 고를 수 있는 최선의 혹은 유일한 선택지였다는 관점으로 세계사를 새롭게 바라보는 데는 한계가 있습니다. 이런 관점 자체가 의도적으로 만들어진 하나의 렌즈라는 점을 알아차려야 합니다. 나아가 기후위기와 생태환경 파괴가 인류의 실존을 위협하고 있는 지금 상황에서, 이 렌즈가 우리에게 유효한지 질문을 던지고 함께 답을 찾으려는 노력이 필요합니다. 세계사 수업은 교사와 학생이 기존 교과서의 한계를 넘는 자유로운 질문을 던지고 생각을 나누는 기회의 장이 될 수 있습니다. 지구 생태계가 인류에게 어떤 영향을 미쳤는지, 기후위기가 어디서 비롯되었는지 그 역사적 연원을 차근차근 탐색하는 것이지요. 인류의 삶이 어떻게 바뀔지, 우리는 어떤 선택을 할 수 있는지 자유롭게 상상해 볼 수 있습니다. 교사와 학생 모두에게 낯선 경험이지만 분명히 의미 있는 시도가 되리라 생각합니다.

생태환경의 렌즈로 세계사 다시 보기

기존의 역사를 생태환경적 관점에서 해석하고 새로운 의미를 발견해 가는 과정으로서의 세계사 수업은 어떻게 실현될 수 있을까요? 이를 위해 세 가지 '렌즈'를 제안하려 합니다.

첫 번째는 인간이 생태환경의 지속가능성을 고려하지 않은 결과가 부메랑으로 되돌아와 인간의 삶에 어떤 영향을 미쳤는지 살펴보는 렌즈입니다. 인간은 농경을 시작한 이후부터 줄곧 증가하는 인구를 부양하기 위한 생산량 증대의 압박에 시달렸습니다. 그리하여 농경지를 확장하고, 방목할 땅을 넓히기 위해 산을 불태우고, 숲을 훼손했습니다. 무분별한 벌목으로 토양이 침식되었고, 그결과 농업생산량이 감소하고 홍수 피해가 빈번하게 발생했습니다. 고대 그리스와 로마 제국, 마야 문명, 서아시아의 수메르 문명 등이 쇠퇴한 데는 이와 같은 요인이 작용했습니다. 세계사 교과서에서는 이런 배경을 자세히 다루지 않습니다. 주로 전쟁에서의 패배, 왕조 교체, 정치 문란과 경제적 어려움으로 인한 하층민의 반란 때문에 멸망에 이르렀다고 설명합니다. 생태환경 파괴로 사회를 지탱하는 데 필요한 기본적인 조건이 사라진 것이 붕괴의 근본적인 배경이지만 이런 서술은 찾아볼 수 없습니다.

문명의 붕괴와 벌목의 관계를 이야기할 때 자주 언급되는 사례가 바로 이스터섬 문명입니다. 이스터섬은 남아메리카 서부의 태평양에 자리한 섬인데, 모아이 석상이 있는 곳으로 잘 알려져 있습니다. 섬에 남아 있는 800여 기의 거대한 석상의 존재를 통해 한때 많은 사람이 사회를 구성하고 발달된 문명을 이루며 살았다는 것을 추측할 수 있습니다. 그런데 18세기에 유럽인들이 발견했을 당시 황폐한 섬 여기저기에는 사람 얼굴 모양을 한 거대한 석상이 쓰러져 있었고 이스터섬 사람들은 동굴에서 원시적인 생활을 하며 서로 전쟁을 벌이고 있었다고 합니다.

역사학자들은 이스터섬 문명이 붕괴한 이유에 대해 다양한 주장을 내놓았습니다. 오랜 격리 생활이 문화적 쇠퇴를 가져왔다는 주장, 기후변화로 인한 극심한 가뭄이 기근과 전쟁을 일으켰다는 주장, 유럽과의 접촉으로 혼란과 분열이 야기되었다는 주장 등이 제기되었습니다.[5] 《이스터섬의 수수께끼》의 저자 폴 반은 여러 주장 중 인구 증가에 따른 삼림 벌채와 식물 자원 남용이 생태학적 재난을 불러일으켜 붕괴를 촉진했다는 견해가 가장 설득력이 높다고 말합니다.

이에 대해 이스터섬 문명의 역사를 생태환경을 파괴해 붕괴를 자처한 인류의 실패 서사로 볼 것이 아니라 제한적인 조건 속에서 500년 가까이 사회를 지속시킨 적응 서사로 보아야 한다고 주장하는 학자들도 있습니다.[6] 이들은 이스터섬이 이주민 증가와 외래종 쥐의 유입으로 삼림이 훼손되는 변화를 겪기는 했지만 그것 때문에 인구가 감소하고 문명이 쇠락한 것은 아니라고 주장합니다. 농사를 위한 토지 개간과 목재를 얻기 위한 삼림 벌채, 쥐의 공격 등에도 불구하고 상당 기간 인구가 증가했으며 섬의 생태계가 균형을 이루고 있었다는 것입니다. 이 주장에 따르면 인구가 감소하기 시작한 것은 유럽인들이 진출한 18세기 이후였습니다. 유럽인들이 퍼뜨린 질병과 식민지 노예 약탈이 인구 감소를 초래한 주요 원인이었습니다.

이스터섬의 사례는 문명의 붕괴가 어느 한 가지 이유 때문이 아니라 다양한 영향이 복합적으로 작용한 결과임을 보여 줍니다. 이런 소재를 다룰 때 생태환경적 관점에서 인간이 자원을 확보하고 경작지를 늘리기 위해 주변 환경을 어떻게 변화시켰는지 이야기할 수 있습니다. 그런 변화가 생태계와 주변 지역의 삶에 어떤 영향을 미쳤는지 질문할 수 있습니다. 이스터섬과 고대 문명의 쇠퇴 원인 중 하나로 생태적 재앙이 꼽히는 현실이 지금 우리에게 무엇을 시사하는지까지 폭넓게 이야기 나눌 수 있습니다.[7] 이는 과거 인간이 생태환경에 가한 물리적 작용이 현재의 삶에까지 영향을 미치고 있다는 사실을 확인하는 경험이 될 것입니다. 또 생태계를 회복해 존속한 사회와 파국의 길을 걸었던 사회를 비교해 봄으로써 인류에게 닥친 기후위기 문제를 해결하는 데 필요한 아이디어를 얻을 수 있습니다.

두 번째는 지금까지 주변적 위치에 머물러 있던 여성, 유목민, 하층민 등 소수자의 시선을 비롯해 미생물을 포함한 여러 동식물과 같은 비인간 존재의 입장에서 역사를 바라보는 렌즈입니다. 인간은 생존을 위해 비인간 존재에게 의존하거나 지배를 받았고 이들을 정복하려고 여러 노력을 기울이기도 했습니다. 대표적인 사례가 바로 전염병입니다. 흑사병, 천연두 등에 관한 내용은 중고등학교 세계사 교과서에도 나오지만 수많은 사람의 목숨을 앗아 갔다는 정도의 결과를 제시하는 데 그치고 있습니다. 전염병이 발생한 이유가 무엇이었는지, 전염병 확산에 인간 사회가 어떻게 대응했는지 등은 자세히 다루지 않습니다.

생태환경사 공부 모임의 천장수 선생님이 '사회적 재난으로서 팬데믹(전염병)'을 주제로 총 7차시에 걸쳐 진행한 세계사 수업에서 힌트를 얻을 수 있었습니다.[8] 수업은 한랭기와 흑사병, 지구온난화와 코로나19를 각각 살펴봄으로써 기후변화와 전염병의 상관관계를 파악하고, 인간의 활동이 인수공통감염병 확산에 미친 영향 등을 추론해 보는 활동으로 진행되었습니다. 전염병이 혐오와 차별을 양산해 또 다른 사회 문제로 이어진 사례를 다룸으로써 인간 사회에 미치는 영향을 다양한 각도에서 살펴본 시도가 돋보이는 수업이었습니다. 윌리엄 맥닐이《전염병과 인류의 역사》에서 지적했듯이 인간이 출현하기 전부터 존재했던 전염병은 앞으로도 인류의 운명을 결정짓는 주요한 변수가 될 가능성이 높습니다. 이런 상황에서 전염병과 인간의 역사를 다루는 수업으로 미생물과 같은 비인간 존재와 평화롭게 공존하는 방법을 모색할 수 있다면 매우 의미 있는 세계사 수업이 될 것입니다.

역사의 변화에 큰 영향을 미친 특정 동식물이나 사물을 중심으로 새로운 서사를 구성하는 것도 가능합니다. 2022 개정 교육과정의 세계사 수업 목표에서도 현생 인류의 삶과 문명 형성을 생태환경과의 관계 속에서 파악하도록 주문하고 있습니다. 향신료, 차, 면직물 등의 상품이 세계 여러 지역의 사회·경제에 미친 영향을 두루 살필 것을 성취 기준으로 제시하고 있습니다.[9] 이에 근거해《감자로 보는 세계사》,《설탕으로 보는 세계사》,《스페인 은의 세계사》와 같은 책의 형식을 참고해 작물이나 재화를 중심에 두고 긴 시간에 걸친 세계 여러 지역의 역사를 종합적으로 살피는 주제식 수업을 설계할 수 있습니다.

설탕의 경우 16세기 이후 세계무역을 장악한 첫 번째 상품이었습니다. 14세기에서 15세기 무렵 설탕이 유럽에 본격적으로 유입되기 시작했을 때 너무 귀한 나머지 약재나 사치품으로 여겨졌습니다. 11세기 이슬람의 의학자 이븐시나가 "설탕 과자야말로 만병통치약이다"[10]라고 했을 정도로 유럽인들 사이에서 설탕은 질병을 낫게 하는 약 혹은 부와 권위를 상징하는 고가의 사치품이었습니다. 설탕 수요가 늘자 유럽인들은 흑인 노예를 동원해 아메리카 대륙에서 사탕수수를 대량으로 재배하기 시작했습니다. 이런 플랜테이션 농업으로 생산과 가공이 이루어지는 과정에서 아메리카 대륙의 삼림과 숲이 훼손되고 수많은 노예와 선주민이 목숨을 잃었습니다. 자연 생태계와 노예, 선주민 노동력에 빚진 설탕생산량 증가로 설탕 가격이 떨어졌고 산업혁명기를 거치며 설탕 섭취가 대중화되었습니다. 이렇듯 설탕은 15세기 이후의 세계 교역, 아메리카 대륙 식민 착취, 노예무역, 산업혁명기 일상의 문화를 아우르는 소재가 될 수 있습니다. 물론 이런 서사가 결국 인간의 삶이 어떻게 변화했는가로 귀결되지 않도록 지구 생태계 전반에 미친 영향을 다각적으로 검토하려는 문제의식을 잊지 말아야 할 것입니다.

세 번째는 자본주의와 경제성장 중심의 물질적 진보 서사를 비판적으로 바라보는 렌즈입니다. 자본주의는 불필요한 생산과 소비를 통해 굴러가는 시스템입니다. 그러려면 지구의 자원을 끊임없이 채취하고 에너지를 소비하며 수많은 동물을 살육할 수밖에 없습니다. 또 그만큼 지구에는 많은 쓰레기가 쌓입니다. 인류가 지금처럼 풍요로운 삶을 유지하려면 지구가 네 개 정도 필요하다는 비유는 지금의 생산과 소비 시스템이 더 이상 지속가능하지도, 안정된 미래를 보장하지도 못한다는 것을 말해 줍니다. 그런데 우리는 마치 자본주의가 필연적으로 등장했고, 인류의 유일한 미래라고 생각하는 경향이 있습니다. 대다수가 자본주의 체제 속에서만 살아왔고 자본주의가 인류가 선택할 수 있는 최선의 선택지, 유일한 선택지였다고 교육받았기 때문입니다.

실제로 중고등학교 세계사 교과서는 신항로 개척, 산업혁명, 제국주의를 직선적으로 다루고 이 흐름을 보편적인 근대화 과정으로 설명합니다. 정작 자본주의가 어떤 과정을 거쳐 형성되었고 기존의 삶의 방식과 어떻게 충돌했는지, 그 시스템의 작동 원리가 무엇인지에 대해서는 말하지 않습니다. 자본주의가 그렇게 중요한 것이라면 시스템의 본질에 대해 더 자세히 알아야 하지 않을까요? 생태환경사를 공부하면서 지금의 세계사 교과서가 중요한 것들을 숨기고 있다고 생각했습니다.

자본주의의 본질을 잘 드러내기 위해 인클로저 운동과 유럽인의 아메리카 대륙 진출을 새로운 각도에서 접근해 볼 수 있습니다. 먼저 인클로저와 아메리카 대륙의 식민 착취는 유럽에서 자본주의가 등장하는 데 매우 중요한 역할을 했습니다. 제이슨 히켈의 《적을수록 풍요롭다》에 따르면 중세 말 귀족들은 막대한 규모의 토지와 자원을 사유화하는 인클로저 운동을 통해 초기 자본을 형성할 수 있었습니다. 저자는 유럽인들이 아메리카 대륙에 진출해 선주민을 내쫓고 토지를 차지한 과정도 인클로저며, 노예무역 또한 신체의 인클로저였다고 설명합니다. 즉 토지에 기대어 살아가던 사람들을 몰아내고 선주민과 노예의 노동력을 무자비하게 착취하는 폭력의 과정 없이는 자본주의가 등장할 수 없었던 것입니다.

일본의 세계사 교과서는 산업혁명 단원의 설명을 '플랜테이션과 노예제'로 시작한다고 합니다.[11] 우리나라 교과서가 이를 신항로 개척 이후 아메리카 대륙에서 나타난 변화 중 한 가지로 다루는 것과는 대조를 이룹니다. 자연과 인간에 대한 약탈을 기반으로 작동하는 자본주의의 본질에 접근하려면 일본 교과서가 취하고 있는 방식이 더 효과적일 수 있다고 생각합니다. 이런 문제의식은 제국주의를 설명하는 데까지도 이어질 수 있습니다.

생태환경적 관점에서 근대 계몽사상과 자본주의, 제국주의를 새롭게 들여다보기를 시도한 수업 사례를 소개하겠습니다. 먼저 생태환경사 세계사 모임의 정혜란 선생님은 중학교 세계사 교과서의 '제국주의 침략과 국민국가 건설 운동' 단원에서 아프리카 콩고의 사례를 중심으로 제국주의가 콩고의 생태환경을 파괴한 사실을 구체적으로 다루었습니다. 식민지가 되기 전과 후의 콩고의 생태환경 및 사회 모습의 변화를 비교함으로써 제국주의의 침략성을 보다 입체적으로 이해할 수 있었습니다.

또 은현수 선생님의 경우 중학교 세계사의 '신항로 개척과 유럽 질서의 변화' 단원에서 '인간중심주의와 생태주의 자연관 비교'를 주제로 수업을 설계했습니다. 근대 계몽사상가인 베이컨과 생태주의 사상가인 괴테의 철학이 담긴 읽기 자료를 제시하고, 이를 비교·분석한 뒤 오늘날 과잉생산, 과잉소비로 발생하는 환경오염 문제 해결책을 모색하는 활동식 수업이었습니다. 근대 철학과 계몽사상이 자유와 평등의 가치를 확산시키는 데 기여했지만, 인간의 자연 지배와 착취를 정당화하는 역할도 했다는 것을 함께 제시한 점이 돋보이는 사례였습니다.[12]

직접 실천해 본 수업 사례

유목민의 삶과 위진남북조 시대의 호한 융합

세계사 교과서에서 유목민의 존재를 실감할 수 있는 순간은 매우 제한적입니다. 유목민은 주로 유럽과 중국의 변경(邊境)에 일시적으로 출몰하며 약탈과 파괴를 일삼고 사라지거나 일정 기간 특정 지역을 통치했지만, 결국 선주민에 동화되어 독자적인 문화를 후대에 계승하지 못한 존재로 그려집니다. 이런 서술을 접한 학생들은 유목민에 대해 피상적이면서 부정적인 인식을 키우게 될 가능성이 매우 큽니다. 기원전 3500년경 세계 곳곳에서 농경문화가 싹틀 무렵 유라시아 중앙의 초원지대에서는 유목민이 독자적인 문화를 일구었습니다. 이들은 초원의 생태환경을 기반으로 말, 소, 양, 낙타 등을 기르며 풀을 따라 이동했는데, 이런 유목민의 생업 방식을 목축이라고 부릅니다. 즉 목축은 초원지대에 살았던 사람들이 그 지역의 자연, 지리, 기후와 같은 생태환경에 적응하기 위해 고안해 낸 삶의 양식입니다.

이들은 기후변화로 인한 생태환경의 변화나 자원 고갈, 식량 부족 문제를 해결하려고 살던 곳을 떠나 이주하거나 영역을 넓히기 위해 주변으로 팽창했습니다. 이 과정에서 인접해 있던 서로 다른 두 세계가 충돌하기도 했고 오랜 시간 섞여 살며 문화적 영향을 주고받기도 했습니다. 즉 유목민과 정착민의 관계는 대립 혹은 공존 어느 한 가지 방식으로 일관하지 않고 그 사이를 오가며 교차했다고 볼 수 있습니다. 또 이때의 전쟁이 어느 일방이 야만적이거나 폭력적이어서 발생한 것이 아니라 다른 생업 방식과 생활 양식을 가진 두 세계가 접촉하면서 발생한 충돌이었다는 점도 헤아릴 수 있습니다.

유목민과 정착민의 만남은 단순히 점령 지역의 크기만을 바꾼 것이 아니라 개인 삶의 양태, 나아가 통치 제도와 같은 국정 운영 원리에까지 많은 흔적을 남겼습니다. 그 대표적인 사례를 확인할 수 있는 시대가 바로 중국의 위진남북조 시대입니다. 현행 세계사 교과서에서는 '위진남북조 시대의 호한 융합'이라는 내용 요소를 다루는 데 유목민과 한족이 상호 영향을 주고받기보다는 유목민의 문화가 한족의 문화에 동화된 것으로 설명하고 있습니다. 또 선비, 흉노 등 유목민이 화북 지역으로 이주한 역사적·상황적 맥락을 제대로 드러내지 않습니다. 그래서 생태환경적 관점을 담아

'유목민의 삶과 위진남북조 시대의 호한 융합'을 주제로 2차시 분량의 수업을 설계했습니다.

1차시 수업에서는 '유목민의 삶 이해하기'를 목표로 초원 지역의 생태환경이 만들어 낸 삶의 방식으로 유목에 대해 알아보는 시간을 가졌습니다. 먼저 영상과 읽기 자료[13]를 통해 초원 지역의 생태환경이 지닌 특징을 파악했습니다. 그리고 이런 자연조건이 그 지역에서 살아가는 사람들에게 어떤 영향을 미쳤을지, 삶을 지속하기 위해 그들에게 필요한 능력과 지혜는 무엇이었을지 상상해 보게 했습니다. 이후 교과서에 유목민에 대한 서술이 축소되거나 왜곡된 이미지로 묘사된 경향이 있는지 분석하는 과정을 거쳤습니다. 이어 유목민의 삶과 '기록된 역사' 사이에 간극이 존재하는 이유와 이를 좁히기 위해 어떤 노력이 수반되어야 하는지 질문을 던졌습니다. 역사 이해에 필요한 지리적 감각을 심어 주기 위해 유목민의 활동 근거지를 세계지도 위에 표시하는 활동을 진행하기도 했습니다.

2차시 수업은 '유목민의 이동과 호한 공존체제의 성립'을 주제로 4세기에서 7세기에 유목민이 화북 지역으로 이동한 배경과 위진남북조 시대부터 수나라·당나라 대에 걸쳐 유목문화의 영향으로 의식주 및 조세 제도가 어떻게 바뀌었는지 살펴보았습니다. 4세기에서 7세기는 전 지구적으로 유목민의 이동이 매우 활발하게 일어난 시기입니다. 그 영향으로 중국에는 선비족이 세운 북위 정권이, 서유럽에는 게르만족이 세운 프랑크왕국이 등장했습니다. 그리고 이 시기는 유라시아 지역에서 한랭 건조화 현상이 극심하게 나타났던 때와 일치합니다. 이 사실을 통해 유목민이 이동한 배경을 기후변화와의 연관성 속에서 찾아보고 당시 중국과 유럽의 상황을 한눈에 비교할 수 있도록 했습니다. 또 유목민을 통해 전래된 바지나 가죽 장화, 망토, 침대 등의 사례를 들어 호한 융합이 한족에게서 유목민을 향해 일방향으로 이루어지지 않았다는 점을 다루고자 했습니다.[14]

　유목민은 단순히 역사 속 산물이 아니라 현존하는 실재이기도 합니다. 오늘날 농지 개발이나 도시화로 사막화가 빠르게 진행되면서 유목민의 터전이 점점 사라지고 있습니다. 기후변화도 유목민의 삶을 위협하는 중요한 원인 중 하나입니다. 유목민의 삶과 역사를 이해하고자 하는 노력은 역사 이해를 풍부하게 하는 일이기도 하고, 초원의 척박한 환경에 적응하며 살아온 인류의 경험을 배울 수 있는 기회이기도 합니다. 또 사라질 위기에 처한 초원 지역을 지켜 낼 수 있는, 초록으로 빛나는 아이디어를 모아 보는 시간이 될 수도 있습니다.

면화로 보는 생태환경사

생태환경사 공부 모임에서 스벤 베커트의 《면화의 제국》을 읽으면서 '면화'를 중심에 두고 유럽과 미국, 인도를 연결하는 수업을 해 보겠다는 아이디어를 얻었습니다. 세계 곳곳에서 면화 재배를 확대하려는 노력이 생태환경과 인간의 삶에 부정적 영향을 미치기도 했는데, 이런 내용을 다루는 것이 산업혁명과 제국주의를 둘러싼 다양한 측면을 살펴보는 데도 도움을 주리라 생각했습니다.

《면화의 제국》은 세계에서 면직물과 가장 동떨어진 지역이었던 유럽이 면화의 제국을 창조하고 주변 세계를 지배해 나간 과정을 자세히 다루고 있습니다. 이 책에 따르면 면화는 영국의 산업혁명, 유럽·아프리카·아메리카의 삼각무역 체제, 미국 남북전쟁, 인도의 민족 운동을 잇는 강력한 연결 고리였습니다. 원산지가 인도인 면화가 이집트, 아메리카 대륙 등지로 재배 면적을 넓혀 가고, 영국에 모여 대량생산을 통해 면직물로 탈바꿈한 뒤 다시 지구를 한 바퀴 돌아 전 세계로 퍼지게 된 과정은 그 자체로 하나의 거대한 세계사였습니다.

세계사 교과서상의 서술 흐름을 재배치하고 내용 요소들을 재조직하는 과정이 부담되기도 했지만 새로운 서사로 학생들을 만날 생각을 하니 수업 시간이 기다려지기도 했습니다. 먼저 수업 주제를 '면화로 보는 생태환경사'로 정하고 서로 다른 대단원에 속해 있는 '신항로 개척과 노예무역, 산업혁명, 미국 남북전쟁, 인도 민족 운동' 네 가지의 내용 요소를 택해 학습 자료를 만들었습니다. 수업에서는 먼저 학생들에게 면화 이미지를 보여 주고, 면화의 이동을 따라가면서 앞의 네 가지 주제를 함께 다룰 것이라고 안내했습니다.

학생들 중 일부는 면화라는 식물이 면직물을 만드는 원료라는 단순한 사실에 충격을 받기도 했습니다. 면화를 처음 본 유럽인들이 '양이 주렁주렁 열리는 나무'를 상상했듯이 산업혁명을 증기기관 혹은 방적기·방직기 이미지로만 기억하고 있던 학생들에게 '면화'는 생소하고 낯선 대상이었습니다. 이렇게 면화의 존재를 인식하게 한 이후 인도, 이집트 등지에서 재배되던 면화가 이슬람 세력을 통해 유럽에 전파된 과정을 설명하고 비단이나 모직물과 비교할 때 면직물의 장점이 무엇인지 떠올려 보게 했습니다.

15세기 말 바스쿠 다가마가 개척한 인도 항로는 유럽이 인도와 직접 교역해 면화와 면직물을 구매할 수 있는 길을 열어 주었습니다. 18세기까지 유럽의 동인도회사들은 주로 인도산 면화와 면직물을 구입해 해외 시장에 팔았습니다. 그러다가 유럽 내에서도 면직물 수요가 증가하자 면직물을 직접 생산하는 제조업자가 등장하기 시작했습니다. 면직물을 대량생산하는 방법을 고안하는 과정에서 일어난 것이 바로 산업혁명입니다. 면직물 수요를 충당하기 위해 더 많은 원료가 필요해진 영국은 아메리카 대륙의 카리브해 지역에서 면화 재배를 강요했습니다. 선주민과 아프리카 노예들의 노동력을 착취하며 플랜테이션 농장을 넓혔습니다. 이때 유럽 국가들은 아메리카 대륙에서 면화뿐 아니라 담배, 사탕수수 등을 재배했는데, 이 과정에서 숲이 사라지고 토지가 황폐해졌습니다.

한편, 프랑스혁명 이후 유럽에 자유주의 이념과 계몽사상이 확산되면서 노예제를 비판적으로 보는 시각 역시 늘었습니다. 그 영향으로 유럽과 유럽의 지배를 받고 있던 남아메리카 지역에서 노예제가 점차 폐지되자 면화 수확량이 감소하고 가격이 폭등했습니다. 유럽은 새로운 면화 공급처를 찾아야 하는 상황에 직면했고 이런 상황을 기회로 포착한 나라가 바로 미국이었습니다. 당시 영국으로부터 갓 독립한 상태였던 미국은 면화 수출이 미국에 커다란 부를 가져다줄 것이라고 보았습니다. 그리하여 노예들을 동원해 남부 지역에서 면화를 대량재배하기 시작했습니다. 면화생산을 기반으로 한 남부의 경제 구조와 여기에서 비롯된 남부와 북부의 갈등은 미국 남북전쟁의 배경으로 작용했습니다. 남북전쟁 이후 미국에서 노예제가 폐지되면서 저렴한 면화를 구입할 수 없게 된 영국은 당시 식민지였던 인도에 주목했습니다. 영국은 인도의 농업과 경제를 '저렴한 원료 공급처'로 재편성했습니다. 결국 인도의 면화산업은 영국에 종속되었고 생계 작물 재배지 축소로 식량생산이 줄어들어 굶어 죽는 사람들이 속출했습니다.

세계사 교과서는 산업혁명을 '새로운 기계와 동력의 등장으로 시작된 대량생산 시스템으로의 전환'에 초점을 맞추어 설명하는 경향이 있습니다. 산업혁명이 의생활의 혁명을 수반한 과정이었다는 것과 더불어 이는 선주민과 노예의 노동력 착취, 인도의 전통 시장과 수공업 생산 방식 붕괴, 식민지의 토지 수탈로 뒷받침되었다는 사실을 제대로 보여 주지 않습니다. 산업혁명, 자본주의, 제국주의와 같은 용어는 결코 간단하게 정의하기 어려운 개념입니다. 간결하고 명료한 설명일수록 본질을 제대로 담고 있지 못할 가능성이 큽니다.

면화를 중심에 두고 유럽과 아메리카, 아시아를 아우르며 근현대사 수업을 재구성한 시도는 자본주의와 제국주의의 본질을 보다 다각적으로 이해하는 데 도움을 주었다고 생각합니다. 또 인류가 면화를 재배한 대가로 얻은 것과 잃은 것은 무엇인지, 얻은 것과 잃은 것은 각각 누구에게 더 집중되었는지 고민해 보는 시간이 되었습니다. 나아가 산업혁명이 원료를 확보하는 시작 단계에서부터 화석연료를 태워 공장의 기계를 가동하고 완성품을 수출하는 과정에 도달하기까지 생태환경에 미친 영향을 보다 집중적으로 다뤄 보고 싶다는 생각을 하게 되었습니다.

계속해서 이어 갈 낯설게 보기

《시간과 물에 대하여》의 저자 안드리 스나이르 마그나손은 "기후 변화에 대해 글을 쓰는 유일한 방법은 이 주제 너머로, 옆으로, 앞으로, 과거로, 미래로 가는 것, 개인적이면서도 과학적인 태도로 신화적 언어를 구사하는 것이다. 이 주제에 대해 쓰지 '않음'으로써 써야 한다. 뒤로 돌아감으로써 앞으로 나아가야 한다"[15]라고 했습니다. 생태환경적 관점의 세계사 수업을 고민하는 역사 교사인 저는 이 이야기를 '수업 시간에 무엇을 이야기하고, 무엇을 이야기하지 않을지 선택해야 한다. 우리는 과거에 인간이 걸어온 길을 되짚어 보고, 그 과정을 수시로 성찰해야만 기후위기 상황을 건너 앞으로 나아갈 수 있다'라는 의미로 이해했습니다.

　세계사는 과거에서 현재에 이르기까지 지구적 차원에서 인간이 생태환경과 어떤 영향을 주고받았는지를 다룰 수 있는 거의 유일한 과목이라고 생각합니다. 생태환경사 공부 모임은 지금까지 익숙하고 편하게 인식해 왔던 세계사 교과서와 수업을 낯설게 보는 연습을 하게 해 주었습니다. 인간을 생태계 시스템의 일부에 위치시키고 인간 존재를 자연과의 관계 속에서 들여다보자 친숙했던 것들이 다르게 보였습니다. 아직은 밑그림을 그리는 단계에 불과하지만 앞으로 더욱 정교하게 문제의식을 벼리고 다듬어서 보다 다양한 주제의 생태환경사 수업으로 학생들과 만나고 싶습니다.

3. 동아시아를 넘나들며
직조하는 생태환경사

동경 100도*에서 시작하는 이야기

지도를 펼쳐 놓고 동경 100도선을 찾아 손가락으로 짚으며 북극해부터 천천히 내려와 봅니다. 광활한 시베리아와 몽골 초원을 지나 중국 영토로 접어듭니다. 네이멍구자치구, 간쑤성, 칭하이성, 쓰촨성, 윈난성. 그런데 윈난성 아래로 곧 미얀마와 태국이 있네요. 치앙마이와 방콕이라니, 새삼 중국 영토의 광대함에 놀라게 됩니다.

청나라 때 동경 100도선 부근에서 이런 일이 있었습니다. 건륭

● 우에다 마코토는 동경 100도를 지나는 윈난성의 다리를 중심으로 동심원을 그리면서 동유라시아라는 새로운 인식 틀을 제안한다. 우에다 마코토, 임성모 옮김, 《동유라시아 생태환경사》, 어문학사, 2016, 154쪽.

제는 영토 확장과정에서 1760년대에 윈난성을 넘어 버마(미얀마)까지 대규모 침략을 감행합니다. 그런데 1만 4,000여 명에 달하는 청나라군은 말라리아 등에 시달리다 버마군에 참패합니다. 이때 질병으로 사망한 청나라군만 3,000명이 훌쩍 넘었는데, 건륭제는 "미얀마는 끔찍한 조건을 가지고 있다. 인간은 자연과 경쟁할 수 없다. 우리 병사들과 장군들이 치명적인 질병으로 죽어 가는 것을 보면 안타깝기 그지없다. 다시는 미얀마와 전쟁을 하지 않기로 결심했다"라고 말했다고 합니다.[16] 말라리아라는 풍토병이 청나라의 침입을 막아내는 데 상당한 역할을 한 것이지요. 말라리아라는 질병과 그것을 만연하게 한 지역 생태계, 그리고 질병으로 조성된 환경적 조건이 역사적 행위자로, 적어도 중요한 역사적 동인으로 작용했음을 볼 수 있습니다.

동아시아사 수업 시간에는 보통 강희제·옹정제·건륭제로 이어지는 청나라의 전성기를 다루면서 티베트·신장·몽골·타이완까지 영토를 확장했음을 언급합니다. 그때 앞에서 언급한 이야기를 소개한다면 사뭇 다른 방식의 수업이 가능할 듯합니다. 인간과 자연의 상호작용을 더 적극적으로 살피고 동물과 식물이 역사에서 행위 주체성을 획득할 수 있음을 고려하는 방식이지요. 환경사가 도널드 워스터는 "생태사 혹은 환경사라는 새로운 역사는, 인간이 별개의 고유한 종이어서 마치 자연적 제약에서 면제된 듯한 사고를 거부한다. 인간도 지구의 일부라고 인식하는 것이다"[17]라고 말한 바 있는데, 수업 시간에 이런 관점으로 들여다보는 것입니다.

같은 맥락에서 수업 시간에 청어 이야기를 다루어 볼 수도 있습니다. 청어 과메기, 청어알젓, 헤링본(herringbone) 무늬의 그 청어(herring)가 조선 시대에는 명태와 더불어 가장 흔한 생선이었습니다. 고려 말 이색이 남긴 시에 "쌀 한 말로 청어 20여 마리를 바꾸었다"라는 구절이 있는 것을 보면 적어도 고려 말부터는 청어 어업이 시작되었음을 짐작할 수 있습니다. 한편, 중국과 일본에서는 청어가 잡히지 않다가 17세기를 전후해 청어 어업이 발전했는데, 소빙기 기후변동으로 해수 온도가 내려가면서 한류성어류인 청어가 동아시아의 바다로 대거 몰려들었기 때문입니다.

그런데 갑자기 늘어난 청어가 밥상 풍경만 바꾸었던 것은 아닙니다. 청어 어업의 번성은 동아시아 3국에 크고 작은 변화를 불러왔습니다. 명나라 말 청나라 초 산둥 연해의 궁핍한 주민들은 소빙기가 몰고 온 극심한 기근 속에 굶주림을 면하고자 해금 정책에도 불구하고 청어를 쫓아 섬으로 들어가 정착하기 시작했습니다. 에도막부에서는 청어 어업이 당시 에조치라 불리던 아이누의 땅 홋카이도로의 진출을 추동했고, 청어를 삭혀 만든 비료가 널리 사용되면서 홋카이도와 오사카를 오가는 해운선(기타마에부네北前船)이 활약하기도 했습니다.

조선에서는 균역법을 실시하면서 어염선세가 중요한 세원이 되었는데, 청어가 가장 중요한 물고기였다고 합니다. 《난중일기》 곳곳에 실린 청어와 관련된 기록들은 더욱 흥미로운데요. 1595년 11월 일기에는 "이날 저녁 청어 1만 3,240두름을 곡식과 바꾸려고 이종호가 받아 갔으며" 12월 일기에는 "황득중과 오수 등이 청어 7,000여 두름을 싣고 왔기에 김희방의 무곡선(貿穀船)에 계산하여 주었다"라고 적혀 있습니다. 임진왜란에 대기근까지 덮쳐 어려움을 겪던 이순신이 청어를 잡아 군량을 확보하는 방책을 세운 것입니다.* 물고기 한 종이 이처럼 다양한 이야기를 들려주다니, 사회 속 인간만을 다루던 방식에서 살짝 비껴나 비인간 존재와의 상호작용을 살필 때 사람을 둘러싼 이야기는 더욱 풍성해집니다.

스케일의 문제와 동아시아사

이번에는 스케일의 문제를 살펴보겠습니다. 시간적 규모(scale) 역시 중요하지만 여기서는 공간적 측면에 초점을 맞추어 스케일의 문제를 다루고자 합니다. 근대 역사학을 바탕으로 한 역사 교육은 국민국가를 중심으로 삼아 국가적 규모에 초점을 맞추는 경향이 짙었습니다. 그러나 현재의 환경위기에 대응해 새로운 역사 수업을 모색하려면 다른 스케일의 역사를 생각해야 합니다. 환경과

• 김문기, 〈소빙기의 성찰 : 근세 동아시아의 청어 어업〉, 《역사와 경계》 96, 2015; 김문기, "청어, 임진왜란을 알리다", 《국제신문》, 2018.07.31. 계승범은 앞의 논문 연구와 관련해 17세기에서 18세기에 중국 동안과 홋카이도 서안의 수온이 구체적으로 어떠했으며, 동해안의 청어가 어떤 이유와 경로로 개체에 따라 중국 동안과 홋카이도 서안으로 이동했는지 등에 대해서는 설명이 없는 점을 지적한 바 있다. 계승범, 〈국내 한국사학계의 환경·기후 문제 연구 동향과 과제―소빙기 학설의 활용을 중심으로〉, 《한국사학사학보》 46, 2022, 25쪽.

기후 요소들은 애초부터 국경 내에 머무르지 않는 트랜스내셔널한 주제며 빙하가 녹고 열대우림이 사라지는 현상은 전 세계에 영향을 미치기 때문입니다. 이런 지점을 제대로 살피기 위해서라도 보다 확장된 스케일의 역사, '큰 그림'을 다룰 필요가 있습니다.[18]

바로 이 지점에서 동아시아사에는 특별한 강점이 있습니다. 동아시아사는 자국사와 세계사를 포함하는 새로운 역사 인식 단위로 동아시아라는 지역(region)을 단위로 하는 역사입니다. 동아시아사 교육과정 역시 2007년 처음 제정된 이래 지금까지 일관되게 "한국사보다는 넓고 세계사보다는 좁은 범주의 지역사", "한국사와 세계사의 중간에 위치하는 역사"로서 "한국사와 세계사를 연결하는 성격"이 있다고 했습니다.[19] 동아시아사 학습과정에서는 국경과 영토에 갇힌 인식을 넘어 보다 큰 스케일에서 과거를 다룰 수 있습니다.

현행 2015 교육과정 동아시아사 4종 교과서의 주요 구석기 유적지 지도를 살펴보면 하나같이 구석기 특정 시점에 육지가 어디까지 확장되었는지를 음영으로 표시하고 있습니다. 1만 8,000년 전 육지를 표시한 2종 교과서는 아마 최종 빙기 최성기*가 끝날 즈음을 표시한 것일 테고, 1만 3,000년 전과 1만 2,000년 전을 표시한 교과서는 아마도 홀로세(Holocene) 직전 일시적으로 혹독한 추위가

● Last Glacial Maximum, LGM, 홀로세 이전 대략 11만 년 동안 지속된 마지막 빙기 중 가장 추웠던 시기.

최종 빙기 최성기 지도

찾아든 영거 드라이아스(Younger Dryas)기 무렵의 해안선을 보여 주려는 것일 텐데요.

평소라면 그냥 지나쳤거나 살짝 언급만 하고 넘겼을 이 지도를 잠시 살펴보면서 학생들과 이야기를 나누어 봅니다. 물론 복잡한 지질학적 지식을 다루려는 것은 아닙니다. 그렇게 할 수도 없고, 그럴 필요도 없습니다. 지도를 보면 지금은 바다인 곳곳이 빙하 극성기에는 육지로 이어져 있습니다. 상호 연결된 동아시아라는 '큰 그림'이 시각화되면서 한눈에 들어옵니다. 지도를 짚어 가며 다음과 같은 이야기를 들려줍니다.

"구석기 시대의 상당 부분을 차지하는 빙기에 해수면은 대체로 지금보다 최대 100미터에서 최소 20미터 정도 낮았고,[20] 이에 따라 육지는 지금보다 넓었으며, 바다는 멀리 후퇴했어요. 구석기인들은 수렵 채집을 하면서 계절의 변화, 동물의 이주, 식물의 성장 주기에 따라 대개 수십에서 수백 제곱킬로미터쯤 되는 영토 안에서 왔다갔다 했고 자연재해 등을 만나면 더 나은 땅을 찾아 더욱 멀리 이동하기도 했습니다." 이 시기에 예상보다 더 자유롭고 광범위한 이동이 가능했음을 일깨우면서 지금 우리 머릿속에 각인된 영토라는 경계를 넘는, 보다 큰 스케일의 공간을 자연스레 떠올려 보도록 하는 것입니다.

한편, 생태환경사 관점으로 과거를 살필 때는 다중 스케일(multi-scale) 접근이 유용한 경우가 있습니다. 다중 스케일 접근이란 공간 범위를 특정 공간으로 한정하지 않고 신축성 있게 글로벌-지역-국가-지방을 교차해 보는 것입니다. 글로벌-지역-국가-지방은 각각 다른 모습을 보이면서도 상호관계성의 측면도 포함하고 있어 이를 함께 살필 때 다층적·다각적 복수의 역사 이해가 동반된다는 강점이 있습니다.[21] 동아시아사는 다중 스케일 접근에도 유리할 것입니다. '과거를 바라보는 렌즈가 국가라는 특정 배율에 갇히는 것'과 같은 한계[22]를 쉽게 넘어설 수 있는 역사 인식 단위니까요. 그렇기에 국경에 얽매이지 않고 필요에 따라 자유로이 줌인과 줌아웃을 시도할 수 있습니다.

소빙기를 다룰 때는 다중 스케일 접근의 강점이 한층 돋보입니다. 소빙기 내에서도 17세기 후반은 특히 극심한 한랭기가 잦았다고 하는데요.[23] • 현종 때의 경신대기근은 이런 기후 조건에서 발생했습니다.[24] 1670년에서 1671년의 조선으로 줌인해 보면 100만 명이 넘는 백성이 기근에 시달리고 10만 명이 넘는 사람이 역병과 재해 속에 사망한 경신대기근의 참상을 확인할 수 있습니다.[25] 《현종실록》 곳곳에 이 시기의 이상기후와 기근, 전염병의 기록들이 남아 있습니다.

같은 시기 중국으로 시선을 옮겨 보면 강남에는 여름에 눈이 내리고, 겨울에는 아열대의 강과 호수가 결빙될 정도로 한랭화가 심했다고 합니다. 일본도 크게 다르지 않았는지 이상기후가 이어지면서 몇 년 뒤 대기근(엔보대기근延寶大飢饉, 1674~1677)을 겪습니다.[26] 줌아웃을 통해 동시대의 유럽까지 시선을 확장해 보면 더욱 흥미로운데요. 비슷한 시기 영국 템스강도 종종 결빙되었고 프랑스 마르세유 앞바다도 1670년에 얼어붙었다고 합니다.[27] 소빙기를 다룰 때 특정 시기와 장소로 줌인하면 구체적인 수치와 증거를 바탕으로

• 소빙기 내에서도 17세기는 인류 문명이 시작된 이래 가장 추운 세기였는데, 세계 곳곳에서 재해·기근·전염병·전쟁이 잦았기에 '일반적 위기', 나아가 '전 지구적 위기'의 시기라 일컫는다. 17세기를 전후해 동아시아에서도 임진왜란과 병자호란 등의 큰 전쟁이 일어났고, 명나라·청나라 교체와 에도막부 수립이라는 격변이 진행되었다. 이런 광범위한 사회적 위기를 기후와 연관지어 설명하는 경우도 있다. 그러나 소빙기는 시점과 종점에 대해서도 의견이 분분하고 기후의 지역적 편차가 상당히 큰데다 같은 지역에서마저 기온이 들쑥날쑥했기에 마치 수백 년간 세계를 관통하는 보편적 기후 패턴이 있었던 것처럼 일반화하지 않도록 유의해야 한다. 피터 프랭코판, 이재황 옮김, 《기후변화 세계사》, 책과함께, 2023, 542, 544, 550쪽.

위기의 실상에 다가갈 수 있고, 줌아웃을 통해 시공간의 스케일을 확대하면 경향성과 지구적 동시성을 포착할 수 있습니다.

 이제 동아시아사 수업 시간에 시도해 볼 생태환경사 수업안을 몇 가지 구상해 소개하겠습니다.

수업 구상 하나. 논농사 이야기

농업은 여전히 밥상 위 먹거리의 상당 부분을 책임지고 있는 인류 생존의 근간임에도 불구하고 농업과 농민의 이야기는 역사 교과서의 서사에서 축소 혹은 소거되어 왔습니다. 현행 동아시아사 교육 과정과 교과서 역시 별반 다르지 않습니다. 농업 중심의 전근대 시기마저 상공업 중심의 교류사로 구성해 근대 이전 동아시아인의 생활을 거의 전적으로 문화 교류와 교역을 중심으로 파악하는 '농업 패싱'의 서사가 되어 버렸다는 지적도 있습니다.[28] 농사는 무엇보다도 자연환경을 상대하는 일이고, 인류는 농업으로 식량을 생산하는 과정에서 끊임없이 생태계를 재구성해 왔기에 생태환경사 수업에서 농업을 다루는 것은 필수 불가결하다고 생각합니다. 이에 동아시아 특유의 집약적인 논농사에 초점을 맞추어 보고자 합니다.

 현행 교육과정에서는 주로 명나라·청나라와 조선 후기, 에도막부 시기를 다루는 '대주제3. 동아시아의 사회변동과 문화 교류'의 소주제인 '사회변동과 서민문화'의 학습 요소 중 하나로 '농업생산력의 발전'을 제시하고 있습니다. 농업생산력 발전을 바탕으로 인구의 폭발적 증가와 상공업 발달 및 도시의 성장, 서민문화의 발달을 설명하는 단원인데요. 농업생산력 발전이라는 학습 요소를 토대로 논농사 수업을 1차시 진행할 것입니다. 새롭게 구상한 논농사 수업에서는 생산력 증대에만 초점을 맞추었던 기존의 설명 방식에 머무르지 않고 지속가능성이라는 개념을 더해 살피고 주변 생태환경과의 관계에 주목하려 합니다.

먼저 조선 농부들의 한해살이를 중심으로 논농사과정을 살펴봅니다. '귀신 씻나락 까먹는 소리의 씻나락은 무엇일까요?', '벼꽃을 본 적 있나요?'와 같은 질문을 던지면서 논농사과정을 담은 짤막한 영상을 함께 봅니다.[29] 이어 한국생활사박물관 조선편의 자료를 활용해 24절기마다 농부들이 벼 재배를 위해 어떤 일을 하는지를 대략적으로 살펴보는데, 경직도와 함께 제시해 벼농사 현장을 구체적으로 상상해 볼 수 있도록 합니다.[30] 농촌진흥청 어린이홈페이지에 잘 소개된 괭이, 따비, 보습, 쟁기 등 전통 농기구 사진까지 함께 보여 주면 옛 농사에 대한 이해를 높일 수 있습니다.[31] 이 과정에서 직파법과 모내기법을 구분지어 간략하게 설명합니다.

이쯤에서 잠시 물에 잠긴 땅을 좋아하는 벼의 특성을 살펴봅니다. 논에 물을 대면 물속에서 잘 자라지 못하는 잡초를 억제하고 물이 낮 동안 태양열을 흡수했다가 추운 밤에 토양보다 비교적 온기를 잘 유지해 벼를 서리로부터 보호하는 역할을 합니다. 그렇기에 논농사에서는 안정적인 물 공급이 무엇보다 중요하며, 물을 대고 빼는 일이 자유로운 농지는 아무래도 한정적이라는 것과 벼농사과정은 밭농사에 비해 상당히 복잡하며 많은 노동력을 필요로 한다는 사실도 함께 다룹니다.[32] 물론 벼가 밀 등 그 밖의 다른 곡물에 비해 두 배 이상의 수확량을 안겨 준다는 사실도[33] 빠뜨리지 않고 짚어 봅니다.

이어 본격적으로 동아시아의 논농사 발전을 다룹니다. 의외로 창장강 유역에서 한족의 정착과 논농사는 저지대 평야가 아닌 고지대에서 먼저 시작되었습니다. 저지대의 잦은 홍수와 말라리아가 한족 정착과 농경을 방해했던 것입니다. 송나라 대부터 명나라 대에 이르기까지 창장강 하류의 치수(治水)가 더욱 정비되면서 저지대까지 촘촘하면서 광활한 논지대가 탄생했고 이곳에서 모내기법에 따른 집약적 벼농사가 정착되어 갑니다.[34] 한반도와 일본에서도 물을 끌어 대기 쉬운 계곡 인근의 산간지대와 산자락 끝에서 먼저 농사를 짓다가 점차 평지를 개간해 내려오게 됩니다.[35] 강 유역 평야에 벼가 넘실거리는 너른 들판이라는 경관은 수천 년 농경의 역사에서 그리 오래되지는 않은 것이지요.

논농사가 발전할 수 있었던 데는 모내기법 확산이 큰 역할을 했습니다. 모내기법은 상당히 번거롭고 품이 많이 드는 농법인데, 도대체 왜 널리 퍼져 나갔을까요? 덥고 습윤한 강남 지방에서는 볍씨를 직파할 경우 잡초가 감당이 안 될 만큼 무성해지므로 제초가 상대적으로 쉬운 모내기법이 절실했습니다. 여기서 잠깐 동아시아 농업의 특수성을 하나 짚고 넘어갈 필요가 있습니다. 계절풍의 영향으로 여름이 유난히 고온다습한 동아시아의 농경지대에서는 여름 내내 작물과 함께 잡초도 무성하게 자랍니다. 김매기를 제대로 하지 않으면 당장 수확에 큰 차질을 빚을 정도지요. 작물이 상하지 않게 김매기를 하자니 손으로 일일이 제초해야 하고 가축을 동원해 한꺼번에 쓱 갈아 엎을 수도 없습니다.

다른 지역은 이토록 잡초와 씨름하지 않느냐고요? 유럽의 농업과 비교하면 그 특성이 매우 뚜렷합니다. 유럽의 경우 여름이 건조한 곳은 겨울 밀을 심기에 겨울이라 잡초 걱정이 덜하고, 여름이 습윤한 곳은 토질이 비교적 척박해 잡초가 덜 자라거든요. 동아시아의 농업은 유난히 잡초와의 전쟁인 셈이지요. 정성스럽고 섬세한 수작업이 필요한 동아시아의 농업은 애초에 노동집약적인 성격이 강했습니다. 가족 노동력에 의존하는 소규모 농업의 경우 가족의 임금을 따로 계산하지 않기 때문에 조금이라도 더 소득이 발생한다면 노동력을 계속 더 투입하는 경향이 있습니다. 농지 이용도, 노동력 투입도 갈수록 더 집약적으로 변해 갑니다. 이런 집약적 논농사의 획기적인 확대는 당시 세계적으로 유례를 찾기 어려울 정도의 높은 토지생산성과 인구 밀도를 낳는 원동력이 되었습니다.[36]

강남의 선진적인 집약적 논농사는 조선과 일본으로도 전파되었습니다. 조선과 일본의 기후 조건과 자연환경은 다르고 이는 당연히 농업에도 영향을 미칩니다. 논을 의미하는 한자 '수전(水田)'과 관련해 한자의 쓰임이 조금 다르다는 점이 흥미로운데요. 한국에서 '전(田)'은 당연히 '밭'을 의미하고, '수전(水田)'은 '답(畓)'이라는 한국 한자를 만들어 쓰는 데 비해, 일본에서 '전(田)'은 논을 가리키고, 밭은 '전(畑)' 등의 일본 한자를 만들어 표현합니다. 이는 아마도 한국의 농업은 본래 밭농사 중심이며, 애초부터 논농사 중심으로 농업이 발달해 온 일본과는 차이가 있기 때문입니다.[37]

한국은 중국의 건조한 화북 지방, 습윤한 강남 지방과 일본 사이에 위치해 화북 지역과 맞먹는 봄 가뭄, 일본의 장마를 뛰어넘는 여름 장마란 기후 특성이 있습니다. 이렇게 반건조한 기후환경 영향으로 밭농사 위주의 농업이 성립할 수밖에 없었습니다. 강남 지방과 일본은 모내기 철이 대체로 장마와 딱 겹치지만 한국은 장마가 늦은 탓에 세종 대의 농서인《농사직설》에서도 모내기를 위험한 농법으로 여기기도 했습니다. 그럼에도 불구하고 수확량이 높은 논농사의 이점이 강력해 모내기법의 위험성을 보완할 조선만의 농사기술을 개발했고, 논농사는 꾸준히 늘어 조선 전체 농지에서 논이 차지하는 비중이 15세기에는 20퍼센트, 19세기 말이 되면 30퍼센트, 1919년에는 36퍼센트 정도였다고 합니다.[38] 일본에서는 16세기에 들어 센고쿠다이묘들이 각자의 영지에서 적극적으로 농지를 개발하면서 논농사에 획기적인 변화가 일어났고, 에도막부 수립 이후 대하천 중하류 지역을 중심으로 한 폭발적인 수전 개발이 이루어지게 되었습니다.[39]

이쯤에서 참파벼도 잠시 다룹니다. 중국 남부는 육상과 해상으로 동남아시아와 연결되어 있었는데, 송나라 대에 베트남 남부 참파산 조생종 벼가 중국에 들어왔습니다. 참파벼는 점성도(占城稻)라했는데, 여기서 점성은 참파를 음차한 것입니다. 인디카 쌀의 일종인 점성도는 가뭄과 홍수, 병충해에 특히 강하고 생육 기간이 짧아 송나라 대 강남 지방과 남중국에서 널리 재배되며 농업생산력 급증에 일조했습니다. 환경 적응력이 강한 이 품종은 고려 후기에 한반도에 전해져 척박한 땅을 개간해 농경지를 넓히는 데 역할을 했습니다. 일본에는 11세기 후반 이후 전해져 대당미라 불렸는데, 한동안 일본 전역에서 재배되면서 논농사 발달을 뒷받침했습니다.[40]

이제 지속가능성이라는 관점에서 동아시아의 농업을 들여다봅니다. 중국 환경사 연구를 종합한 로버트 마크스는 항저우와 쑤저우의 뽕나무 제방과 양어장 시스템을 지속가능한 농업의 사례로 꼽습니다. 저습지의 제방에는 뽕나무를 심고 뽕잎으로는 누에를 기릅니다. 누에의 배설물과 양잠과정에서 나오는 온갖 폐기물은 연못에 던져 잉어의 먹이로 활용하고, 잉어의 배설물이 쌓인 진흙을 퍼내 뽕나무와 논밭의 비료로 활용하는, 놀랍도록 생태적인 농업시스템이지요.[41]

이어 학생들에게 소개할 《4천 년의 농부》는 미국 농무부 토양관리국장을 지낸 프랭클린 킹이 1909년 중국과 한국, 일본의 농법을 직접 관찰하고 쓴 책입니다. 그는 인더스 문명이나 메소포타미아 문명의 발상지는 농사를 지을 수 없는 황폐한 땅이 된 것과 다르게, 중국에서는 어떻게 4,000년이 지난 후에도 수많은 사람을 먹여 살릴 수 있는지를 기본적인 궁금증으로 삼아 이야기를 풀어 나갑니다.

그는 동아시아에서 먹을 수 있는 모든 것은 사람과 가축의 입으로 들어가고, 먹거나 입을 수 없는 모든 것은 연료로 쓰이며, 그 과정에서 배출된 배설물과 쓰레기는 모두 땅으로 되돌아간다는 점에 주목합니다. 특히 '밤의 흙'이라고 부르던 인분, 즉 똥거름에 깊은 인상을 받습니다.[42] 학생들이 흥미를 보이는 주제이기도 한 똥거름은 주로 밭에 뿌리는데요. 한중일 3국에서 똥거름장수와 똥거름은 개항 이후까지도 흔히 볼 수 있었습니다. 일본 영화 〈오키쿠와 세계〉는 에도막부 말기에 똥거름장수로 살아가는 청년의 이야기를 실감 나게 다루어 수업에 활용하기 좋습니다.

하지만 동아시아 농업이 지속가능성만 보여 준 것은 아닙니다. 집약적인 농업은 많은 인구를 부양했으나 계속 인구가 늘자 한족은 끝없이 변경을 개척해 나갔습니다. 변경에 거주하던 비한족은 삶의 터전에서 밀려나야 했지요. 도입부에서 잠깐 다룬 중국 남서부의 윈난성은 생태적 다양성이 풍부하기로 세계적으로도 손꼽히는 지역입니다. 19세기 초 한족 정착민들은 이곳의 깊은 산악지대까지 개간해 숲을 파괴하고 신대륙 작물인 옥수수 농사를 짓기 시작했습니다. 그로 인해 산림이 사라지고 토양 침식이 가속화되었고 한족이 진출한 지역은 점차 옥수수 농사조차 지을 수 없는 땅으로 바뀌었습니다. 이 지역이 아직까지 세계적으로 다양성으로 손꼽히는 것은 아이러니하게도 지역 생태계가 워낙 다양하기 때문인데, 그마저도 매우 위태로운 상황입니다.*

한편, 집약적 논농사 확립 이후 각 지역으로 쌀 단일 작물 재배가 확대되면서 복잡한 생태계가 급격히 단순화되기도 했습니다. 광시성과 광둥성을 흐르는 주장강 하류의 맹그로브숲이 간척으로 사라지고 광대한 농경지로 변모한 것처럼 말이지요. 생태환경사 관점으로 바라보면 4,000년 전 중국에는 전례 없는 자연과 다양성이 존재했지만 이후 농업과 농경은 더 단순하고 덜 복잡한 것을 만들어 냈고,[43] 점차 감당하기 어렵게 증가해 가는 막대한 인구를 부양하는 가운데 지속가능성을 위한 여유분까지 짜내어 결국 지속불가능 상태에 도달했다고 볼 수 있습니다.

조선과 에도막부 역시 집약적 농업을 통해 많은 인구를 부양했으며 개간을 장려하는 과정에서 숲을 소멸하고 동식물의 서식지를 파괴했습니다. 마지막 구석까지 집약적으로 이용하는 대신 자연에 여분을 남겨 두어야 하는데, 그렇게 하지 못했기에 끝내 지속불가능으로 치닫게 된 것이지요. 개간과 변경 개척은 대개 발전의 맥락에서 다루어 왔으나 지속가능성이라는 관점에서 보니 사뭇 다르게

● 환경 파괴에도 불구하고 중국은 역설적이게도 지구상에서 가장 생물학적으로 다양한 국가 중 하나로 남아 있다. 실제로 중국은 생물다양성이 가장 풍부한 12개국 중 하나다. 엄청나게 다양한 생태계가 있기 때문이다. 지구상에서 가장 높은 곳과 가장 낮은 곳, 빙하와 산호초, 사막과 열대우림 등 중국은 토착 생물종이 서식할 수 있는 수많은 생태적 틈새를 보유하고 있다. 중국에는 아마존 열대우림에 이어 두 번째로 많은 3만 종의 종자식물(이중 1만 3,000종이 원난성에 있으며, 상당수가 멸종위기에 처해 있다)과 전 세계의 14퍼센트를 차지하는 6,300종의 척추동물이 서식하고 있다. 하지만 중국이 4,000년 동안 땅을 점령하고 변형하면서 이중 거의 400종이 멸종위기에 처했는데, 이는 중국의 서식지가 너무 파편화되어 남은 지역이 더 이상 건강한 자연 개체군을 유지하기에 충분하지 않기 때문이다. Robert B. Marks, *China: An Environmental History*, Rowman & Littlefield Publishers, 2017, p. 7.

읽힙니다.

이제 생각할 거리를 던지며 논농사 수업을 마무리합니다. "논농사는 식물성 물질이 썩으면서 강력한 온실가스인 메탄을 대기로 방출합니다. 선진국에서는 주로 화석연료 사용으로 인한 이산화탄소 배출이 많은 반면, 농업과 축산업의 비중이 높은 개발도상국과 저개발국은 메탄의 비중이 높은 편인데요. 문제는 메탄이 이산화탄소에 비해 적게는 20배, 많게는 80배까지 높은 온실 효과를 초래한다는 것입니다. 이 때문에 기후변화 관련 국제 협상 테이블에서 메탄을 많이 배출하는 개발도상국의 책임을 높이자는 주장이 나오기도 합니다.[44] 기후정의의 관점에서 여러분은 이에 대해 어떻게 생각하나요?"

수업 구상 둘. 냉전과 환경 문제

냉전은 전 세계에 중대한 정치적·경제적·군사적 영향을 끼쳤습니다. 현행 동아시아사 교육과정에서도 '동아시아에서 냉전의 심화·해체 과정과 그 영향을 분석한다'라는 성취 기준을 제시하면서 국공 내전, 한국전쟁, 베트남전쟁, 닉슨 독트린, 미중 수교 등을 주요 학습 요소로 해 냉전을 비중 있게 다룹니다. 그런데 냉전이 환경에 강력한 영향을 미쳤다는 사실은 드러나지 않습니다. 역사학자 마이크 데이비스는 냉전은 누그러질 줄 모르는 현대 사회의 재앙이었을 뿐 아니라 "1만 년 만에 맞은 최악의 지구 생태계 재앙"

이었다고 말하기도 했는데요.[45] 냉전의 해체까지 모두 다룬 다음 시간에 1차시에 걸쳐 냉전을 환경사의 맥락에서 살펴봅니다.

'냉전은 도대체 왜, 어떤 방식으로 환경에 악영향을 미쳤을까요?'라는 질문으로 수업을 연 뒤, 영화 〈고질라〉 포스터를 보여 주며 이야기를 풀어 갑니다. 영화 속 고질라는 수폭 실험으로 잠에서 깨어나 수폭 에너지를 몸에 축적한 괴수입니다. 1950년대 미국이 태평양 비키니섬에서 핵실험을 하면서 일본의 참치잡이 어선 선원들이 피폭되는 사건이 발생하자 핵폭탄에 대한 공포가 큰 일본에서는 원수폭금지 운동이 일어났습니다. 수폭에 대한 두려움이라는 역사적 배경을 바탕으로 일본에서 영화 〈고질라〉가 탄생했음을 설명합니다. 이어 냉전 시기 미국과 소련 양 진영이 핵무기를 비롯한 무기 경쟁을 이어 가면서 높은 수준의 군비 지출을 유지했고 이것이 생태계에 막대한 피해를 끼쳤음을 이야기합니다. 전 세계에서 진행되는 환경 파괴 중 10퍼센트에서 30퍼센트가 군사 관련 활동 때문인 것으로 추정하기도 하는데, 예를 들어 미군은 스웨덴, 핀란드, 뉴질랜드, 노르웨이, 스위스 같은 국가들보다 더 많은 온실가스를 배출한다고 합니다.[46]

또한 냉전 시기에는 체제 경쟁 속에서 국가가 후원하는 거대한 기간 시설 사업과 개발 운동이 적극 추진되었습니다. 안보와 번영이라는 목표를 최우선으로 삼으면서 자연을 조작하는 것이 정당화되는 경향까지 보였습니다. 마오쩌둥의 대약진 운동을 중심으로 이를 살펴봅니다. 대약진 운동을 시작한 해에 마오쩌둥은 "새로운 전쟁이 있다. 우리는 자연에 발포해야 한다"라고 선언했는데, 자연에 발포한 결과는 어떠했을까요? 무리한 강철생산을 위해 석탄을 낭비하고 삼림을 남벌했으며, 곡물 수확을 늘리려는 목적으로 씨앗을 촘촘히 심고 땅을 지나치게 깊이 갈면서 토양이 황폐해졌습니다. 쥐, 모기, 파리, 참새를 4대 유해 생물로 지정해 박멸하려 했는데(제사해 운동), 참새가 사라지자 오히려 메뚜기 등의 곤충이 창궐해 수확량이 급감했지요. 대약진 운동은 증산은커녕 수천만 명의 아사자를 낳았습니다.[47]

포스터 하나를 같이 보며 질문을 던져 봅니다. "마오쩌둥이 이끌던 중국공산당은 대약진 운동 당시 대중들에게 자연과의 전쟁을 선포하며 '인간은 자연을 이기게 되어 있다(人定勝天)'라는 구절을 인용했습니다.[48] 이런 자연관은 대약진 운동이 실패한 뒤에도 제법 오랜 시간 동안 중국의 개발 정책에 영향을 미쳤습니다.[49] 지금 지구상에서 이와 같은 자연관이 드러나는 영역은 없나요? 그리고 이런 사고방식은 지속가능성과 어떤 관계가 있을까요?"

이어 냉전 속 열전이 극심한 생태 파괴를 가져왔다는 점을 베트남전쟁 중심으로 살펴봅니다. 베트남전쟁에서는 생태계를 파괴하는 기술이 넓은 지역에서 고의로 사용되었습니다. 미군은 '랜치 핸드'라는 작전으로 베트남에 제초제를 살포했지요. 에이전트 오렌지는 미군이 사용한 가장 대표적인 고엽제로 맹독성 물질인 다이옥신을 포함하고 있었으며, 무려 10년에 걸쳐 드럼통 36만 7,000개 분량이 공중에서 무차별로 뿌려졌습니다. 2.5톤짜리 강철

칼날이 부착된 롬 플라우라는 산림 벌채용 불도저는 서울의 다섯 배가 넘는 숲을 밀어 버렸습니다. 모든 것을 태워 버리는 네이팜탄을 포함한 폭탄은 제2차 세계대전 공습에 사용된 양의 세 배가 투하되었습니다. 사람과 야생동물의 피해는 말할 것도 없고 베트남 전체 산림의 5분의 1 이상이 파괴되고 남베트남의 맹그로브숲 40퍼센트가 사라졌으며, 수천 제곱킬로미터의 논밭이 반영구적으로 훼손되었습니다. 생명윤리학자 아서 갤턴은 베트남에서 벌어진 이 참혹한 자연환경 파괴 행위를 '생태 살해', '생태 학살'이라는 의미의 에코사이드(ecocide)라고 명명하면서 에코사이드를 제노사이드와 같이 반인도적 범죄로 간주해야 한다고 말했습니다.[50]

러시아의 우크라이나 침공에서 생태 학살이 이어지면서 전쟁 중 에코사이드를 집중 조명하는 뉴스가 보도되기도 했는데요. 뉴스 장면을 함께 보면서 이야기를 이어 갑니다. 한국전쟁에서도 환경 파괴를 유발하기 쉬운 네이팜탄과 소이탄이 많이 사용되었음을 짚으면서 전쟁에서는 '예외 없이' 인명 살상과 대규모 환경 파괴가 연계되어 발생한다는 명제를 살펴봅니다.[51] 전쟁을 다룰 때 인권의 관점을 담을 뿐 아니라 인권의 범위를 확대해 비인간 존재까지 포괄하며 전쟁과 생태환경 간의 상관관계를 생각해 볼 기회를 제공하는 것이지요.

이어서 첨단 과학기술을 활용한 무기일수록 막강한 파괴력을 동반한다는 점을 이야기하며 자연스럽게 과학기술에 대한 성찰을 이어 갑니다. 과학기술은 현대 세계를 주무르는 막강한 힘이 되었고,

인간이 구축한 근대 과학기술을 성찰의 목록에 포함하지 않는다면 그 파괴적 양상이 더욱 도드라질 수 있기 때문입니다.[52]《전쟁과 농업》이라는 책은 농업과 전쟁의 놀랄 만한 상호관련성을 보여줍니다. 트랙터 생산기술은 탱크로, 화학비료 생산기술은 화약으로, 독가스 생산기술은 농약으로 전용되었다는 사례를 들어 민생기술과 군사기술의 이중 사용이라는 '듀얼 유스(dual use)'라는 개념을 설명하는데, 이를 학생들에게 소개합니다.[53] 베트남전쟁 때 사용된 고엽제는 맹독성 제초제가 그 자체로 무기로 사용된 것이기도 하지요. 학생들에게 질문을 던집니다. "우리는 지구상에서 무기가 전부 폐기된다 하더라도 언제든 민간기술이 곧바로 전쟁에 동원될 수 있는 시스템 속에서 살아가고 있습니다. 핵무기가 모두 없어져도 원자력발전소가 존재하는 한 핵전쟁의 공포는 사라지지 않을 것처럼 말이지요.[54] 이런 시스템 속에서 과학기술 발달이 이윤 추구나 군사적 목적에 따라 좌우된다면 어떤 문제가 생길 수 있을까요?"

수업 구상 셋. 개발과 공해

이번에는 '개발과 공해'라는 주제로 수업을 구상해 봅니다. 동아시아사 마지막 대단원인 '오늘날의 동아시아' 단원에서 '경제성장과 정치 발전'을 모두 다룬 뒤 '갈등과 화해'를 다루기 전에 1차시에 걸쳐서 수업을 진행합니다. 경제성장과 공업화에 필연적으로 뒤따

울산공업센터 기공식 치사문(출처: 울산광역시)

른 공해 문제를 짚고 이를 식민지 경험과 공해 수출이라는 연결 고리 속에서 살펴보며, 나아가 발전주의와 성장지상주의에 대한 성찰을 시도하는 것이 수업 목표입니다.

먼저 울산공업센터 기공식 치사문 사진을 한글 표기를 곁들여 제시하면서 생각 열기를 시작합니다. 5·16 군사정변 이듬해에 박정희 의장이 당시 울산군을 특정 공업 지구로 지정하고 치사한 글임을 설명하면서 "제2차 산업의 우렁찬 건설의 수레 소리가 동해를 진동하고 공업생산의 검은 연기가 대기 속에 뻗어 나가는 그날에 국가와 민족의 희망과 발전이 눈앞에 도래하였음을 알 수 있다"라는 구절을 현대의 환경의식에 비추어 생각해 보게 합니다. 이어 동아시아사 교과서에서 공해라는 단어를 찾아봅니다. 교과서에 따라 공해와 환경 운동이라는 용어가 등장하기도 하고, 등장하지 않기도 합니다.

곧장 일본 역사 교과서의 공해병 서술 내용을 살펴봅니다. 일본 역사 교과서들은 고도성장기에는 생산과 이익이 우선시되면서 환경 파괴와 공해 문제가 발생했음을 명기하고 있으며 4대 공해병(구마모토 미나마타병, 욧카이치 천식, 이타이이타이병, 니가타 미나마타병)에 대해서도 비중 있게 다루고 있음을 보여 줍니다. 공해병이 발생하자 공해를 반대하는 주민 운동이 크게 일어났고 그에 따라 일본 정부는 공해대책기본법을 제정하고 환경청을 설립했다는 설명과 함께요.[55]

이제 미나마타병을 중심으로 일본의 공해와 공해병을 다루어 봅니다. 이시무레 미치코의 소설 《고해정토 : 나의 미나마타병》에서 인상적인 한 구절을 소개합니다. 이 소설은 평범한 주부였던 작가가 미나마타병 환자들을 만나며 쓴 일종의 기록소설인데요. 공해병으로 고통받는 피해자들의 목소리와 삶이 생생히 드러납니다.

미나마타는 일본 규수 최남단의 작은 바닷가 도시입니다. 이 지역 주민들이 1953년부터 원인 모를 기이한 질병으로 죽어 가기 시작했는데, 최초 환자 발생 이후 10년이 지나서야 이 기병이 '신일본질소주식회사(칫소)'의 공장에서 수은이 함유된 폐수를 정화 처리하지 않고 방류하면서 생긴 공해병으로 공식 인정받습니다. 지역의 이름을 따서 '미나마타병'이라 명명했습니다. 초기 발병자의 절반 이상이 증상이 발현된 지 3개월 이내에 사망할 만큼 심각했던 이 질병의 원인 규명과 인정이 늦어진 이유는 무엇인지 살펴봅니다. 당시 칫소가 미나마타 지역 경제를 견인하고 있었기에 지역 내에서 '공장이 망하면 미나마타가 망한다'라는 여론이 일었고 정부 역시 경제 부흥만을 우선했기 때문이라는 사실을 꼭 짚습니다.[56] 원인 규명과 대책 마련이 미루어지는 사이 피해자는 계속 늘어 공식 인정된 피해자만 2,000명이 넘는다는 통계도 함께 제시합니다.

이번에는 식민지 조선으로 시공간을 옮겨 봅니다. 칫소는 1930년대 함경도 흥남에 아시아 최대 규모의 발전소와 당시로서는 최첨단의 공업단지를 건설했습니다. 일본 본토에서는 '공장법' 등의 공해 규제 정책이 초보적으로나마 시행되었으나 식민지에서는 총독부의 비호 아래 사측이 증산과 이윤만을 목표로 한층 자율적으로 경영했기 때문에 환경 파괴와 공해 문제는 더욱 심각할 수밖에 없었습니다.[57] 흥남은 매연으로 가득 차고 공장폐수로 어업이 붕괴했으며 이유를 알 수 없는 기병이 생겨 '흥남병'이라고 불리기도 했습니다. 학계의 논쟁이 여전하기에 단언할 수는 없으나 피해자들의 진술 유사성을 바탕으로 '흥남병'을 '미나마타병'의 전조로 여기기도 합니다.[58]

일제강점기 전시체제 아래 중화학공업 육성을 다룰 때 공해 문제도 염두에 둘 필요가 있음을 강조하면서 다시 시공간을 넘어 미나마타로 돌아옵니다. 식민지에서의 개발 관행이 미나마타병을 초래한 주요 배경 중 하나라는 분석이 있습니다. 일본이 패전하면서 식민지에서 귀환한 일본인 종업원들을 가장 많이 고용한 곳이 바로 칫소 미나마타 공장이었거든요. 조선에서 귀환한 일본인 종업원들은 미나마타 공장 내에서 요직을 차지했습니다. 이들은 '규제의 무풍지대'였던 식민지에서의 경험을 바탕으로 순차적인 연구와 실험을 통한 안전한 적용보다는 '일단 시작하고 본다'는 식의 잘못된 사업 관행을 유지했고 조선인들을 다루던 방식 그대로 군대식·관료식으로 공장을 이끌었습니다.[59] 식민지를 파괴했던 관행이 본토에서도 재현되어 일본의 약자들을 중심으로 닮은 꼴의 피해자를 양산했던 것이지요.

다음으로 우리나라 최초의 공해병이라 불리는 온산병을 중심으로 한국의 공해병을 살펴봅니다. 〈차이나는 클라스〉와 〈알쓸범잡2〉라는 TV 프로그램에서도 온산병을 다룬 적이 있어서 영상 일부를 함께 보면서 온산병에 대해 살펴봅니다. 울산시 울주군 온산읍의 온산공업단지에는 1974년부터 비철금속 중심의 중화학 공장들이 들어서기 시작했는데, 1980년대 들어 공단 인근 주민들이 신경통과 전신마비 증상을 보이기 시작했습니다. 미나마타병의 원인 규명을 위해 헌신했던 일본 의사 하라다 마사즈미 박사도 수차례 한국을 방문해 온산병이 일종의 이타이이타이병이라 진단했고, 한국공해문제연구소는 기자회견을 열어 온산병이 카드뮴 오염으로 인한 이타이이타이병 등 공해병일 가능성이 있음을 밝혔습니다.[60]

그런데 이미 1970년대부터 한국 곳곳에서 각종 공해병의 전조들이 나타나고 있었습니다.[61] 이는 박정희 정부의 중화학공업 육성 정책과 함께 발생한 것이었습니다. 1960년대 일본에서 4대 공해 재판이 진행되고 공해에 대한 저항이 높아지면서 일본 정부는 공해산업을 해외로 이전하려고 시도합니다. 동남아시아와 한국이 그 후보지였는데, 한국 정부는 울주군 온산 등을 일본 공해산업 후보지로 예정했던 것으로 보입니다. 중화학공업 육성 정책을 발표한 1973년에 박정희 정부는 비철금속산업과 같은 일본의 '공해수출'을 받아들이면서 이를 수출산업으로 육성하기로 합니다. 일례로 울산무기화학은 일본화학공업이 울산에 설립한 일본 회사인데, 일본화학공업은 크롬 중독과 폐암을 일으켜 일본에서 큰 비판을 받던 기업이었습니다. 일본 내에서는 한국에 공해를 수출할 수 없다면서 공해수출 반대 운동이 일어나기도 했습니다.[62] 미나마타병과 칫소를 통해 '식민지 기억'이 공해병에 어떤 사슬로 작용하는지를 보았다면, 온산병을 통해서는 공해수출이라는 키워드와 공해수출 저지를 위한 한일 시민들의 노력이 선명하게 다가옵니다.

다시 질문을 던질 차례입니다. 한국의 공해산업은 어디로 수출되었을까요? 현재 한국의 환경오염 수준은 1970년대에 비해 훨씬 완화된 것이 사실입니다. 이는 기업들이 점차 오염방지 시설을 설치했기 때문이지만, 한편으로는 한국의 환경오염 규제를 피하고 노동비를 절감하고자 해외로 공장을 이전한 덕분이기도 합니다. 2000년대 들어 한국은 공해수입국에서 '공해수출국'으로 변모했습니다.[63] 공해산업만이 아니라 쓰레기마저 개발도상국에 수출[64]하고 있음을 우리는 이미 알고 있지요. 과거 한국이 떠안았던 오염 부담을 해외의 여러 나라가 대신 떠안고 있는 것입니다.

2021년 유엔무역개발회의(UNCTAD)는 한국의 지위를 개발도상국에서 선진국 그룹으로 변경했습니다. UNCTAD 설립 사상 개발도상국에서 선진국으로 지위가 바뀐 국가는 한국이 최초고 과거 식민 지배를 받았던 나라로서는 유일합니다. 우리는 역사 수업에서 자연스레 식민 지배 '피해국'의 시선으로 과거를 바라보는데, 적어도 공해, 환경 파괴, 기후위기 문제를 다룰 때만큼은 '피해국'의 시선과 함께 '가해국'으로서의 성찰도 필요함을 상기시킵니다.'

마지막으로 다소 도발적인 논제를 던지며 학생들의 사고를 자극하고 짧은 글쓰기로 수업을 마무리합니다. 근래 역사학계에서는 발전 패러다임을 성찰하는 연구들이 나오고 있는데,[65] 그중 조수룡의 연구를 바탕으로 다음과 같은 도움 글을 구성해 제시합니다.

발전 혹은 성장이라는 패러다임은 20세기를 관통하며 사람들의 사고와 사회를 지배해 왔고 그 외부를 허용하지 않았다. 성장과 발전은 경제 활동의 궁극적인 목표가 되었고, 성장주의와 개발주의의 흐름 속에

• 이때는 글로벌 노스와 글로벌 사우스라는 개념을 활용하는 것이 유용하다. 과거 서구 제국주의 국가에 한국과 같은 신흥 자본주의 지역 및 그곳의 상층계급을 포괄하는 개념으로서 글로벌 노스(Global North), 자본주의 세계화로 피해를 보는 지역 및 그곳의 주민을 포함하는 글로벌 사우스(Global South) 개념을 도입하면 20세기 중반 이후 탈식민 국가의 근대화 과정까지도 포괄할 수 있다. 배항섭, 〈한국 근대사 이해의 글로벌한 전환과 식민주의 비판—기후변동과 역사 연구의 새로운 방향 모색〉,《역사비평》145, 2023, 317~318쪽; 고태우, 〈대가속의 어두움: 20세기 한국의 역사는 발전의 역사인가?〉,《역사학보》257, 2023. 12쪽.

많은 것들이 희생되었다. 식민지 주민, 농민, 노동자, 여성, 빈민 그리고 환경과 생태계가 바로 그것이다. 우리는 제법 오래전부터 지속가능성에 대해 의문을 품어 왔다. 그런데 성찰의 결과 '지속가능한 삶'이 아니라 '지속가능한 발전'을 추구하게 되었다. 1972년 발행되어 세계적인 반향을 불러온 로마클럽의 〈성장의 한계〉라는 보고서 역시 '삶'이나 '환경' 대신에 '성장'을 걱정했던 것이다. 이반 일리히, 세르주 라투슈, 클라이브 해밀턴 등은 생태주의적 접근을 통해 "무한한 경제성장은 불가능하고 사회적 관계나 환경에 치명적인 영향을 주기 때문에 유일한 해결책은 발전을 해체하는 것"이라고 주장한다. 라투슈는 "마이너스 성장률이 얼마나 파국을 가져올지 상상해 볼 수 있을 것"이라고 말하면서 발전 패러다임이 해체되지 않은 사회에서 성장을 멈추는 것은 오히려 사회를 혼란에 빠뜨릴 수 있다는 예측을 덧붙인다.[66]

이어 질문을 던집니다. "발전과 성장은 그 자체로 목표인 것일까요? 지속불가능을 넘어 지구의 거주불가능성을 우려하는 목소리가 나오는 지금, 우리는 계속해서 발전과 성장을 추구할 수 있을까요? 만약 발전주의에서 벗어나야 한다고 생각한다면 새로운 사회는 어떤 모습이어야 할까요? 자신의 생각을 자유롭게 글로 표현해 보세요."

2022 개정 교육과정 분석과 끼워 넣기 아이디어들

2022 개정 교육과정에서는 기존의 '동아시아사'가 '동아시아 역사 기행'이라는 진로 선택 과목으로 바뀌었습니다. '동아시아 역사 기행' 교육과정을 살펴보면 곳곳에서 생태환경을 강조하고 있습니다. 과목의 성격에서는 "현존하는 생태환경위기를 극복하기 위해 역사적 주체로서 참여하는 시민으로 성장한다"라고 했고, 총괄 목표에서는 "동아시아의 평화와 지속가능한 발전에 기여하는 시민으로 성장하면서 자신의 진로를 탐색해 보는 것을 목표로 한다"라고 했습니다. 구체적 목표로는 "지속가능한 발전을 모색하는 시민의 자질을 갖춘다"와 "기후환경 및 생태 관련 분야의 전문가로 성장하는 토대로 삼는다"를 제시합니다. 과목의 목표나 성격에까지 지속가능성과 생태환경위기에 대한 문제의식이 제시되었다는 점은 상당히 놀라운 변화라고 할 수 있습니다.[67]

성취 기준을 토대로 좀 더 살펴보면 '생태환경을 바탕으로 형성된 유목 세계, 농경 세계, 해양 세계의 삶을 이해[12동역01-02]'하도록 했는데, 이는 '동아시아 지역의 생태환경을 살펴봄으로써 인간의 삶과 역사가 인간의 행위뿐 아니라 자연과의 관계 속에서 만들어진다는 것을 인식하기 위해 설정'한 것이라고 합니다. 또 '제국주의 열강의 침략과 전쟁이 지역 생활과 생태환경에 끼친 영향을 탐구[12동역03-03]'하도록 했는데, 이는 '제국주의 열강의 침략과 전쟁 및 식민 지배가 동아시아 생태환경에 크게 영향을 미쳤으며 이것이 오늘날까지도 지속되고 있음을 인식하기 위해 설정'한 것이라 하고요. 마지막 단원에서는 '동아시아의 역사 및 영토 갈등과 함께 기후·환경 문제의 해결을 모색[12동역03-03]'하게 하는데요. 인간과 환경의 상호작용을 살피고 지속가능성에 대해 고민하게 하는 지점이 늘어난 새 교육과정을 바탕으로 더욱 많은 역사 교사가 다양하고 풍부한 생태환경사 수업을 일구어 갈 것을 기대하게 됩니다.

이제 동아시아사 시간에 큰 부담 없이 생태환경사 관점으로 들여다볼 수 있는 끼워 넣기 아이디어를 몇 가지 소개하겠습니다. 먼저 상나라를 다룰 때는 코끼리 이야기를 해 볼 수 있습니다. "우리는 중국을 대표하는 동물로 판다를 떠올립니다. 그런데 아직까지 판다를 표현하는 문자는 발견되지 않은 반면, 코끼리를 뜻하는 한자 상(象)은 만들어져 있지요. 그 이유는 무엇 때문일까요?" 이와 같이 질문으로 생각을 열면서 상나라 때는 중국 대부분의 지역에 코끼리가 살고 있었음을 말해 줍니다. 은허에서는 옥으로 된 코끼리 모형과 실제 코끼리 뼈가 출토되었으며 제사에 코끼리를 제물로 사용했다는 갑골문의 점복 기록이 있다는 사실도 그에 뒷받침합니다. 한편, 오늘날 중국에서 유일하게 야생 코끼리가 서식하는 곳은 미얀마와 국경을 접하고 있는 남서 지역의 극히 작은 보호구역뿐이며 이는 코끼리와 인간 사이의 전쟁에서 코끼리가 패했기 때문임을 설명합니다. 중국인들의 거주지와 농경지가 확대될수록 코끼리들은 삶의 터전을 잃어 갔던 것이지요.[68]

수업 때 '주지육림', '오월동주', '파죽지세' 등의 고사성어를 활용하기도 할 텐데, '수주대토'라는 사자성어로 이야기를 풀 수도 있습니다. '수주대토(守株待兎)'는 '나무 그루터기(株)를 지키며(守) 토끼(兎)를 기다리는(待)' 것처럼 요행을 바라는 태도를 경계하는 구절로 쓰이지요. 그런데 《한비자》에 실린 구절을 가만히 살펴보면 '춘추전국 시대 제후국의 하나였던 송나라 사람이 밭을 갈다가 밭 가운데에 있는 그루터기에 토끼가 부딪혀 죽었음'을 볼 수 있습니다. 도대체 왜 밭에 나무 그루터기가 있었을까요? 혹시 그 밭은 원래 나무가 자라던 삼림이었던 것 아닐까요? 아마도 수수밭을 일구려고 삼림을 벌채했는데 아직 그루터기가 밭 가운데에 남아 있었고 거기에 토끼가 부딪혔던 것 아닐까요? 그런데 토끼는 어째서 나무 그루터기도 보지 못하고 맹렬하게 달려와 죽었을까요? 어쩌면 호랑이 같은 맹수에게 쫓겨 도망치던 상황이 아니었을까요?

《묵자》에는 '송나라에 커다란 나무가 없다'라는 말이 남아 있는데, 전국 시대가 되면 송나라의 삼림이 상당히 파괴되었고 숲에서 살던 동물들이 수난을 겪게 되었음을 짐작해 볼 수 있습니다.[69] 설명 뒤에 학생들에게 묻습니다. "수주대토라는 고사성어를 '지키며(守) 기다리는(待) 사람'에 집중하는 대신 '그루터기(株)와 토끼(兎)'에 주목해 인간과 환경과의 관계 속에서 새롭게 바라보았는데, 이런 해석을 보면서 어떤 생각이 들었나요? 혹시 무리한 해석이라거나 타당하지 못한 설명이라는 생각이 들었다면 그 이유는 무엇인가요?" 수업 시간에 생태환경사 관점으로 살펴보면 낯선 시각과 생경한 해석을 마주하게 되는 순간이 잦습니다. 새로운 해석에 대해 논쟁의 장이 열려 있음을 상기시키려는 것입니다.

헤이조쿄 건설과 도다이사에 대해 가르칠 때는 이런 이야기를 덧붙일 수도 있습니다. 헤이조쿄는 당나라 장안성을 본떠 만들었다는 측면만을 주로 강조하지만 새로운 왕경 건설이 환경에 미친 영향을 고찰해 볼 수 있습니다. 헤이조쿄 건설에는 이전 도읍인 후지와라쿄의 건물을 옮겨 와 활용했음에도 불구하고 엄청난 양의 새로운 목재가 필요했습니다. 심지어 도다이사 건축에는 초기 목재 수요만으로도 약 900헥타르의 최고급 삼림지가 사라졌을 것으로 추정됩니다.[70]

또 도다이사 대불을 조성하면서 대규모의 수은 오염이 발생했다는 주장도 있습니다. 대불 완성 당시에는 수은 약 2,150킬로그램, 금 약 473킬로그램을 사용해 도금했다고 전해지는데, 이때 수은을 가열해 증발시키면서 막대한 수은 증기가 발생했고 이것이 인부들을 덮쳐 당시로서는 원인을 알 수 없던 유행병과 사망자를 낳았다는 것입니다.[71] 헤이조쿄만의 문제는 아니었지요. 동서 9킬로미터, 남북 8킬로미터가 넘는 거대한 규모의 장안성을 포함해 왕경 건설에는 막대한 목재가 필요했기에 숲을 소멸시켜 갔을 것입니다. 숲이 사라지자 야생 비인간종의 서식지가 줄어들었을 테고요.

명나라·청나라 대의 급격한 인구 증가를 다룰 때는 교과서의 '홍양길의 인구론'[72]을 토론으로 이끌어 봅니다. 인구 증가가 주거 공간, 식량 부족 등의 문제를 불러올 것이라고 염려한 홍양길의 주장은 자연스럽게 토머스 맬서스를 떠올리게 하는데요. 홍양길은 맬서스보다 20년 먼저 태어났는데, 그가 인구에 대한 염려를 담은 글을 쓴 것은 맬서스보다 5년 앞선 건륭제 치세 말기였고, 그때 청나라 인구는 이미 3억 9,000만 명을 넘겼던 상황이었지요. 홍양길이 '중국의 맬서스'라고 불리기도 하는 만큼 두 사람의 주장은 닮은 점이 많은데, 과잉인구는 사회불안을 낳고 결국 기근·전쟁·전염병 등에 의해 자연적으로 조절될 것이라는 분석이 유사합니다.

두 사람의 인구론을 '맬서스주의'라고 통칭하기로 하고 세계인구가 80억 명을 돌파한 지금으로 훌쩍 날아와 다음과 같은 논제를 제시합니다. "선진국은 저출산 문제를 겪은 지 오래고 한국 역시 '인구 절벽'이라는 위기 상황임에도 불구하고 환경 문제와 지속가능성을 논하는 자리에서 인구과잉은 여전히 중요한 화두 중 하나입니다. 〈OECD 환경전망 2050 보고서〉에서도 인구 증가와 삶의 질 향상에 따른 에너지 수요 증가 등을 환경 파괴의 주요 원인으로 꼽고 있습니다.[73] 그런데 문제는 인구 증가 대부분이 개발도상국에서 발생한다는 것입니다. 인구를 줄여서 지구를 구해야 한다는 맬서스식 주장에 대해 어떻게 생각하나요?"

논제와 함께 전 세계 소득 상위 10퍼센트가 전 세계 탄소 배출량의 절반(50%)을 차지하며, 지난 50년 동안 기후 재앙 사망자 91퍼센트는 개발도상국에서 발생한다는 뉴스 기사[74]를 보여 주고, 세계 인구가 어떤 변화를 보이든 간에 우리의 소비 방식이 바뀌지 않는 한 환경 파괴는 심화될 것이라는 견해[75]를 제시해 보기도 합니다.

"우리는 수억 년에 걸쳐 퇴적암에 저장된 농축 유기탄소를 수백

년 안에 대기와 해양으로 되돌려주고 있다."[76] 산업혁명 이후 화석
연료 사용 급증으로 누적된 탄소 배출이 지구라는 행성을 어떤 위
기로 몰아가고 있는지를 목도하는 이때, 지속가능성이라는 화두를
염두에 두고 동아시아사 시간에 어떻게 하면 생태환경사의 관점을
담아낼 수 있을지 모색해 보았습니다. 과목 자체가 일국사에 머무
르지 않고 지역 세계를 인식 단위로 삼고 있기에 내용 지식을 마련
하는 과정이 버겁기도 했습니다. '상호 교류', '관계', '비교', '연관'
등의 키워드 아래 '비판적 지역 이해'를 추구하는 과목이기에 그
특성을 손상하지 않을 주제와 문제의식을 담아내려 애썼으나 빈
틈이 보이기도 하고요. 동아시아사의 중요한 행위 주체인 유목 세
력을 생태환경의 맥락에서 함께 살피지 못한 점, 유가 및 도가 사
상을 생태학의 시선으로 조명하지 못한 점도 큰 아쉬움으로 남습
니다. 그러나 동아시아사 수업 시간마다 토론과 논쟁의 현장으로
학생들을 초대해 온 여러 선생님이 계시고, 그 노하우가 생태환경
사의 관점과 만나 더욱 풍성한 수업을 직조해 갈 것을 알기에 아쉬
움을 뒤로하고 글을 맺습니다.

4. 녹색 한국사 수업을
그리다

22세기도 살아갈 청소년의 삶에 녹색 빛을 비추는 역사

'녹색 한국사' 수업을 꿈꿉니다. 클라이브 폰팅의 《녹색 세계사》를 읽으면서부터였는지, 생태환경사 공부 모임의 배움이 깊어지면서부터였는지 정확한 시작은 알 수 없습니다. 다만 교실에서 만나는 청소년의 삶에 가장 절실한 교육과 수업이 무엇일까를 치열하게 고민하는 과정에서 생긴 꿈임은 분명합니다.

기후위기와 생태위기는 삶을 변화시키고 있습니다. 우리의 감각에 실재하고 있지요. 2023년 기후변화에관한정부간협의체(IPCC)는 제6차 종합보고서에서 기후위기를 극복할 수 있는 골든 타임이 앞으로 10년 남았다고 분석하고 기후행동의 시급성을 강조했습니다. 기후위기가 초래한 재난과 정의롭지 못한 상황은 이미 일상이 되었고 앞으로 더욱 심각해질 것이라는 전망이 섬뜩합니다. 2024년 현재 중학교 3학년 학생들이 2030년에는 스물한 살, 2050년에는 마흔한 살, 2100년에는 아흔한 살입니다. 22세기까지 삶을 이어 갈 청소년들은 현재에도, 미래에도 큰 위협 속에서 살아야 합니다. 그렇다면 위기의 본질을 파악하고, 위기를 만드는 시스템을 통찰할 수 있어야 스스로 어떤 선택을 할지 결정할 수 있지 않을까요? 지속가능한 미래를 상상하고 연대를 실천해 보아야 절망 속에서도 희망을 품고 살아갈 수 있습니다. 한국사 교육은 이런 시대적 요구를 얼마나 반영하고 있는지 살펴보아야 합니다.

2015 교육과정 고등학교 한국사 교과서를 보면 생태환경, 공해 문제에 대한 언급은 거의 없습니다. 환경 문제를 사회의 당면 과제로 살짝 다룰 뿐 왜 그런 문제가 발생하게 되었는지를 역사화하지 않습니다. 그동안 역사 교과서의 주요 내용에 문명과 진보, 왕권 강화와 부국강병, 성장·발전 주의와 과학기술 지상주의가 공고히 자리 잡고 있었기 때문입니다. 생태환경에 대한 문제의식이 끼어들 틈이 없었지요.[77]

전근대사는 왕조사 중심으로 왕권 강화가 곧 국가 발전인 것처럼 서술해 왔습니다. 근대사 서술은 서양의 '근대'가 이식된 과정과 기준에 대한 성찰 없이 서구식 근대를 맹목적으로 따르는 방향으로 일관해 왔습니다. 현대사를 다룰 때는 민주주의의 성장과 산업화를 두 축으로 삼아 성장제일주의 신화가 생태환경에 미친 영향과 그 과정에서 소외된 사람들의 목소리가 드러나지 않았습니다. 저 또한 예외 없이 국가 발전과 경제성장을 긍정하는 수많은 수업을 했기에 부끄러움과 책임감을 동시에 느낍니다. 과거의 수업을 돌아보는 과정에서 우리 삶에 절실한 녹색 한국사 수업에 대한 열망 역시 싹텄습니다.

녹색 한국사가 무엇이고 어때야 하는지 아직은 잘 모르겠습니다. 그러나 적어도 국가와 민족중심주의, 왕권 강화, 개발 및 발전을 비판 없이 받아들이고 이를 조장하는 서사에서는 벗어나야 한다고 봅니다. 문명화와 근대, 성장제일주의와 과학기술 지상주의를 성찰하면서 근대성 자체에 의문을 제기하고, 이런 시스템을 양산한 권력의 구조를 파악하는 방향으로 나아가야 하지 않을까요?

환경 문제가 산업화 과정에서 일어날 수밖에 없는 부수적인 일이 아니라 전략적 선택의 결과임을 학생들이 입체적으로 사고할 수 있기를 바랍니다. 발전과 성장만이 목표인 사회는 지속불가능함을 깨닫고 사회 경제체제를 어떻게 바꾸어 나갈지 끊임없이 질문하고 토론하는 장이 교실에 마련되면 좋겠습니다. 최소한 환경이 인간의 삶에 지속적으로 영향을 미쳤으며 인간의 활동이 생태환경을 바꾸고 있음을, 나아가 재난의 원인이 되고 있음을 드러내야 하지 않을까요? 인간과 인간 그리고 인간과 비인간 존재가 어떻게 관계를 맺어 왔는지, 표준 서사로 자리매김한 선택과 다른 선택을 한 사람들의 사유를 수업에서 만나고 싶습니다.

선사 시대 두껍게 읽기[78]

녹색 역사를 꿈꾸며 수업을 구상하다 보니 선사 시대부터 달라져야 한다는 생각을 했습니다. 기존에 제가 해 온 선사 시대 수업은 도구 사용에 따라 구석기와 신석기 시대로 구분하고 당시 사람들의 삶을 의식주로 간략하게 설명하는 방식이었습니다. 그러나 '인류 역사의 99퍼센트를 차지하는 이 시대를 이렇게 납작하게 서술해도 될까?' 하는 의문이 들었습니다. 역사 시대 진입 전 휘리릭 넘어가는 매우 적은 분량으로 문자로 기록되지 못한 인간들의 삶을 제대로 이해할 수 있을까요? 선사 시대의 삶이 원시적이거나 야만적인 것이 아니었고 역사 시대의 수많은 성취는 선사 시대라는 토대가 있었기에 가능했음을 강조해야 한다고 봅니다.[79]

최근 세계적으로 국가와 문명 발생 이전의 인간의 삶, 문자로 기록되지 못한 존재들의 삶에 내포된 교육적 의미에 관심이 높습니다. 빅 히스토리 및 지구사 관점에서 서술한 세계사 책들에서 선사 시대가 큰 비중을 차지합니다.[80] 국내에서도 먼 조상 인류의 행위를 역사화하는 깊은 역사 관점에서 선사 시대를 주목하자는 연구가 있습니다.[81] 선사 시대와 역사 시대라는 단절을 해소하고 역사 시대에 국한되었던 인류라는 종의 역사를 전체적으로 조망해서 이해하려는 노력이라고 생각합니다.

이런 관점으로 선사 시대 수업을 제안한 선생님들의 수업 사례가 있어 반가웠습니다. 원지혜 선생님은 발전과 진보의 관점으로 선사 시대를 정체된 시간이라 파악하지 않고 자연과 인간의 상호작용에 주목해 서로 영향을 주고받았던 역동의 시간으로 살펴보았습니다.[82] 고진아 선생님은 인류의 역사가 생태환경과 어떤 관계를 맺어 왔는지, 생태환경의 변화에 따라 인류는 어떤 선택을 했는지 이해할 것을 강조했습니다.[83] 이 두 분의 수업 사례를 참고해 제 수업을 꾸려 보았습니다.[84]

먼저 인류 역사의 99퍼센트를 차지하는 채집·수렵인의 고유한 삶을 면밀히 들여다보고 싶었습니다. '원시·야만'의 구석기 인류가 '지혜로운' 사람으로 진화한 것으로 묘사하고, 채집·수렵 생활에서 농경으로의 변화를 헐벗고 굶주린 생활에서 윤택하고 풍족한 생활로 묘사하는 방식에서[85] 벗어나고자 했습니다. 교과서에서는 신석기 시대로의 변화, 즉 농경과 목축을 인류의 발전으로 서술해 자연스레 구석기인들에 대해 부정적 인식을 낳게 합니다. 선사 시대에 대한 교과서 서술이 농업혁명을 긍정화하고 있음을 알아차리고 이에 비판적 시각으로 접근하는 활동을 해 보았습니다. 학생들은 채집·수렵인의 삶을 자기 삶과 비교하면서 적정한 노동과 여가 시간이 보장되는 단순한 삶을 상상했습니다. 인간다움은 무엇이고, 행복한 삶은 어떤 모습일지 대화를 나누며 사유하는 시간을 가졌습니다. "교과서를 우리가 비판할 수 있다고요?" 하며 놀라워하던 학생들의 표정과 고단한 삶을 서로 위로하고 어떻게 살아야 할까 대화하던 진솔한 모습이 떠오릅니다.

또한 문명과 국가 형성을 역사 시대의 시작으로 특권화하는 방식에서 탈피하고 싶었습니다. 채집·수렵인에 대한 부정적 인식을 형성하게 했던 인간의 선택과 그 선택을 당연하고 자연스럽게 여기도록 한 시스템을 파악할 수 있는[86] 수업을 고민했습니다. 인류 역사를 따라가며 환경과 인간의 상호작용을 살펴볼 수 있는 읽기 자료를 제시해 학생들이 오늘날 기후변화의 주체가 된 인간의 활동을 숙고할 수 있도록 했습니다. '농경의 시작은 인류에게 행복을 가져다주었을까?' '인류가 농경과 가축 사육을 선택한 까닭은 무엇일까?'와 같은 질문을 제시했는데요. 문명과 국가 형성은 당연한 과정이 아니라 특정 계층이 의도적으로 선택한 결과며 이에 저항했던 사람들이 있다는 지점까지 나아가고 싶었으나, 공부가 부족해 충분히 다루지 못했다는 아쉬움이 남습니다.

전근대사에서 생태환경 다루기

전근대사 수업에서 생태환경을 다루기는 참 어려웠습니다. 수많은 왕의 업적 나열과 어려운 용어들을 보면서 답답했고 학생들이 질려 역사를 암기 과목으로 치부해 버릴까 봐 걱정되었습니다. 전근대의 생태환경에 대한 연구를 공부하고 나름대로 도전해 본 수업은 다음과 같습니다.

기존의 삼국 시대 수업에서는 왕권 강화와 정복전쟁을 긍정적으로, 중앙집권 국가의 형성을 발전이라 전제하고 설명했기에 마음이 불편했습니다. 새로운 수업에서는 사료를 탐구해 삼국의 성립과 성장과정에서 나타난 공통점을 찾았습니다. 이를 다시 지배층,

피지배층, 자연의 시선으로 나누어 각 입장에서 바라보게 하는 수업으로 문제점을 일정 부분 해소해 보려고 했습니다. '정복전쟁과 왕권 강화에는 어떤 관계가 있을까?' '영토 확장과 전쟁은 백성들의 삶에 어떤 영향을 미쳤을까?' '왕경 개발과 사찰 건립을 위한 숲의 파괴를 토착 세력과 백성들은 어떻게 생각했을까?' 등의 질문으로 중앙집권 국가의 공통점이라는 큰 틀 아래 생태환경사적 관점을 더해 보았습니다. 사료의 한 문장에 감추어진 학살과 생태 파괴를 상상해 보자고 안내했지요.

특히 경주의 숲이 왕경 개발과 사찰 부지 마련, 목재 조달을 위해 빠르게 훼손되었던 역사적 사실에 주목하기를 바랐습니다. 인간의 힘에 의해 생태환경이 변화하고, 다시 인간의 삶에 영향을 끼친다는 점[87]을 성찰할 수 있는 사료니까요. 이 과정에서 깊이 있게 사고하는 학생들이 공유 자원으로서의 숲에 접근하는 관점은 놀라웠습니다. 학생들은 누구에게나 열려 있는 숲, 그 숲이 생태계에 미친 영향력, 토착 신앙으로서 신성한 숲의 해체와 권력의 관계까지 헤아렸습니다.

삼국 시대 수업을 할 때 "고구려가 통일했으면 우리 땅이 훨씬 넓을 텐데!"와 같은 학생들의 말을 종종 듣습니다. 정복전쟁에서 승리하고 중국의 침략을 막은 고구려를 추앙하는 모습을 쉽게 접하지요. 기존 교과서의 서사를 살펴보아도 고구려가 수나라와 당나라의 침략을 막아 낸 요인을 방어에 유리한 산성, 전투력, 제련 기술에서 찾고 있습니다. 과연 그것만이 배경일까요? 다른 영향은 없었을까요?

수나라가 전쟁을 위해 벌인 각종 토목공사로 산림이 파괴되고 생태환경이 교란되었기에 홍수, 가뭄, 기근이 발생했습니다. 전시 상황에서 인구가 밀집되고 위생까지 악화되면서 전염병의 위력은 더욱 증대되었습니다. 전염병은 수나라의 고구려 공격이 실패한 주된 이유 중 하나였던 것이지요.[88] 고구려의 승리 요인에 대한 새로운 관점을 통해 학생들은 전쟁과 토목공사, 홍수, 가뭄, 기근 그리고 전염병 사이의 인과관계를 인식할 수 있었습니다. 전쟁을 생태환경적 관점에서 바라보면 전쟁으로 인한 당대인들의 고통과 생태환경 파괴, 인간의 삶에 돌아오는 심각한 재난의 악순환을 이해하고 평화와 인권의 시야를 넓히는 데 도움이 될 수 있습니다.

신라 말 사회상에 대한 수업에서는 대개 진골 귀족의 왕위 계승 다툼과 반란, 자연재해와 농민들의 봉기, 새로운 사상의 유행을 다룹니다. 여기에 생태환경의 요소를 추가하니 수업이 더욱 풍성해졌습니다. 자연재해 횟수에만 주목하는 것이 아니라 8세기에서 9세기 기후변동과 신라에 유행한 역병의 상관관계를 분석해 당시 상황을 입체적으로 이해할 수 있었습니다. 한랭 건조한 기후가 흉년, 황충(蝗蟲),* 기근을 발생시키고 인구가 급증한 상태에서 역병

● 사람들이 재배하는 작물을 가리지 않고 먹어 치우는 메뚜기목의 곤충으로 조·수수·쌀·보리·밀 등의 벼과 식물을 먹는 나비목 애벌레 등과 같이 농사에 피해를 주는 곤충을 아울러 가리키는 말. 김지연, 〈고려시대 충재의 원인과 성격〉, 《생태환경과 역사》 7, 2021, 129~131쪽.

까지 유행할 때의 참담한 상황[89]을 추론해 보는 활동을 마련했습니다.

자연재해가 빈발하는 와중에 신라의 행정체계 붕괴로 사회 재난까지 겪게 된 신라 백성들은 고통스러운 삶을 살았습니다. 그에 비해 지배층 사람들은 사치스러운 생활을 유지했음을 드러내고 재난의 피해가 평등하지 않음을 직면할 수 있도록 수업을 구성했습니다. 기후·생태 위기로 인한 재난 앞에서 국적이나 계층, 나이와 성별에 따라 그 취약성이 달라지는 현대 사회의 문제점과 신라 말 재난의 불평등성을 연결해 논술하는 수행평가를 시행했습니다.

고려·조선 시대의 생태환경을 어떻게 다룰 수 있을지는 아직 막막합니다. 하지만 관성적인 수업에서 벗어나 새로운 수업을 만들어 간 선생님들께 배우며 실마리를 찾을 수 있으리라 생각합니다.[90] 임한빛 선생님은 조선 시대 숲과 나무의 역사를 주제로 수업을 진행했습니다. 개간 확대와 공유지 붕괴로 15세기에서 19세기를 거치며 나타난 산림의 변화를 제시하고 조선 정부의 산림 정책과 특징을 탐구하도록 했습니다. 김지연 선생님은 조선 후기 대동법이 확대된 배경, 상업 발달의 주요 계기였던 경신대기근이 그동안 역사 서술에서 배제되었다는 점을 지적했습니다. 그리고 17세기 세계적인 소빙기 기후사 맥락에서 경신대기근을 이해하는 수업을 구상했습니다.

생태환경 주제사 수업이 가능할까?

앞서 교육과정이 제시한 성취 기준과 교과서 시대 구분 흐름에 맞추어 생태환경사 아이디어를 담은 수업 사례들을 살펴보았습니다. 소개한 사례에서는 교사가 교육과정을 재구성해야 한다는 부담감 없이 생태환경적 관점으로 학습 내용을 다룰 수 있었습니다. 하지만 생태환경사를 공부하다 보면 특정 시간과 공간에 얽매이지 않는, 독립적인 주제사 수업에 대한 갈증이 일어나곤 합니다. 시간과 공간, 인간을 교차하는 생태환경사 수업은 어떻게 가능할까요?

홍은경 선생님은 전염병이 한국 전근대 사회에, 그리고 인간의 활동이 전염병 확산에 미친 영향을 살펴보는 수업을 설계했습니다.[91] 조선 시대 인물들의 초상화 속 '곰보 자국'의 정체, '학'을 떼다, '홍역'을 치르다, '염병'하다, 호환'마마' 같은 관용어 등 흥미를 끌 만한 이야기를 배치했습니다. 더러운 물로 인한 세균성 질환인 이질과 호열자(콜레라), 병자호란 뒤에 갑자기 유행한 천연두와 홍역, 모기가 퍼뜨리는 학질(말라리아) 등을 함께 이해할 수 있도록 했습니다. 고려·조선 시대 사람들의 전염병에 대한 인식과 관민의 대응을 다각도로 살피는 수업 자료를 제시해 오늘날의 전염병을 관통할 수 있도록 했습니다. 나아가 생태계 교란으로 인한 전염병 앞에 인류의 책임을 성찰하고 대처 방안을 모색하는 활동을 마련했습니다.

언젠가 이규보의 〈슬견설〉을 흥미롭게 읽었습니다. 〈슬견설〉은

'이[蝨]와 개[犬]에 대한 이야기'라는 뜻으로 《동국이상국집》 21권에 실려 있습니다. 개와 이의 죽음을 둘러싸고 손님이 "이는 미물이어서 죽어도 슬프지 않으나, 개는 큰 짐승이므로 죽으면 불쌍하다"라고 하자 "모든 생명체의 죽음은 동일하다"라고 이규보가 재치 있게 답하는 대화가 담겨 있습니다. 이를 계기로 동물의 시선으로 세상을 보는 프로젝트 수업을 어떻게 진행할지 고민해 보았습니다. 저는 시간과 공간을 교차해 오늘의 교실이라는 공론장에서 전근대 사람들의 동물과 자연에 대한 생각을 다루었습니다.[92]

먼저 숙종과 황금 고양이 이야기로 수업을 열었는데요. "우리 숙종 대왕도 일찍이 금묘(金猫) 한 마리를 길렀었는데, 숙종이 세상을 떠나자 그 고양이 역시 밥을 먹지 않고 죽으므로, 명릉(明陵) 곁에 묻어 주었다"라는 이익의 글과 '숙종의 애묘일기, 집사가 된 왕과 고양이의 기묘한 동거'라는 영상[93]은 학생들의 관심과 집중을 불러일으켰습니다. 이어 이규보의 〈슬견설〉을 읽고 개와 이가 가진 생명의 무게가 같은지를 학생들에게 질문하고 논의하도록 했습니다.

수업했던 때가 무더운 7월이었기에 "선생님, 저는 어제도 창문으로 들어온 벌레를 몇 마리나 죽였는걸요"라며 탄식하는 학생의 이야기에 다들 웃었습니다. 인간과 교감하는 동물과 그렇지 않은 동물은 분명히 차이가 있다고 주장하던 학생, 모든 생명은 동등하니 서열을 두는 것은 위험하다고 반박하던 학생들의 대화가 떠오릅니다. 동물이 인간을 위해 존재하는 것이 아니므로 살생은 부득

이한 경우에만 해야 한다고 제안한 이익, 사람에게 쓸모없는 나무와 해를 끼치는 맹수는 없애야 한다는 정약용의 자연관을 비교 분석해 누구의 의견에 동의하는지도 토론했습니다. 예상했던 것보다 팽팽하게 의견이 나뉘어서 흥미진진했습니다. 누군가 "인간에게 다른 동물과 자연을 함부로 대할 권리가 있나?"라는 질문을 던졌고, '자연 생태계에서 인간의 위치는 어디에 있을까?'로 논의가 이어졌던 기억이 납니다.

15세기에서 17세기 한반도에서 호랑이와 표범이 극적으로 사라지고 다른 야생동물의 대멸종이 본격화되었던 원인을 읽기 자료에서 찾을 수 있도록 했습니다. 학생들은 자료를 토대로 공납, 강무,˚ 수전과 화전 개발 등 인간의 활동이 주요한 원인이었음을 인식할 수 있었습니다. '인간과 자연, 동물의 공존이 어떻게 가능할까'를 사유해 보는 시간이었습니다. 나아가 그림책《돼지 이야기》를 읽고 토론하고, 한 학생의 '공장식 축산과 인수공통감염병'에 대한 보고서를 수업 자료로 활용해 동물권, 동물복지에 대해 생각해 볼 수 있도록 했습니다. 수업이 끝난 후에도 질문이 남았던 학생들이 교실에서 공장식 축산과 육식의 문제를 일상적으로 이야기하는 모습을 보니 학생들에게 민감하고 논쟁의 여지가 많은 주제임을 실감할 수 있었습니다.

• 조선 시대에 왕이 지정한 곳에 장수와 군사와 백성들을 모아 실시한 군사훈련으로서의 수렵 대회.

한국 근현대사 수업은 어떻게 구상할 수 있을까?

학생들의 삶에 의미 있는 역사 수업은 혼란과 곤경 속에서도 무너지지 않고 지혜를 찾아 삶을 가꾸는 단단함을 얻을 수 있는 수업이라 생각합니다. 한국사에서 그런 역할을 가장 잘 해낼 수 있는 부분이 근현대사입니다. 지속불가능한 '발전'의 토대가 빠르게 구축되는 시기라 생태환경의 시선으로 돌아볼 지점이 더 많은 부분이기도 합니다. 그래서 근현대를 생태환경사 수업으로 구성하는 것은 전근대보다 훨씬 수월합니다. 문제의식이 선명하게 드러난 수업 사례들도 제법 축적되어 있습니다.

김용현 선생님은 학생들이 근대화, 산업화를 비판적으로 이해할 수 있도록 개화·실력 양성 운동 다시 읽기 수업을 실천했습니다.[94] 개화파가 이상적으로 생각한 문명국의 개념을 보여 주고, 문명국으로 발전하는 과정에서 발생하는 경쟁을 정당화한 사회진화론의 본질을 성찰하는 읽기 자료를 제시했습니다. 애국 계몽 운동에서 추구했던 문명 개화된 사회와 이런 사회로 가기 위해 도입했던 서양 과학기술에 대한 다양한 입장을 학생들이 직접 논의하도록 했습니다. 철도에 대한 애국 계몽 운동의 관점과 민중들의 관점을 비교해 산업화의 열매를 누가 손에 쥐었고, 누가 고통을 받았는지 분석하고 무비판적으로 받아들였던 산업화의 환상을 해체하고자 했습니다.

이경훈 선생님은 경제성장과 국가 발전을 생태환경사 관점에서 살펴보면서 국가 주도의 경제 개발과 공해수출, 공해 추방 운동을 이해하는 수업을 마련했습니다. 공해 문제와 환경 파괴는 경제 발전을 위한 불가피한 피해가 아니라 국가의 전략적 선택에 따른 결과임을 강조했지요. 강화정 선생님은 '해방 이후 자조를 위한 식량 증산의 염원은 어떤 정책으로 구현되었는가?', '박정희 정부가 새마을 운동 과정에서 통일벼 품종 보급에 힘쓴 이유는 무엇인가?', '새마을 운동의 통일벼 심기와 농촌진흥 운동의 과학 영농은 어떤 유사점을 가지는가?'를 핵심 탐구 질문으로 한국의 녹색혁명 수업을 제안했습니다.[95]

이런 수업을 통해 개발에 따른 생태환경 파괴의 역사에서 누가, 언제, 어떤 과정을 거쳐 왜 그런 일을 벌였는지 추적할 수 있습니다. 국가와 시장이 성장주의 시스템을 만드는 주체고 대량생산-대량소비-대량쓰레기를 발생시키는 자본주의는 지속가능하지 않음을 인식하는 기회를 마련할 수 있습니다. 현재와 미래의 삶에 심각한 재난을 초래할 기후·생태 위기의 연원을 파악할 수 있습니다. 이로 인한 인간과 비인간 존재의 고통에 주목하면서 누구와 어떻게 희망을 만들어 가야 하는지 학생들이 행위 주체로서 판단할 수 있는 역량을 제공하는 수업들입니다.

한국 근현대사 프로젝트 수업 실천기

앞서 실천한 선생님들의 수업에서 도움을 받아 생태환경의 시선으로 본 한국 근현대사 프로젝트를 진행했습니다. 근현대사의 역사 속 장면에서 얼굴 있는 사람들의 이야기에 귀 기울이고, 위기의 본질을 통찰할 수 있는 15개의 소주제를 선정했습니다. 학생들 스스로 주제를 선택해 자료를 조사하고 문제의식을 설정해 집중 탐구하도록 했습니다. 이어 글을 작성해 다른 친구들에게 알릴 결과물을 제작했습니다. 학생들이 도움을 요청할 때는 참고할 수 있는 논문과 단행본, 다큐멘터리, 신문 기사들을 안내했습니다. 예를 들어 다음 표의 6번 주제를 고른 학생들에게는 사이토 고헤이의《지속 불가능 자본주의》를, 11번부터 13번 주제를 선택한 학생들에게는 EBS 다큐프라임 〈인류세〉를 추천했습니다.

생태환경 시선으로 본 한국 근현대사 프로젝트

1. 일제의 식민지 경제 정책이 조선인과 한반도(생태환경)에 미친 영향
2. 전쟁의 인권 유린, 자원 낭비, 생태 파괴, 인류 생존 자체 위협, 전쟁을 준비하는 국민국가 체제
   예) 한국전쟁과 DDT, 베트남전쟁과 고엽제, 러시아 – 우크라이나 전쟁과 생태 파괴, 미군의 탄소 배출, 일상적인 전쟁 준비와 화성 매향리 주민의 고통
3. 공해산업의 국제적 사슬과 환경 운동의 연대
   예) 일본 동양레이온 → 한국 원진레이온(1991 원진레이온 이황화탄소 중독 사건) → 중국 단둥 방직공장
4. 산업화와 공해, 건강할 권리를 빼앗긴 사람들: 반공 개발 국가주의, 생태 재난 피해자들의 저항
   예) 소년 노동자 문송면 수은 중독사 사건(1988), 낙동강 페놀 유출 사건(1991), 울산 태화강 죽음의 강(1996), 서해안 기름 유출 사건(2007)
5. 개발·성장·발전 주의 시스템에 희생된 사람들, 싸우는 사람들, 사라진 사람들

예) 한국의 선감학원, 형제복지원, 삼청교육대-영국 산업혁명 시기 부랑아 수
용 시설과 연결

예) 평택 대추리와 제주 강정마을, 용산 참사, 세계잼버리와 해창갯벌 개발

6. 대량생산과 대량소비가 엔진이 된 소비자본주의·신자유주의를 성찰하고 대
안 모색

7. 그린워싱 기업과 친환경 기업의 사례 연구 : 일부러 진부하게 만드는 물건들.
광고와 홍보, 과시!

8. 기후·생태 위기 속에서 먼저 고통받는 사회적 약자(비인간 존재 포함)

예) 기후 재난의 불평등성, 폭염·한파와 쪽방촌, 폭우와 반지하

9. 생물 다양성 감소의 원인과 사례, 생물 다양성 보전의 가치(고래, 꿀벌 등) : 호모
심비우스의 삶

10. 농업의 역사와 미래 : 벌목 화경의 초기 농법부터 농사의 역사, 종자 주권과
분쟁

11. 인류세와 닭뼈, 공장식 축산, 우리가 음식을 먹을 때 말하지 않은 것들

12. 인류세와 플라스틱, 미세플라스틱과 에코사이드(생태 학살), 보얀 슬랫의 도전
과 노력

13. 인류세와 플로토늄, 핵과 방사능 그리고 인간과 자연

14. 장일순의 삶, 생명 운동, 한살림 운동

15. 한국 청소년기후행동, 기후소송, 기후정의 행진

프로젝트 진행과정(총 8차시)
① 주제 설정 → ② 자료 조사 → ③ 문제의식 설정과 탐구 → ④ 프로젝트 결과물
제작1 → ⑤ 프로젝트 결과물 제작2 → ⑥ 결과물 공유(패들렛)와 피드백 → ⑦ 수
행평가 : 자신이 선택한 소주제에 대한 논술 작성 → ⑧ 수행평가 : 기후정의와 인
권, 프로젝트 성찰지 작성

학생들이 관심 있는 주제를 선택하고, 깊이 파고들어 자료 조사
하고, 질문을 나누며 자기 생각을 정립해 가는 탐구과정을 지켜보
는 일은 감동적이었습니다. 몇 개의 뉴스와 백과사전만을 검색하

는 학생들도 있었지만 관련 서적과 논문을 탐독하는 학생들이 더 많았습니다. 학생들의 글에서 해당 주제에 애정을 가지고 공부했음이 느껴졌습니다. "공해산업의 책임, 누구에게 있는가?", "인류세 시대 어떤 인간으로 살아야 할까?", "자본주의 이대로 괜찮은가?" 등등 학생들의 문제의식과 탐구 역량, 역사를 바라보는 안목이 담긴 글을 읽는 즐거움이 컸습니다. 학생들의 질문과 생각에서 많이 배웠습니다. 어렵고 낯선 프로젝트를 포기하지 않고 끈덕지게 매달리고, 졸업하며 남긴 편지에 삶과 밀착된 이 프로젝트 수업이 가장 기억에 남는다고 말해 주는 학생들이 무척 고마웠습니다.

학생들이 프로젝트 수행 소감문에서 밝힌 두 가지 감정에 주목하고 싶습니다. 첫 번째는 자책감입니다. 학생들은 기후위기가 삶과 밀접하다는 것을 인지했으나 일상을 변화시키는 행동으로 옮기지 않고 있음을 성찰했습니다. 앎과 행이 일치하지 않고 또다시 망각하는 개인의 태도가 기후위기와 생태위기가 심해지는 원인이라고 자책합니다. 두 번째는 무력함을 이겨 낸 희망입니다. 사회와 환경의 위기 앞에 무기력했는데, 직접 선택한 문제의식과 연결된 사례들을 탐구하고 정리하는 글을 작성하면서 자신의 노력이 해결에 기여할 수 있다는 희망을 찾았다고 합니다. 사회 문제에 대응할 수 있다는 것을 깨닫고 적극적인 태도로 문제를 해결할 힘을 모아야 한다고 강조합니다.

이 두 가지 감정은 연결되어 있습니다. 생태환경사적 시야를 확보하는 과정에서 처음에는 생태적이지 않은 삶을 살고 있음을 깨닫고 불편함과 죄책감, 무력감을 느낍니다. 그러나 공부와 사유가 깊어지면 인식이 변화합니다. 위기의 연원을 파악하고 역사적 선택을 살펴보면서 변화를 이끌 수 있고 다른 이들과 연대할 수 있다는 희망을 품습니다. 학생들이 이 감정들을 넘나들면서 생태 시민으로서의 소양을 갖추어 가리라 믿습니다.

녹색 한국사 수업의 확장을 위해 남겨진 과제

2023년 한국사 수업에 녹색 빛을 비추고자 노력했습니다. 학생들의 삶에 기후·생태 위기, 인류세, 생태환경과 인간의 상호작용, 동물·자연과의 공존이 더 이상 낯설지 않게 스며들었다고 생각합니다. 학생들은 기후·생태 위기를 현재 자신의 문제로 받아들이고 역사적 연원을 파헤쳤습니다. 앞으로 어떻게 살아야 할까를 고민하며 지속불가능한 시스템을 바꿀 방법을 모색했습니다. 자신의 소비 습관을 점검하고, 쇼핑하러 가는 친구를 말리며 패스트 패션의 문제점을 지적하거나, 개인 컵을 이용하고 잔반을 남기지 않으려 노력하는 모습도 볼 수 있었지요. 개발 논리 뒤에 숨은 자본의 속성을 성찰하고, 기후·생태 위기의 심각성에 대해 친구나 가족과 일상적으로 대화하는 장면 역시 발견할 수 있었습니다.

그러나 "점점 심각해지는 위기 상황으로 인한 최악의 결과를 막아 낼 유일한 방법은 변화를 요구하는 사람들의 수를 변화를 일으킬 수 있을 만큼 늘리는 것이다"라는 그레타 툰베리의 말처럼[96] 시급성과 절박성에 비례해 전환을 꿈꾸는 이들과 얼마나 연결되어 있는지는 의문입니다. 집단적 힘을 모아 위기에서 벗어날 해방구를 찾기 위해서 교육이 할 수 있는 일은 무엇일까요?

　교육과정과 교과서에 생태환경적 관점이 더 많이 담겨야 합니다. 한국사는 세계사에 비해 기존 서술체계의 관성이 매우 강하고 국가 교육과정의 영향력이 크기 때문에 교육과정 연구진과 교과서 집필진들의 새로운 시도에 더 제약이 있을 수 있습니다. 하지만 교육과정과 교과서가 그대로인 채로 녹색 한국사 수업을 적용하기는 어렵습니다. 교육과정에서 강조하는 것을 가르친다는 정당성, 생태환경적 연구 결과를 검토하고 정돈한 교과서 서술과 의미 있는 탐구 활동이 마련되어야 현장 교사들이 부담감을 덜고 용기를 낼 수 있습니다.

　2021년 11월, 2022 개정 교육과정 총론 시안에서 '인간과 환경의 공존을 추구하는 생태전환 교육'을 주요 교육 목표로 삼았을 때 올바른 방향이라 생각했습니다. 기후·생태 위기에 대응하며 지속 가능한 삶을 가꾸기 위해 생태전환이 시급하다고 여겼기 때문입니다. 기대가 컸기에 2022년 12월에 발표된 최종 교육과정 총론에서 생태전환 교육과 생태 시민이 삭제된 것이 매우 안타까웠습니다. 그럼에도 불구하고 이전 교육과정 시기에 비해 생태환경적 관점이 대폭 강화된 2022 개정 교육과정에 따라 새롭게 만날 과목들이 무척 기다려집니다.

　기후위기와 생태위기는 21세기 인류 최대의 과제입니다. 이 위기는 명백히 역사적 현상이며 역사는 현재의 모습을 반추하고 설명하는 능력이 있습니다. 역사가 지금의 문제를 당장 해결하지 못하더라도 현재를 이해하고 과거와 미래에 대한 질문을 형성하는 데 도움을 주기에 인간 개선과 행동의 변화로 이어질 수 있습니다.[97] 조 굴디와 데이비드 아미티지는 《역사학 선언》에서 역사의 해방 능력은 궁극적으로 그것이 어디에서 왔는지 설명하는 데 있기에 위기에 가장 잘 대처할 수 있는 과목은 역사학이라고 단언했습니다.[98] 앞으로 한국 생태환경사에 대한 연구[99]가 더욱 확장되고 현장 교사들의 실천 사례가 차곡차곡 쌓여 갈 것입니다. 저의 부족한 한국사 수업이 도전하는 선생님들께 작은 도움이 되면 좋겠습니다. 더 많은 분과 어깨동무하고 녹색 한국사 수업이라는 꿈을 그려 가고 싶습니다.

5. 생태환경 융합 수업의
가능성 넓히기

인류가 추구해 온 가치를 성찰하는 역사 수업

바야흐로 기후위기의 시대입니다. 2022 개정 교육과정에서도 '인간과 환경의 공존을 추구하는 생태전환 교육'을 주요 목표로 논의했다고 합니다. 그뿐 아니라 교과 교육 전반에 걸쳐 생태전환 교육을 연계하도록 하고 생태전환 교육을 위한 고등학교 선택 과목도 신설되었습니다.[100] 기후위기의 현황을 파악하고 '인간을 둘러싼 환경'이 아닌, '환경의 한 구성원으로서의 인간'을 분명히 성찰하는 생태 중심적 사고와 감수성 교육이 필요하다는 것입니다. 2020년 코로나19 팬데믹을 경험하면서 각 교과에서 이미 기후위기 대응에 대한 수업 실천이 이루어지고 있습니다. 현재 상황을 분명하게 이해하고 변화를 위해 실천하는 민주 시민 교육이 코로나19 팬데믹 이후 교육 목표가 되어 가고 있습니다.

그런데 역사 교과는 과목 특성상 그런 움직임에서 한 걸음 물러나 있다는 인식이 강합니다. 아무래도 '과거'와 '인간'이라는 역사교과의 주제가 현재진행형의 기후위기와 이에 대응하는 실천이라는 과제와는 거리가 있다고 생각하기 때문일 것입니다. 하지만 왕조나 국가 중심의 역사 서술을 극복하고 성장과 발전이라는 경제적 가치 기준을 비판적으로 검토하면서 역사 교육 역시 새로운 돌파구를 모색하고 있는 것도 사실입니다. 분명 의미 있는 시도고 전국역사교사모임 등을 통해 구체적인 사례가 제시되기도 했습니다.

기후위기 시대를 맞아 교육은 이제 학생들이 현재의 문제를 인식하고 변화를 이끌기 위해 실천하는 생태 시민성을 갖추도록 범교과적 노력을 해야 합니다. 현상을 정확히 파악하고 이에 적절히 대처하는 생태 시민으로의 성장은 특정 교과나 'STEM'이라고 불리는 과학기술 교육만으로 가능하지 않다고 생각합니다. 지금의 위기를 기술적으로만 재단하거나 과학 데이터에만 의존해 해결 방안을 모색하면 문제를 자칫 단순하게 파악하거나 모범 답안이 있는 것처럼 여기게 될 수도 있습니다.

생태 시민성은 인지와 실천 모두의 측면에서 관점과 태도를 새롭게 바꾸어 나가는 과정을 통해 기를 수 있습니다. 여전히 기후위기라는 과제는 논쟁의 중심에 있고 이 문제에 대해 사회의 각계각층이 다른 입장을 취하고 있기도 합니다. 이런 상황을 정면으로 응시하려면 인류 역사에서 그간 우리가 추구해 온 가치가 무엇인지 성찰해 볼 기회를 역사 수업이 제시해야 합니다.

생태환경 교육으로 향하는 다양한 교과별 움직임

최근 한국교육과정평가원(KICE)《이슈 페이퍼》에 게재된 〈생태전환 교육에 대한 교과별 교사 인식과 교육 실천 연구〉[101]에는 각 교과별 생태전환 교육의 현황과 교사의 인식에 관해 서술되어 있습니다. 이 연구에 따르면 2022 개정 교육과정에서 '생태전환 교육' 개념을 강조하기 이전부터 과학과 사회 교과 일부 교사가 의미 있는 수업 실천을 해 왔음을 확인할 수 있습니다. 기존 교육과정이나 교과서에 나타난 인간 중심적 관점에서 벗어나 현재 위기를 타개하기 위한 교육적 실천이 이루어져야 한다는 교사들의 인식을 살펴볼 수 있는 연구입니다.

　교사들은 환경 교육이 아닌 '생태 교육'을 교육 전반에서 강조하고 있습니다. 인간과 환경이라는 개념은 자연과 인간을 이분법적으로 나누고 인간을 우위에 두는 인식을 알게 모르게 심어 주기 때문입니다. 인간 역시 자연과 생태계의 구성원 중 하나라는 인식의 전환, '공생'과 '공존'을 위한 인간의 선택과 실천의 중요성 재고, 생태 감수성 기르기 등 여러 교사가 수업을 통해 학생들의 변화를 이끌어 내고 있습니다. 현재 인류가 직면한 문제인 기후위기를 교육에서 다룰 때는 정확한 상황 인식, 구체적인 원인 파악, 해결 방안 모색, 실천가능한 목표 설정 등 인지와 실천이라는 종합적 측면을 고려해야 합니다. 그런 면에서 생태환경 교육이 융합 수업을 통해 이루어져야 하는 이유를 구체적으로 살펴보겠습니다.

첫째, 정확한 상황 인식은 명확한 개념과 정보를 통해 얻을 수 있습니다. 학생들이 이해하고 습득할 수 있게 기후위기와 관련한 정보를 전달하려면 학문적 깊이를 갖춘 교사의 전문성이 요구됩니다. 융합 수업은 역사과 교육과정과 다른 과목의 교육과정 사이에 다리를 놓아 연결 고리를 찾고 교집합과 합집합을 만드는 과정입니다. 하지만 때로는 그 과정이 기존에 놓여 있는 길을 벗어나거나 새로운 길을 만들기도 합니다. 교과별로 학계 연구 결과를 교육과정에 반영해 학교 현장에 도달하는 속도가 다르기도 합니다. 특히 생태환경 분야는 실시간으로 현재 상황에 대한 면밀한 관찰이 요구되고 같은 상황에 대한 판단이나 수용 방식에 차이가 나기도 합니다. 우선 역사 교과의 최신 연구 성과나 학계 입장을 정확히 이해한 후에 다른 교과와의 접점을 찾아나가야 하기에 세심한 주의가 필요합니다.

하지만 생태환경 교육은 단순히 지식이나 정보를 전달하는 데 그치지 않는다는 점에서 융합 수업의 두 번째 필요 이유를 찾을 수 있습니다. 무엇보다 이 문제를 인식하는 관점의 변화에 이르려면 생태적 감수성을 키워야 하고 그때 비로소 구체적 실천이 이어질 수 있습니다. 생태전환 교육은 결국 민주 시민을 육성하는 일입니다. 이는 어느 한 교과의 노력만으로는 가능하지 않습니다. 지

생태환경 교육으로 향하는 다양한 교과별 움직임

	윤리	지리	역사	생명과학	지구과학	
핵심 개념	생태환경 문제 해결을 위한 실천 능력 배양	다른 생명체와의 공생을 위한 교육	환경사가 아닌 '생태환경사' 교육	공존을 위한 이해와 행동력 배양	이원론적 세계관을 탈피하는 패러다임 전환	인간중심주의적 관점 탈피
이해 하기	인간 이외 존재들의 입장	다중 스케일	문제의 원인으로서의 인간 행위	생태계에서 인간의 위치 정립	지구시스템의 역동성과 상호작용	참여하는 시민
실천 하기	일상에서의 개인적 실천 강조	생태 감수성을 통한 생태 시민으로 성장	'이해'와 '판단', 그 이후 실천	삶 속의 문제 해결을 위한 실천	기후행동을 통한 사회적 실천 강조	

구환경과 생태계를 바라보는 관점의 변화에는 인간과 사회에 대한 철학적 이해가 뒷받침되어야 합니다. 앞선 연구에서는 교과별 교사들의 생태전환 교육에 대한 인식을 표로 제시하고 있습니다.[102]

개인적으로 '역사는 다시 쓰는 현대사'라는 정의를 좋아합니다. 역사를 탐구한다는 것은 과거의 사실을 좇는 데 그치는 것이 아니라 현재 인류가 처한 고민과 과제의 답을 과거 인류에게 찾아보는 일이라는 뜻이 담겨 있습니다. 이를테면 자연재해와 전염병은 오늘날 갑자기 맞닥뜨린 시련이 아니라 인간이 지구에 살면서 언제나 겪었던 삶의 조건이었습니다. 그리고 그 문제를 '해결'하거나 '극복'하겠다는 선택은 새로운 문제를 만들어 냈습니다. 산업혁명 이후 지구의 빠른 온도 상승과 현재 세계 곳곳에서 벌어지고 있는 이상기후 현상의 인과관계를 살펴보는 일은 기후위기 대응 실천과 맞물릴 수밖에 없습니다.

　몇 년 전 지구과학 교과와 함께 갈릴레이 재판과 지동설을 살펴보는 융합 수업을 한 적이 있습니다. '지구과학1'을 선택한 학생들, '세계사' 및 '생활과 윤리'를 선택한 학생들이 함께 모여 세계사를 배웠습니다. 정확한 과학적 근거가 있어도 사회 보편적 인식이나 윤리적 상식이 이를 수용하지 않을 경우 어리석은 선택에 이르기도 한다는 점을 역사적 사례로 살펴본 것이지요. 갈릴레이 재판은 세계사 시간에 보통 스치듯이 언급됩니다. 반면 융합 수업에서는 이 사례를 통해 르네상스의 인간 중심적 사고가 얼마나 혁신적인 것인지 구체적으로 이야기를 나눌 수 있었습니다. 역사 수업이 펼쳐 놓은 시공간 스케일에 '지구과학' 그리고 '생활과 윤리'에서 등장하는 지식을 접목하자 훨씬 풍부한 이해가 가능했습니다. 그런 면에서 얼핏 생태 시민 교육과 거리가 멀어 보이는 역사라는 과목이 어쩌면 '코페르니쿠스적' 사고의 전환을 이루는 기회를 제공할 수 있지 않을까요? 그간 문명을 이룩하고 발전을 거듭해 온 '시련을 극복한 인간상'에 심취한 인류 역사를 뒤집어 볼 수 있다면 말이지요.

생태환경사와 융합 수업

현재 여러 학교 현장에서 융합 수업이 이루어지고 있습니다. 특히 학교자율과정이나 자율시간을 진행해야 하는 학교에서는 일정 주제나 교육 목표 등을 설정하고 각 교과가 교육과정을 재구성해 알찬 수업 실천을 하고 있습니다. 그렇다고 해서 모든 교사가 선뜻 시도해 볼 만큼 융합 수업의 진입 장벽이 낮은 것은 아닙니다. 일단 담당 교과에서 가르쳐야 하는 지식과 개념, 정해진 교육과정이 있기 때문에 적절한 시기에 알맞은 내용을 다른 교과와 발맞추어 설계하기란 여전히 쉽지 않은 일입니다. 게다가 다루고자 하는 주제가 생태환경사처럼 새로운 수업 설계가 필요한 내용이라면 그 도전은 더욱 부담스럽게 다가올 수도 있습니다.

일반적으로 역사 수업에서는 중학교 2학년 세계사 과정에 포함된 시공간의 방대함 덕분에 다른 교과와 융합하고자 할 때 비교적 쉽게 주제를 설정하고 교육과정을 재구성할 수 있습니다. 그러나 주제가 생태환경사라면 한 번은 고개를 갸웃거릴 수밖에 없습니다. 여러 차례 융합 수업을 실천해 본 경험이 있는 제 입장에서도 '기후위기', '생태환경' 등의 문제를 역사에서 다루어야 한다면 망설일 선생님들이 많으리라 짐작합니다.

저 역시 새로운 시도에 두려움을 느꼈지만 그 막막함을 용기로 바꿀 수 있었던 계기는 바로 생태환경사 수업을 위한 공부 모임 참여입니다. 모임에서는 많은 역사 교사가 생태환경적 관점에서 새롭게 수업을 구성해 보려 고민하며 시도하고 있었고, 단순히 역사라는 교과를 '통해' 생태환경 개념을 익히는 데 그치지 않으려 노력했습니다. 기후위기라는 결과를 만들어 낸 지난한 인간의 역사를 생태환경적 관점에서 날카롭게 돌아보고, 생태환경의 감수성으로 변화를 끌어낼 수 있는 민주 시민 교육에 역사라는 교과가 어떻게 자리매김해야 하는지 함께 고민하고 있습니다.

역사를 생태환경적 관점에서 세심하게 살피는 것은 현재 인류가 처한 상황을 냉정하게 성찰하는 일이기도 합니다. 이는 학생들이 기후위기라는 개념과 현상에 대한 이해, 개인의 노력이 부딪힐 수밖에 없는 한계, 법과 제도 변화의 방향까지 아우르며 실천하는 생태 시민으로 성장하는 과정이고, 여러 교과가 함께 수업해 나가야 하는 이유이기도 합니다.

생태계 한 구성원으로서 '어떻게 공존해야 하는가?'라는 질문이 생태환경적 관점을 가진 시민의 질문이라면, 생태환경사 관점의 질문은 '어떻게 공존해 왔는가?', '어떻게 공존 혹은 생존을 모색해 왔는가?'라고 할 수 있습니다. 역사에서 인간은 주체이자 객체이고 화자이며 관찰자이기도 합니다. 그동안 '인간의 역사'에서 애써 외면해 왔거나 깨닫지 못한 생태환경의 문제를 다른 교과와 머리를 맞대고 객관적으로 살펴야 합니다. 기존의 교과 지식을 다른 관점으로 바라보아야 합니다. 같은 문제를 두고 다른 해답을 내놓을 수도 있고, 교과의 특성에 따라 논의의 방향이 아예 달라질 수도 있습니다. 하지만 그 과정 자체가 통찰의 기회를 제공한다고 생각합니다. 어렵지만 의미 있는 이 과정을 수업에서 학생들이 경험하고 고민하게 하는 일도 필요하지 않을까요?

생태환경사 융합 수업 사례

역사 수업 시간에 생태환경 문제를 화두로 꺼내 들고 다른 교과와의 만남에 도전해 본 선생님들의 고군분투기를 소개하고자 합니다. 역사교사모임에서 생태환경사에 관심을 두고 꾸준히 공부하며 수업을 실천하고 이 과정을 역사교사모임 회보에 공유해 준 사례를 정리했습니다. 단순히 역사와 다른 교과의 만남이 아니라 생태환경사라는 분명한 목표를 바탕으로 전개한 수업이라서 아직 시도해 보지 않은 분들에게 구체적인 그림을 제시할 수 있으리라 생각합니다.

여러 사례를 통해 수업에 대한 고민과 설계, 다른 교과와의 의견 나눔까지 선생님들의 노고를 느꼈습니다. 짧은 지면에 소개하려다 보니 핵심 질문이나 과제 위주로 서술하고 간단히 소감을 밝혔습니다. 구체적인 수업 내용은 역사교사모임 회보에 실려 있습니다. 이 글에는 융합 수업으로서의 의의와 만약 다른 방향으로 확장한다면 어떤 방법이 있을지 등을 고민해 보는 개인적 의견을 담았습니다.

〈자연재해로 본 식민지 조선의 역사〉[103] — 노슬아

《세계사를 바꾼 화산 탐보라》라는 책을 통해 화산 폭발이라는 과학적 사실의 결과가 근대 세계사 형성에 이르렀다는 내용으로 과학과 한국사의 융합을 모색하는 수업입니다. 기계적인 융합이 아니라 한국사 수업의 맥락을 지키면서 화산 폭발이 전혀 연관이 없

차시	교과서 주제	수업 시기	대주제	비고
1	주제 41. 1910년대 국내외 민족 운동	온) 8월 3, 4주차	황제국의 신민에서 민주공화국 시민으로	'박열' 감상문 방학 숙제 검토 및 독려 [수행 점수 5점] (8월 19~29일 수행 시 1점 감점 예정)
2	주제 42. 독립을 향한 외침 3·1운동			
3	주제 43. 대한민국 임시정부의 수립과 활동			
4	주제 44. 항일 무장 독립 투쟁의 전개 주제 45. 일제를 놀라게 한 의열 투쟁			
5	교과 통합 1) 1815년 탐보라 화산 폭발 이후 유럽의 정치, 경제, 사회의 변화와 서구 근대 국가의 재난 구제 사업	오프) 9월 1주차	'분리해 통치하는' 식민지 근대의 탄생과 반제국주의 약소민족 연대의 등장	8월 31일 1학년 학력평가 9월 2주차 일정은 온/오프 미정(학사력 참고해 잠정적으로 결정)
6	교과 통합 2) 1923년 관동대지진 이후 일본 제국주의의 식민지 조선 통치 전략 창의 융합 교실) 식민지 의학과 분리 통치 (교과서 226~227쪽)	오프) 9월 1주차 (주제 41~45, 학습지 배부)		
7	주제 41~45. 학습지 정리 시간	온) 9월 2주차		
8	주제 39. 일제를 놀라게 한 의열 투쟁 주제 40. 일제의 민족 분열 통치	온) 9월 2주차		
9	주제 48. 도시와 농촌의 변화	온) 9월 2주차		

을 것 같은 세계 곳곳에 영향을 미쳤다는 인식을 바탕으로 일제강점기 관동대지진을 설명하고 있습니다. 이와 같은 수업을 통해 자연재해는 어느 누가 연구해도 변하지 않을 과학적 사실이지만, 이를 통과하는 사회적 구조와 맥락은 결국 인간의 선택과 대응으로 만들어진다는 깨달음을 얻게 됩니다. 자연재해를 해결하는 방식이 구조적 불평등과 모순을 심화하는 상황은 여전히 세계 곳곳에서 벌어지고 있습니다. 중학교 도덕 교과, 사회 교과 혹은 고등학교 통합 사회와 통합 과학이 함께 고민해 볼 만한 문제입니다. 각 교

과의 개념과 지식, 교육과정을 충분히 활용해 학생들이 토론해 볼 수 있도록 구성한다면 의미 있지 않을까요?

〈생태환경사 수업 도전기: 체르노빌 원전 사고 수업을 중심으로〉[104] — 정효진
'기말고사가 끝난 교실에서 무엇을 할 것인가?' 이 질문에 여러 선생님이 나름의 대책을 마련하고 있을 것입니다. 그런데 이 수업안처럼 치열하게 고민한 수업을 본 적이 없는 것 같습니다. 기말고사 기간에 다른 교과 선생님들과 체르노빌에 대해 논의하며 수업을 준비하고, 각 과목의 입장이나 우려를 고려해 핵 관련 비전문가인 역사 교사로서 문제에 부딪혀 가며 학생들과 고민하는 과정이 글에서 생생하게 느껴졌습니다.

　모든 수업이 같은 가치를 공유해야 한다고 생각하지 않습니다.

차시	수업 내용
1	① 핵 발전의 원리(핵분열의 원리) 살펴보기 　: 동영상 활용(한 컷의 과학, 원자폭탄에 숨겨진 물리학 이론은 무엇일까 　(EBS 컬렉션 사이언스, 3분 22초) ② 원자력 발전이 과연 지속가능한 발전인지 생각할 거리 던지기 　: 1학년 통합 과학 수업 PPT 활용 ③ 원전 사고의 전개과정과 수습과정에서 드러난 문제점 살펴보기 　: HBO 드라마 〈체르노빌〉 편집본 활용
2	④ 원전 사고 피해 규모의 방대함, 방사선 피해의 광범위성과 지속성, 생태계 파괴 문제 　살펴보기 　: 〈체르노빌의 목소리〉, 〈체르노빌 생존 지침서〉, KBS 다큐 〈방사능은 국경이 없다〉 　편집본 활용 ⑤ 후쿠시마 사태를 언급하며 원자력 발전이 지속가능한 발전인지 생각해 보고 탈핵과 관련 　해 이야기 나누는 시간 가지기 　: 후쿠시마 관련 뉴스 동영상 활용

정효진 선생님이 체르노빌과 관련된 이야기를 학생들과 나누기 위해 다른 선생님의 의견을 듣는 과정 또한 융합 수업의 중요한 포인트였습니다. 생태환경사 수업에서 필요한 역사 교사의 자세겠지요. 상반되거나 모순되는 지점을 발견하더라도 같은 문제를 바라보는 다양한 관점을 확인하는 것만으로도 의미가 있습니다. 그런 융합 수업은 학생들이 생각의 범위와 깊이를 키워 가는 데 중요한 밑거름이 됩니다.

〈역사 시간에 기후위기라니〉[105]—양경화

양경화 선생님의 수업은 어쩌면 가장 이상적인 융합 수업 모델이 아닐까 합니다. 역시 기말고사가 끝난 중학교 3학년 교실에서 생태 시민으로서 고민해 보는 경험을 제공한다는 점이 무척 흥미로웠습니다. 시험이 끝난 뒤 영화 시청은 흔히 떠올릴 수 있는 사례지만 그 시간을 통해 기후위기 대응과 탄소 중립 실천을 위한 교과 수업을 펼쳐 나갔다는 점에서 의미가 크다고 봅니다. 같은 학교 선생님들이 뜻을 모은다면 이 사례를 그대로 적용해도 무리가 없겠다는 생각이 들 정도로 잘 구성된 수업이었습니다. 가능한 교과끼리 두세 과목 정도로 범위를 좁혀도 충분히 의미가 있으리라 생각합니다. 특히 기후 협약의 역사와 에코파시즘이라는 주제가 지금 사회에 던지는 의미와 역사적 정보, 실천 방향까지 삼박자를 고루 갖춘 사례입니다.

1주차	시험 직후 재난 영화 〈투모로우〉 시청(성적 확인 작업과 동시에)
2주차	과목별 수업 기술·가정 : 우리는 불편함을 감수할 수 있을까?(저탄소, 비건 등) 도덕 : 인간은 자연의 주인일까? 국어 : 환경 시, 사회 참여 시 쓰기/ 동영상 시나리오 지도 영어 : 그린워싱(위장환경주의) 사회 : 우리는 지금 무엇을 할 수 있을까? 역사 : 기후 협약의 역사, 에코파시즘 미술 : 재난 영화 시놉시스 작성 과학 : 기후위기와 관련된 과학적 근거
3주차	시놉시스 작성 및 수정, 영상 촬영 ─ 재난 영화 패러디로 가닥 잡음
4주차	영상 편집 및 시사회 ─ 작은 축제(2시간) 작은 축제 때 영상을 함께 보고, 우리 반 최고 영상(졸업식 때 상영 예정)과 3학년 전체 최고 영상 3개 선정

〈사회적 재난으로서 팬데믹(전염병)에 대한 역사적 탐구 수업 설계〉[106] ─ 천장수

개인적으로 이와 유사한 수업을 진행해 본 적이 있습니다. 하지만 교사로서 내용을 구성하는 지식에 대한 학습이 부족했고 코로나 19 팬데믹 계기 수업처럼 되어 두고두고 아쉬움이 남았습니다. 천장수 선생님의 수업은 훨씬 더 풍부하고 짜임새가 있습니다. 이 수업을 참고한다면 과학, 사회나 윤리 교과와 토론 등의 방식으로 융합 수업을 전개할 수 있을 듯합니다. 전염병의 역사나 전염병이 인류 역사에서 변곡점을 만든 사례를 찾는 것은 생각보다 어려운 일이 아닙니다. 생명과학 교과에서 전염병의 원인이나 주기, 인수공통감염병 등을 학습할 수 있도록 하고, 현재 우리 사회나 세계 다른 국가의 문제 해결 방식에 대해 윤리 교과, 사회 교과, 지리 교과 등과 함께 확장하는 방법도 고려할 수 있습니다.

핵심 탐구 질문	기초 지식
– 전염병은 인류 역사에 어떤 영향을 주었는가? – 전염병이 발생하는 주기는 왜 짧아지는가? – 기후변화와 전염병은 어떤 상관관계가 있는가? – 가축과 작물의 전염병이 인간에게 영향을 주는가?	· 전염병의 역사 · 기후변화와 전염병 · 전염병의 불평등성과 희생양 · 인포데믹, 중첩된 재난 · 제너의 우두 백신을 둘러싼 논쟁 · 전염병에 대한 공동체의 대응
– 팬데믹(전염병)은 어떻게 불평등을 심화하는가? – 팬데믹 재난 상황에서 희생양 찾기는 어떻게 이루어지는가? – 전염병 유행 상황에서 인포데믹은 어떤 혼란과 위험을 초래하는가?	
– 제너의 우두 백신을 둘러싼 논쟁을 통해 우리는 무엇을 배울 수 있는가? – 전염병에 대한 인류의 대응은 어떻게 변화해 갔는가? – 팬데믹 상황에서 공동체는 어떻게 대응해야 하는가?	

생태환경사 융합 수업 설계하기

수업 구상 : 융합 수업이 처음이라면

다음에 제시한 자료는 10년 전 처음 융합 수업[107]을 준비할 때 길잡이가 된 템플릿입니다. 그때는 주제 통합 수업이라고 불렸지요. 마음이 맞는 같은 학년 국어 선생님들과 임진왜란을 주제로 융합을 시도했습니다. 당시 국어 교과의 주제는 전쟁과 평화였습니다.

이듬해 같은 학년 전체가 융합 수업을 하고자 했을 때 이 틀을 활용했습니다. 주제를 정하고 적합한 단원이나 수업 내용을 공유하는 방식이었습니다. 경험이 있는 선생님들이 먼저 주제에 맞는 단원과 학습 내용, 수업 형태를 전체 교사에게 전달했습니다. 다른 과목 선생님들도 이를 모델 삼아 각자의 교과를 채우는 방식으로 융합의

교과 통합 교육과정 템플릿(3학년)

학교 비전	자율, 책임, 창의로 꿈을 키우는 더불어 행복한 배움공동체		
교육 중점	자율	책임	창의
주제	기후위기와 탄소 중립		

교과목	역사 2	과학	국어	사회
단원명				
수업 내용 및 수업 방법				
수업 실시 일자 및 수업 시수	10월 4주 ~ 11월 1주, 4차시	3월 2주 ~ 3월 3주, 4차시		
평가 내용 (수행, 서술, 논술)	토론 및 논술	실험, 조사 및 토론, 논술		

통합 활동	

교과	단원	융합 내용
역사	V. 조선 사회의 변동	조선왕조실록 검색을 통해 재난이나 기후변화가 양난 이후 조선 사회에 미친 영향을 알아보고 이를 극복하기 위한 개혁안 탐구하기
과학	II. 기권과 날씨	지구온난화가 지구환경과 인간 생활에 미치는 영향을 알고 일상생활에서 이에 대처하는 방법 찾기 및 실천
국어	1. 문제를 해결하는 힘	'플라스틱은 전혀 분해되지 않았다.' → 플라스틱 사용을 줄이자는 주장을 담은 글을 읽으며 주장의 타당성 판단해 보기, 배경지식 수집해 보기
사회	X. 환경 문제와 지속가능한 환경	기후변화를 완화하기 위한 국제 사회의 대응을 살펴보고 환경 문제의 지역적 불평등을 탐구한 뒤 우리 주변의 환경 관련 이슈 조사해 발표하기

고리를 확장했습니다. 주제와 다소 동떨어져 보여도 연결 고리가 있다면 일단 써넣고 공유한 뒤 다시 피드백하며 완성했습니다.

멋모르고 몇 차례 시도한 후 대화의 중요성을 깨달았습니다. 뜻을 함께하는 선생님들과 융합 수업을 통해 우리가 무엇을 이루고자 하는지 충분히 이야기하는 과정이 중요함을 새기게 되었습니다. 꼭 같은 목표를 설정하거나 동일한 결론에 이르지 않더라도 각 교과가 내포한 사고의 과정이 학생들이 이 문제를 심층적으로 바라보게 하는 데 중요한 역할을 한다고 생각합니다.

하지만 이런 수업이 처음이라면 다소 기계적으로 템플릿을 활용해 교과서나 교육과정에 숨어 있는 생태환경적 개념, 관점을 설정해도 좋습니다. 사실 역사 교과마저도 역사적 사실을 순서대로 가르치지 않습니다. 과목 간의 공통분모를 찾아낸다면 한 학기 중 한두 시간 만이라도 교육과정을 재구성하는 일은 어렵지 않습니다. 일단 시작해 보는 것이 중요하니까요. 그 처음을 경험할 수 있도록 도움을 준 것이 바로 저 템플릿이었습니다.[108]

2023년 7월, 생태환경사를 주제로 융합 수업을 구상할 때 맨 처음 한 일이 함께 3학년을 맡은 동료 교사들과 이야기를 나누는 일이었습니다. 생태환경사 수업을 하고 싶다는 뜻을 전하며 템플릿을 공유하고 가능한 범위에서 공란을 채워 줄 수 있을지 선생님들에게 요청했습니다. 선생님들은 생각보다 흔쾌히 응답했습니다. 진행했던 수업이나 진행 예정인 수업을 그 자리에서 바로 정리해 주었습니다. '이미 생태환경 교육이라는 주제가 여러 교과에 익숙하구나' 하는 생각도 들었지요. 아쉽게도 여러 현실적 사정으로 밀도 있는 융합 수업을 이끌어 가지는 못했지만 가능성을 발견할 수 있었던 기회였습니다.

보통 융합 수업을 설계하려면 2월 연수과정에서 미리 동 학년 선생님들과 논의하며 준비과정을 거쳐야 합니다. 교육과정 재구성이 필수적이라 시기나 주제를 정할 시간적 여유를 마련해야 하기 때문입니다. 저는 선생님들과 내년 수업에 적용해 볼 수 있도록 2월에 논의하자고 이야기를 나누고 방식이나 소재 등에 대해 더 고민해 보기로 했습니다.

'생태환경과 기후위기 대응 실천 모색'이라는 자칫 거창해 보이는 주제에 교과별 특성이 반영되어 학생들이 이 문제를 입체적으로 받아들이길 기대했습니다. 당시 중학교 3학년 조선 후기 정치사 진도를 나가야 하는 상황에서 생태환경사 수업을 어떻게 진행할 것인지 고민했습니다. 교육과정에 포함된 내용을 수업하면서도 생태환경적 가치를 놓치고 싶지 않아 쉽게 결론이 나지 않았습니다. 그러다 생각한 것이 바로 《조선왕조실록》이었습니다.

수업 설계

《조선왕조실록》이라는 엄청난 사료가 있고 이를 탐구하는 과정에서 날씨와 자연재해, 기근, 전염병과 같은 정보를 분석해 교과서에서 이야기하지 않는 백성의 삶의 민낯을 드러내고 싶었습니다. 역사 교과서에서 조선이라는 나라는 커다란 전쟁을 두 차례나 겪었음에도 불구하고 조세 제도를 개혁하고 붕당정치와 탕평책을 마치 정해진 수순처럼 이어 갑니다. 단어나 어구로만 교과서에 등장하는 백성들의 굶주림과 재난, 전염병이 《조선왕조실록》에 어떻게 묘사되었는지 확인해 보는 과정이 의미 있으리라 여겼습니다. 또 백성들을 구제하기 위한 다양한 대책이나 제도 등이 조선 후기 교과서의 설명을 훨씬 더 풍부하게 하지 않을까 하고 조금 섣부른 기대도 했습니다. 사실 300년 전에도, 지금도 홍수나 가뭄은 해결하기 어려운 문제고 전염병과 전쟁은 공동체의 삶을 파괴해 사회적 복구를 어렵게 만듭니다.

무엇보다 앞의 재난이 모두 조선 시대에 일어난 일인데도 우리는 왕조와 제도 중심의 정보만을 가르치고 있습니다. 이런 제도가 등장하게 된 배경에 대해서, 인간의 삶에 엄청난 영향을 미치는 기후환경에 대해서 고민하고 성찰할 수 있도록 하는 관점의 변화가 필요하다는 생각도 했습니다. 과학 시간에 기후변화와 이에 대한 대응 방안을 배운다면 그것은 현재의 문제처럼 보입니다. 하지만 역사 시간에는 인류가 살아오면서 끊임없이 부딪혀 온 문제임을 인식할 수 있습니다. 이를 해결하는 방식이 지극히 인간 중심적으로 치우쳐 있지 않은지 도덕 시간이나 사회 시간에 토론해 볼 수도 있습니다. 중요한 것은 학생들이 복잡하게 뒤섞여 일어나고 있는 현재의 문제를 교과 수업을 통해 통합적으로 생각해 볼 수 있다는 점입니다. 미완의 도전이었지만 다음 학기를 위해 다양한 고민을 해 볼 수 있었습니다.

야심 차게 준비해서 진행했지만 역시 중학교 3학년 학생들이 2차시 만에 어려운 표현이 가득한 인터넷 조선왕조실록을 검색해 필요한 정보를 찾는 일은 매우 어려운 작업이었습니다. 교과서에 나오는 사건이나 제도를 검색 결과와 바로 연결짓는 것도 사료 분석 활동을 한 후에나 가능한 일이라는 것도 깨달았습니다. 하지만 학생들이 '경신대기근'과 같은 사건을 찾아보고 정부가 내놓은 대책을 보면서 적절성을 평가해 본 것만으로도 의미가 있었다는 생각이 듭니다. 재해는 자연현상이지만 이를 해결하는 과정에서 인간의 의지와 선택, 노력이 큰 역할을 한다고 느낀 학생도 적지 않았습니다. 이와 같은 경험이 생태 시민성을 길러 나가는 한 걸음이 아닐까 감히 기대해 봅니다.

올해는 전염병, 기근, 자연재해 분야로 나누어 좀 더 자세히《조

차시	수업 내용

1차시	- 내용 학습 : 조선 후기 국왕, 제도, 사건 등을 교과서에서 찾아 학습지 채우기
	- 자료 탐구 : 주어진 자료를 읽고 모르는 단어 찾아보기, 내용 파악하기
	  ㄱ)《조선왕조실록》에 나타난 자연재해를 분석한 기사
	  ㄴ) 지진, 전염병, 기근에 대한《조선왕조실록》의 기록
	- 사료 읽기 : 조선왕조실록 검색해 보기(인터넷 조선왕조실록 검색 방법 안내)
	- 교과서에 관련 설명이나 내용이 있는지 찾아보기

2차시	- 자연재해나 전염병 등을 다룬《조선왕조실록》의 내용을 검색해 구체적인 상황이 나타난 기사를 찾아 정리해 보기 - 학습지에 정리한 국왕 중 한 명을 선택해 재위 기간 중 '기근'을 검색해 보고 원인과 피해 상황, 정부의 대책 찾아보기 - 조선 정부의 대처가 적절했는지 근거를 들어 논술해 보기

선왕조실록》읽기를 진행해 보려고 합니다. 그리고 과학, 사회, 국어 교과와 더불어 원인, 대처, 캠페인 조성 등의 활동으로 확장할 계획도 세우고 있습니다. 아직 실천으로 이어지지 못했기 때문에 이 글을 읽는 분들이 하나의 제안으로 받아들여 주면 좋겠습니다.

수업은 가끔 살아 있는 존재처럼 같은 재료나 주제를 놓고도 전혀 다른 결과물을 이끌어 냅니다. 교사가 다르고, 학교 환경이 다르며, 학생들이 다르기 때문입니다. 과거를 통해 현재 인식의 변곡점을 만들어 내는 역사 교과에서는 학생들이 사유하고 실천하는 생태 시민으로 자라날 수 있도록 타 교과와 좀 더 긴밀한 협동 작업이 필요하다고 생각합니다. 지금 이 글을 읽고 있는 여러분이 함께하는 동료가 되어 주었으면 합니다.

2부

생태환경사 수업의
다양한 실천

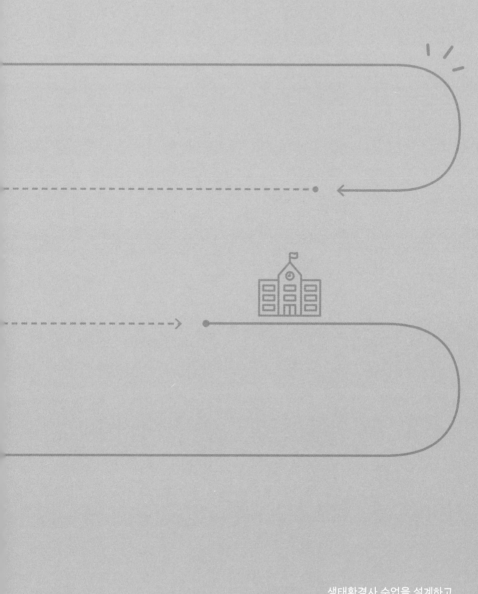

생태환경사 수업을 설계하고

교재를 구성하는 전 과정에서

가장 중요한 문제의식은

생태적 문해력을 바탕으로 역사를 읽는 일입니다.

1. 소의 자리가 있는
한국사를 상상하다

역사 속 동물 찾기

여러분은 다음의 그림을 본 적이 있나요? 울산광역시의 반구대라는 바위에 그려진 그림입니다. 고래, 거북이, 물개 같은 바다동물과 사슴, 호랑이, 멧돼지 등 육지동물이 그려져 있습니다. 소로 추정되는 동물도 있지요.[1] 그려진 시기에 대해 논쟁이 있고, 동물들을 그린 이유도 다양하게 추리할 수 있지만 한 가지는 확실한 것 같습니다. 바로 사람과 동물*이 공존했다는 것입니다. 동물과 사람이 서로를 사냥하거나 같은 먹이를 두고 경쟁했을 수도 있습니다. 어

---

* 생물학에서 '동물'은 인간을 포함하는 개념이다. 하지만 이 글에서 '동물'은 편의상 인간 이외의 동물에 한정해 논의한다.

반구대 암각화(출처: 울산암각화박물관)

쨌든 동물과 사람은 한 공간에서 자연을 공유하며 살아가는 관계였을 것입니다.

역사는 일반적으로 '과거를 살아간 사람들의 이야기'라고 정의합니다.[2] 사람은 자연과 영향을 주고받으며 살아왔지만 그런 사실을 역사 서술에서 찾기는 쉽지 않습니다. 동물의 이야기는 더욱 발견하기 어렵습니다. 역사책에 동물의 자리를 마련한다면 역사는 어떻게 달라질까요? 한반도의 사람과 동물은 어떤 관계를 맺으며 살았을까요?

사람과의 관계를 기준으로 동물을 분류한다면 먼저 야생동물과 가축으로 나눌 수 있습니다. 반구대 암각화의 동물 중 대부분은 야생동물이겠지요. 인류가 동물을 가축화하면서 사람과 동물의 삶이 크게 변화했습니다. 가축 중에서도 가장 중요했던 동물은 소라고 할 수 있습니다. 근대 이전 대다수 사람의 생업이었던 농사에서 소의 역할이 굉장히 크기 때문입니다. 그래서 가축 중에서도 소 이야기를 살펴보려고 합니다.

그림으로 읽는 생태환경사

역사학에서 과거에 대한 지식은 주로 '문헌 사료'라고 부르는 문자 기록을 통해 얻습니다. 글은 주로 지배계급이 생산했습니다. 그렇기 때문에 대다수 민중의 삶과 생각을 알기 어려운 측면이 있습니다. 더구나 동물은 문자를 사용할 수 없으니 동물의 역사를 문헌 사료에서 발견하려면 더욱 꼼꼼히 들여다보아야 합니다. 대신 동물의 모습은 반구대 암각화처럼 그림을 통해 확인하는 방법이 있습니다. 그림은 글로는 전하기 어려운 구체적 형상이나 당시의 환경을 드러내기도 합니다. 인간과 함께한 동물, 주변의 풍경과 인간-동물의 배치, 동물의 표정과 자세 등에서 동물에 대한 당대의 풍습이나 생각, 동물과 인간의 관계를 엿볼 수 있습니다.

그림은 역사 수업의 재료로 유용합니다. 학생들은 이미지 자료에 친숙하게 접근하며 다양한 질문을 던지고 그 안에 담긴 역사를 탐구할 수 있습니다. 그림은 대개 한자로 쓰여 있는 문자 사료와 달리 언어 제약이 적고 배경지식 부족을 뛰어넘게 해 주기 때문입니다.

그림을 일종의 사료로서 읽을 때 주의할 점이 있습니다. 일반적으로 사료는 먼저 진위 여부를 살핀 후에 저자가 누구인지, 어떤 배경에서 제작했는지 등을 살펴봅니다. 제작의 동기와 목적이 사료에 반영될 수 있기 때문이지요. 그리고 다른 사료들과 비교하면서 내용을 종합적으로 이해하는 과정을 거칩니다. 그림도 이런 과정은 동일하게 진행합니다. 나아가 그림은 그 안에 담긴 대상, 표현 방식, 작가의 의도 등이 모두 해석의 요소가 됩니다.[3] 당연히 읽는 사람에 따라 다양하게 해석될 수 있습니다. 이때 그림의 내용뿐 아니라 인간이 왜 그 양식을 창조했고, 누가 그 예술을 향유했는지도 함께 살펴야 합니다.[4] 그림에 함께 표현된 글이나 제작자의 다른 저술, 관련한 문자 사료, 그림에 대한 다른 사람들의 감상과 해석 등을 참고하면 더욱 명확한 과거를 그려 볼 수 있습니다.

그림을 교재 삼아 역사를 읽는 방법을 여러 역사 교육자가 제안했습니다. 권오현[5]은 세 단계를 제시했습니다. ① 그림에 그려진 내용을 관찰하고 파악합니다. ② 회화 사료의 역사적 사실을 이해하고(기호적 독해), 사실 간의 관계와 의미를 이해한 후(관계적 독해), 역사적 상황과 회화의 내용을 연관지음으로써 당대의 부분적 시대상을 이해합니다(맥락적 독해). ③ 제작자의 의도를 독해하고 종합적 시대상을 구성합니다. 강선주[6]도 세 단계를 제안했습니다. ① 작품을 직관적으로 관찰해 그림의 전체적 모습과 세부적 요소를 확인합니다. ② 작품에 대한 정보, 즉 작가, 작품 제작의 사회적·문화적 맥락 등을 조사해 역사적으로 탐구합니다. ③ 앞서 수집한 정보들을 근거로 당시 사람들의 인식을 읽고 과거의 큰 문화를 이해합니다.[7]

앞선 연구들을 참고해 생태환경사 수업에서는 다음과 같이 그림을 읽을 수 있습니다. 먼저 그림에 표면적으로 보이는 생태환경적 요소들을 확인합니다. 무엇이, 어떤 상태로 그려져 있는지 관찰하는 것입니다. 다음은 그림에 표현된 요소들과 관련한 역사적 사실을 파악합니다. 두 단계에서 학습자의 질문이 중요한 역할을 할 수 있는데, 질문에 따라 역사의 어떤 부분을 관련짓고 조사할 것인지를 결정하게 됩니다. 소재의 의미와 관계에 대해 질문할 수 있고, 문헌 사료와 함께 민담, 설화 등을 자료로 참고할 수 있습니다. 이어서 그림과 사료를 깊이 읽으며 역사적 서사를 구성합니다. 동물과 자연의 존재와 위치, 인간과 비인간 존재의 관계와 상호작용을 이해할 수 있습니다. 이 과정은 고정적이거나 물리적으로 분리되지 않으며 한 단계 내에서 여러 수준과 영역으로 질문이 확장되거나 각 단계가 순환할 수 있습니다. 또 그림을 통해 형성하는 역사상은 해당 그림을 넘어 다른 시대와 지역으로 연결될 수 있습니다.

한반도 역사 속 소의 흔적

한반도의 소

고구려 사람들은 굴식 돌방무덤* 양식으로 무덤을 만들면서 돌방의 벽과 천장에 그림을 그렸습니다. 도굴당한 부장품들과 달리 벽

---

* 돌널로 방을 만들고 시신을 안치한 후 방으로 들어가는 입구를 굴처럼 만든 무덤으로 고구려와 백제의 초기 무덤 양식이다.

소가 그려진 고구려 고분벽화(출처: 동북아역사재단 안악3호분 홍보영상 중 7분 47초에서 확인할 수 있다).

화는 그대로 남아 당시 사람들의 생활과 생각을 알려 줍니다. 이 고구려 고분벽화[8]를 보고 질문을 만들어 볼까요?

그림에는 세 마리의 소가 한 지붕 아래에서 여물을 먹고 있습니다. 야생동물이 아닌 가축인 것이 확실해지는 지점입니다. 여기서 몇 가지 질문을 더 던져 볼 수 있습니다. 소는 언제부터 가축이 되었을까요? 얼마나 많은 사람이 소를 가축으로 키웠을까요? 한집에서 소를 몇 마리나 키웠을까요? 키워서 어디에 이용했을까요? 이런 의문을 하나씩 풀어 봅니다.

가장 먼저 가축이 된 동물은 개로 알려져 있습니다. 늑대가 개로 진화하면서 인간의 사냥을 돕고, 인간은 개를 다른 맹수로부터 지

인도 혹소

키고 먹이를 제공하는 관계가 되었을 것으로 추정됩니다.[9] 소 역시 순한 개체를 잡아 길들이고 번식에 성공하면서 가축이 되었을 것입니다. 이런 현상은 농경의 시작과 함께 인간이 식량생산을 위해 자연을 통제하기 시작한 변화로 이해됩니다. 소는 곧 한반도 사람들에게 중요한 가축으로 자리 잡았고 속담, 민화에 자주 등장할 만큼 삶에 밀접한 동물이 되었습니다.

우리와 함께 살았던 소는 어떤 모습이었을까요? 벽화 속 소는 뿔이 짧고 등은 매끈합니다. 이런 소 모양은 오늘날 우리나라에서 보이는 소와 크게 다르지 않아 익숙합니다. 인도 혹소(zebu)와 비교하면 차이가 더 두드러집니다. 등에 혹이 불쑥 불거져 있는 것이 보이지요? 야생 소가 가축화되면서 인도를 중심으로 한 '혹소'와 서아시아 지역에서 가축화되어 동아시아로 확산한 '소'로 나뉘었고, 후자가 한반도에 정착한 것으로 보입니다. 구석기와 신석기 시대 한반도에는 야생에 물소 등이 살았지만 이내 멸종하고 가축화한 지금의 품종만 남게 된 것으로 추정합니다.[10]

벽화 그림을 자세히 보면 소가 여러 마리인 것을 알 수 있습니다. 흐릿하지만 검은색 소 아래쪽에 흰색과 황토색 소가 보입니다. 현재의 '한우'는 대부분 황토색이지만 과거에는 다양한 색의 소가 한반도에 살았던 것을 알 수 있습니다. 조선의 소 의학서 《우마의방》 등 여러 사료에도 다양한 색의 소 이야기가 기록되어 있습니다.[11] 한국 소의 품종이 황색으로 단일화된 것은 1970년대 한우의 품종을 통일하는 과정에서 나타난 변화입니다.[12]

소는 언제부터, 누가, 왜 키웠을까?

다시 외양간 그림으로 돌아가 봅시다. 우리는 그림에 세 마리가 함께 있는 모습에 주목해 볼 수 있습니다. 한 가정이 세 마리의 소를 키우는 것이 일반적이었을까요? 그림을 좀 더 자세히 살펴보세요. 기와지붕이 보입니다. 조선 시대까지도 농민의 집이 초가집이었던 점을 생각하면 고구려 시대에 소의 외양간을 기와로 만든 주인공이 평민이라고 보기는 어려울 것입니다. 무덤의 다른 공간에 그려진 여러 동물과 집의 공간을 보면 무덤 주인은 귀족으로 추정됩니다. 그렇다면 소는 언제부터 왜 키웠고, 소를 키우는 집은 얼마나 많았을까요?

한반도에서 소가 가축이 된 시기는 청동기 시대 이후로 보는 것이 일반적입니다. 고조선의 유적에서 소를 농사에 이용했다는 것을 추정할 수 있는 유물이 출토되지만[*] 문헌에서는 기록을 찾기 어렵습니다. 삼국 시대에서야 소를 키우고 음식으로 먹거나 수레를 끌게 했다는 기록이 《삼국사기》,《삼국유사》 등 역사서에 남아 있습니다.[13] 고구려의 여러 벽화에서도 소를 볼 수 있고 정창원의 〈신라촌락문서〉를 통해 4개 촌락 43호에서 소 53마리를 길렀다는 것을 알 수 있습니다. 다만 이 지역이 서원경[▲] 주변이라는 점에서 한 가정당 한 마리 이상을 키우는 것이 일반적이라고 해석하는 것은 주의해야 합니다.

고려의 사료에는 고려 원종 시기 부유한 농민이 한두 마리를 소유하고 가난한 농민은 스스로 경작하거나 소를 빌려 농사를 짓는다고 설명하고 있습니다.[14] 이것이 일반적이었으리라고 생각됩니다. 소를 사육하는 데는 몇몇 조건이 필요했기 때문입니다. 우선 소는 매우 비쌌습니다. 고려 성종 시대의 예를 보면 소 한 마리의 가격이 노비 두 명의 가격과 비슷했다고 합니다. 그리고 한 해에 5인 가족의 1년치 식량(20석)에 달하는 소의 사료를 감당할 수 있어야 했습니다.[15] 소가 이용할 철제 농기구도 있어야 했는데, 이 또한

- 소의 경우 나이 들어 죽은 유체들이 발굴된다. 어릴 때 잡아 음식으로 활용하지 않고 늙어 죽을 때까지 노동력으로 활용했을 것이라는 추정이 가능하다. 김동일, 〈청동기시대 동북아시아의 생업경제(상) — 한반도와 요령·길림지역을 중심으로〉,《고고광장》31, 2022, 67쪽.
- ▲ 신라가 통일 후에 설치한 오소경 중 하나로 지금의 청주를 의미한다.

적은 부담은 아니었습니다. 그런데도 소를 기르려 했던 것은 그만큼 소가 도움이 되었기 때문이겠지요.

농사에서 소의 의미

농사를 위해 꼭 필요했던 소는 과거의 사람들에게 중요하다 못해 신성한 존재로 여겨지기도 했습니다. 그림을 한번 살펴볼까요?

머리는 소, 몸은 사람으로 묘사되어 있습니다. 그런데 손에 들고 있는 것은 무엇일까요? 네, 바로 벼입니다. 학자들은 이 고구려 고분벽화의 주인공을 '신농'이라고 해석합니다. 농사를 관장하는 신이면서 한족(漢族)에게 농사짓는 법을 알려 주었다고 여긴 신농이 소로 묘사된 것입니다. 고구려 역시 신농에게 풍년을 기원하는 제사를 지냈습니다. 소가 농사에서 얼마나 중요한 존재였는지 짐작할 수 있겠지요? 소가 농사를 좌우한다는 믿음은 풍속으로 이어져 소를 이용해 점을 치거나 풍년을 기원했습니다.[*] 마을마다 펼쳤던 소놀이굿과 소싸움은 일상적 놀이를 넘어 풍요를 기원하는 농경의

---

[*] 정월 초하루(1월 1일) 새벽에 소가 울면 풍년이 든다고 믿거나 정월대보름에 찰오곡밥, 나물 등을 소에게 내밀어 점을 치기도 했다. 소가 밥을 먼저 먹으면 풍년, 나물을 먼저 먹으면 흉년이라고 보는 방식이다. 입춘과 설날 전후로 농사의 시작을 알리고 농사를 권하는 의식에서도 소의 의미는 중요했다. 고려 시대에 농사 시기를 놓치지 않도록 입춘 전날에 흙으로 빚은 소를 길거리에 세워 두거나(《고려사》 성종 7) 조선에서는 길 위에 목우(나무로 만든 소 인형)로 밭을 갈고 씨를 뿌려 점을 치고 풍년을 기원하는 풍습이 있었다. 유희춘, 《미암집》; 이장웅, 〈문헌에 나타난 한국 고대 동물 관념과 의례〉, 《한국고고학전국대회 발표집》, 2017에서 재인용.

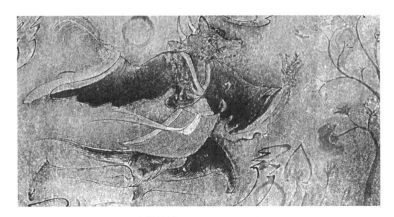

농업의 신(고구려 고분 5회분 5호묘)

례였습니다.

소는 일반적으로 사람 대여섯 명의 힘을 낸다고 합니다.[16] 그만큼 소는 일손을 덜어 주었습니다. 소는 어떤 일을 했을까요? 앞의 벽화 속 소를 자세히 봐 주세요. 코에 고리가 꿰어 있는 것이 보이나요? 코뚜레라는 고리입니다. 왜 코뚜레를 걸었을까요?

다음의 두 이미지를 비교해 보세요. 왼쪽은 청동기 시대에 제작된 것으로 추정되는 농경무늬 청동기입니다. 사람들이 밭에서 농사를 짓고 있는 모습이 보이지요? '따비'라는 농기구를 이용해 이랑을 만들고 있는 것 같습니다. 오른쪽의 조선 후기 작품에는 두 마리의 소가 어깨에 멍에를 메고 있고 그 뒤에 사람이 한 손에는 쟁기를, 한 손에는 채찍을 들고 있습니다. 소를 이용해 농사를 짓는 일을 '우경'이라고 합니다. 문헌 사료 중 우경에 관한 가장 오래된 기록은 신라 지증왕이 502년에 우경을 장려하는 명령입니다.

〈왼쪽〉 농경무늬 청동기(출처: 국립중앙박물관)
〈오른쪽〉 김홍도, 〈논갈이〉, 《단원 풍속도첩》(출처: 국립중앙박물관)

하지만 4세기경에 제작된 것으로 보이는 고구려 유적에서 사람이 끌기 어려울 만큼 크고 무거운 보습이 출토되는 등 한반도에서는 지증왕 이전에 소를 농사에 이용했을 것으로 추정합니다.[17] 다만 유물이 주로 국가적 장소에서 출토되는 만큼 삼국 시대까지는 국가나 귀족 등 일부 세력을 중심으로 우경이 실시되었다고 보는 것이 좋을 듯합니다.[18]

소가 농사를 도우면 무엇이 이로웠을까요? 소의 가장 중요한 역할은 농사를 위해 논밭을 가는 것이었습니다. 경전이라고 부르는 이 작업은 농사를 새로 시작하기 전에 잡초와 돌을 제거해 흙을 고르게 하고 겨우내 굳은 겉흙을 부드러운 속흙과 뒤섞어 영양분이 골고루 섞이게 하는 것입니다. 그래야 씨앗이 싹을 틔우고 뿌리를 잘 내릴 수 있으니까요. 《농사직설》에 따르면 경전은 씨를 뿌리기 전에 두 번 정도 해 주어야 했습니다.[19] 굳은 땅을 갈아엎는 일은 많은 힘이 들기에 소의 힘이 큰 짐을 덜어 줄 수 있었던 것이지요. 땅을 가는 속도도 빨라져 적은 인원으로 빠른 시간에 일을 끝낼 수 있었습니다.

소가 땅을 깊게 갈면서 생기는 장점도 매우 컸습니다. 잡초와 병충해를 효과적으로 제거하고 영양분 공급이 원활해지면서 지력이 다해 농사를 쉬어야만 하는 기간이 줄어든 것입니다. 우경 이전 3년이었던 휴경 기간이 우경 이후 고대에는 1년에서 2년, 고려에는 1년으로 줄었고, 조선에 이르러서는 해마다 농사를 지을 수 있게 되었습니다. 덕분에 농업생산량이 크게 늘어나고 인구도 증가할 수 있었지요.

소는 비료 측면에서도 한몫했습니다. 소의 분뇨는 물론이고 소의 분뇨와 재, 초목을 섞어 효과적인 비료로 만드는 데 소의 발길이 필요했습니다.* 또 지금과 같은 운송 수단이 없던 시절 짐을 나르거나 사람이 타고 다니기도 했습니다. 그런데 설화를 보면 소의 노동이 매우 고되었음을 알 수 있습니다. 소는 근면한 노동과 부유함을 상징하지만, 소의 일이 얼마나 힘들면 '소가 된 게으름뱅이'[20]나 '소가 된 사람의 복수'[21] 등의 이야기에서 게으르거나 못된 사람을 '소'로 만드는 벌을 주고 있지요.

---

* 《농사직설》에 따르면 소와 말의 외양간에 초목을 넣어 주고 소와 말이 잘 밟으면서 분뇨와 섞이게 해 비료를 만들어 사용했다. 염정섭, 《조선 시대 농민들의 농사짓기》, 세창출판사, 2023, 70~71쪽.

소는 생계를 위해 매우 중요했고 당연히 아주 비싼 재산이었습니다. 고구려에서 소를 죽인 사람은 노비로 삼았는데, 소가 재산이었기 때문에 손실을 보상하는 것입니다. 부여는 전쟁 후 부인의 시신을 가져가려고 할 때 소를 바치도록 했고 동예는 부락을 침범했을 때 소와 말로 배상하도록 했는데 이를 '책화'라고 합니다. 소는 재산을 상징해서 소가 병들거나 송아지가 죽는 경우 그 집과 혼인 관계를 맺지 않으려 했습니다. 풍수지리에서는 소가 편안하게 누운 모양이나 소의 배 속과 같은 모양의 땅을 명당으로 여겼습니다.

소는 가족이라는 의미로 '생구'라 불렀습니다. 지금도 반려동물이 많지만 생계에 필수적인 소는 또 다른 의미였습니다. 새해 첫 소의 날(축일)은 소의 생일로 여겨 소를 잘 먹이고 소에게 부정이 탈 만한 행동은 하지 않았고* 이날만큼은 쇠고기도 먹지 않았습니다. 송아지가 태어나면 아들이 태어났을 때처럼 금줄을 걸고 소의 무병장수를 비는 소놀이굿이 유행했습니다.

소의 건강을 기원하는 풍습도 다양했습니다. '소삼신'이라 부르는 돌을 정월(1월)에 외양간에 걸어 두는데, 돌구멍에 끈을 꿰는 것은 소의 짝짓기를 의미해 새끼를 잘 낳으라는 뜻입니다. 소삼신은

---

* 소의 생일에 쟁기를 만지면 농사 때 쟁기나 보습이 부러진다고 여겨 쟁기를 만지지 않거나 식량을 집 밖으로 옮기면 소가 죽거나 힘이 빠진다고 생각해 옮기지 않았다. 정연학, 〈농경사회에서 소가 지닌 상징성〉,《심우, 소를 찾아서》, 국립민속박물관, 2021.

엽전을 꿴 모습과 같아서 재산이 늘어나기를 기원하는 의미도 담겨 있습니다.

소는 다양한 문화와 풍습을 남겼는데, 그 중 '겨리사촌'이 인상적입니다. 한반도의 우경은 김홍도의 그림처럼 보통 소 두 마리에 하나의 멍에를 걸고 쟁기질을 했던 것으로 보입니다. 이런 경작 형태를 쌍멍에, 또는 '쌍겨리'라고 부르는데요. 고구려의 척박하고 비탈진 산지의 밭을 갈려면 크고 무거운 보습을 끌 수 있는 소 두 마리의 힘이 필요했습니다. 이후 고려와 조선에서도 쌍멍에

소삼신(출처:국립민속박물관)

가 일반적인 방식이었습니다.[▲] 그런데 겨리는 안소와 마라소의 역할이 서로 다릅니다. 안소가 쟁기를 이끌며 힘을 많이 쓰는 데 비해 마라소는 힘이 적게 드는데요. 자기의 위치에 적응하면 자리를 바꾸기 쉽지 않습니다. 소를 가진 농가가 많지 않았던데다 소의 크기와 힘, 성격 등이 맞아야 했기 때문에 겨리를 맺는 것은 까다로운 일이었습니다.[22] 따라서 한 번 겨리로 결합되면 주인들은 농사를 함께 짓는 것은 물론이고 가족과 같은 사이가 되어 일상생활과

[▲] 소 한 마리로 경작하는 방식은 조선 후기 이후 남쪽 지방 일부에서 시작되었다. 토지의 상태와 경작 방법에 따라 달라진 것으로 해석하고 있다. 주강현, 〈조선후기 우이경과 농민생활풍습―1우경과 2우경을 중심으로〉,《한국전통과학기술학회지》3, 1996, 149쪽.

집안의 대소사를 함께했습니다. 이런 관계를 '겨리사촌'이라고 부릅니다. 가족인 소가 또 다른 가족을 만들어 준 셈이지요.

농사와 고기의 딜레마

조선은 초기부터 개간을 장려하면서 소를 보급하고 보호하기 위해 다양한 노력을 펼쳤습니다. 야생 물소는 조선 소보다 힘이 두 배는 셌지만 털이 짧아 추위에 약하고 수명이 짧았습니다. 조선에 없던 물소를 세조 대에 오키나와에서 들여오는 데 성공했고 민간에 보급해 교배하면서 조선 소는 힘은 세지고 수명이 길어져 보통 10년에서 15년을 살았습니다.[23] 조선은 소를 보급하기 위해 전국에 목장을 설치하고, 지방마다 소를 기르게 한 후 손실이 나면 처벌하고 보상하도록 하는 규정도 만들었습니다. 소를 관청에 등록해 개인이 함부로 사고팔지 못하게 제한했습니다. 의학서를 편찬해 소의 질병을 관리하고 재해 때 소의 사료를 공급해 농사에 차질이 없도록 했습니다.[24] 그 결과 조선 시대 소의 개체 수는 크게 늘어 세종 때 3만여 마리였던 것이 조선 후기에는 100만 마리가 넘은 것으로 추정하기도 합니다.[25]

농사를 위해 정부는 소를 보호하려 했지만 쉽지 않았습니다. 소는 농사를 위한 노동력인 동시에 단백질을 공급해 주는 맛있는 고기이기도 했기 때문입니다. 이미 마한에서도 쇠고기를 먹었다는 기록이 존재하고 삼국 시대 이전에도 쇠고기를 먹었지만 소는 흔하지 않았기 때문에 마음껏 먹을 수 없었습니다. 마을 제사에서 소

성협, 〈고기 굽기〉(출처: 국립중앙박물관)

를 잡았을 때 의례 후에 나누어 먹는 정도였습니다. 고구려 귀족의
묘비에 쇠고기를 먹었다는 내용을 적은 것을 보면 그 시절에도 쇠
고기 섭취는 귀족의 경제력과 지위를 의미하는 일이었다고 해석할
수 있습니다. 고려 시대에는 살생을 금하는 불교의 영향으로 육식
이 흔하지 않다가 유목민인 몽골의 영향으로 육식 금지가 약해집
니다. 조선이 건국되면서 불교의 영향력은 줄어들었지만 조선 정
부는 농사에 쓰일 소를 함부로 잡아먹지 못하도록 했습니다.

　하지만 조선 후기에 소의 개체 수가 늘어나고 농업생산력 향
상으로 상공업과 시장이 발달하면서 쇠고기에 대한 수요와 판매
가 급증했습니다. 본래 조선에서 쇠고기의 도축, 판매는 불법이었
습니다. 일부 비공식적으로 허가된 사람들은 조선의 최고 교육기

관이었던 성균관의 노비였습니다. 성균관 학생들을 위해 쇠고기를 가공하고 나머지를 팔아 생계를 유지할 수 있도록 허락했던 것이지요.[26] 그런데 시간이 지나면서 쇠고기를 먹고 싶어 하는 사람들이 많아지자 소를 훔치거나 허가 없이 도축, 판매하는 사람들이 늘어났습니다. 정부에서는 '우금(牛禁)'이라 하여 소를 함부로 죽이거나 판매하고 먹는 행위를 처벌하는 법령을 강력하게 시행했습니다.[27] 하지만 쇠고기 수요는 점차 늘어나 하루에 도살되는 소가 500마리에서 1,000마리였습니다. 정부의 금지가 큰 소용이 없었던 것이지요. 앞의 그림처럼 쇠고기를 먹는 주요 계층이 양반이나 권력가였던 점도 하나의 요인이었을 것입니다. 한편으로는 매일 많은 소를 도축할 정도로 소의 개체 수가 많았고 그 소를 먹일 만큼 농업생산력이 뒷받침되었다고 해석할 수 있습니다.

소와의 동거를 위해 감수할 것

소의 증가는 농업생산력 향상에 큰 도움이 되었지만 다른 문제도 가져왔습니다. 홍역과 천연두처럼 소를 매개로 하는 전염병이 증가했던 것입니다. 소는 홍역과 천연두에 걸리지 않거나 크게 앓지 않았습니다. 반면 사람에게 홍역은 일생에 한 번은 걸리는 흔한 질병이었습니다. 처음에는 크게 위험하지 않았지만 17세기 후반에는 치사율이 매우 높아졌습니다. 천연두 역시 성인의 치사율은 약 30퍼센트, 어린아이는 50퍼센트에서 60퍼센트일 만큼 위험했고 살아남더라도 시력을 잃는 등 장애를 얻는 경우도 있었습니다. 그래서 개인뿐 아니라 국가도 홍역과 천연두의 예방과 구분법, 치료법 등을 연구해 보급하고 질병을 극복하고자 했습니다.[28]

조선 후기에는 소의 전염병인 우역도 크게 늘었습니다. 16세기 초 우역이 발생했지만 피해가 심하지는 않았습니다. 반면 병자호란 이후 청나라에서 우역이 들어와 소가 거의 다 죽으면서 정부는 지역의 농사를 걱정했습니다.[29] 17세기 이후 이런 전염병이 확산된 것은 조선 후기 인구와 소의 사육 증가가 원인이었을 수 있습니다. 또 병자호란이 일어나면서 변이된 우역균이 유입되고 만주의 여진족과 동물들의 이동, 조선 내 피란민의 이동 등으로 전염병이 확산된 것도 영향을 미쳤다고 볼 수 있습니다. 우역은 소의 개체 수 감소와 그로 인한 농업 침체, 식량 감소로 이어졌습니다. 사람의 영양 상태 악화, 다른 가축과 사람의 우역 감염과 인구 감소 역시 잇달았습니다. 이에 정부는《우마양저염역병치료방》같은 책으로 치료법을 보급하고 우역의 발생 주기를 늦추는 한편, 소를 지역에 나누어 주며 소의 개체 수 회복에 힘썼습니다. 소의 안위는 사람들의 삶과 직접적인 연관이 있었기 때문입니다.

소의 자리가 있는 한국사 수업 상상하기

'혁명'의 진짜 주인공

인류의 농경과 가축 사육에 대해 자연을 통제함으로써 굶주림에서 벗어나고 인간 사회가 발전하는 배경이 되었다고 의미를 부여합니다. 수렵과 채집에서 농업 중심 경제로의 전환이 진보인지는 나중으로 미루어 두고 농업의 성공과 식량생산량의 증가가 인간만의 공로인지는 한 번쯤 다시 생각해 볼 만한 주제입니다. 물론 소를 길들이고, 적합한 농기구를 개량하고, 농사를 위한 시기를 알아내는 등 인간의 기술적 발전은 부인할 수 없는 사실입니다. 다만 소의 힘이 없었다면 인간의 힘만으로 농업생산량을 증가시키는 데는 많은 한계가 있었을 것입니다. 지금 기계가 하는 일을 과거에는 소가 그 역할을 하면서 식량 증산과 영양 상태 개선, 사회의 부유함 등 인류의 생활 여건을 개선하고 문화적 발전을 일구는 바탕을 만들었다고 할 수 있습니다.

앞에서 제시한 그림과 사료를 통해 사람이 소를 가축화하고 농업에 사용한 이유와 효과를 살펴봄으로써 농업에서 소의 중요성을 가늠해 볼 수 있습니다. 더불어 소와 연관된 속담, 풍속 등을 통해 소와 사람이 함께 살아갔던 과거의 삶을 이해하고 역사 속 동물들의 자리를 찾아 줄 수 있습니다. 한편, 가축화된 소의 입장에서 가축화와 우경, 농업의 '발전'에 대해 생각해 볼 수 있습니다. 또 현재의 역사 서술에서 동물과 자연의 이야기가 누락된 점을 짚고 역사 서술 변화의 필요성과 가능성에 대해 이야기할 수 있습니다.

조선의 팬데믹

우리는 2020년부터 코로나19 팬데믹을 겪었습니다. 조선의 홍역, 천연두, 우역 등은 조선의 팬데믹이었다고 할 수 있을 것입니다.

코로나19가 일상생활을 멈추게 하고, 인명 피해와 경제적 타격을 주었던 것처럼 홍역, 천연두, 우역은 조선에 큰 피해를 입혔습니다. 더 많은 농업생산을 위해 소의 보급을 늘리자 예상치 못한 전염병과 피해가 찾아왔던 것이지요. 사람이 동물의 서식지를 파괴하면서 코로나19와 같은 인수공통감염병이 확산하는 것처럼요. 우역의 발생 빈도 및 치명률 상승과 조선 후기 정치적·경제적·사회적 변화의 인과관계는 인간과 생태환경의 상호작용을 이해하는 좋은 계기가 될 것입니다. 또 역사적 인과관계의 복잡성과 다양성을 파악하기에 도움을 주는 사례입니다.

근본적으로 소를 민간에 보급해서는 안 되었다거나 전염병에 걸리지 않기 위해 농업생산 증대와 우경을 포기했어야 했다고 비판하는 것은 적절하지 않을 수 있습니다. 다만 인간이 자연과 동식물의 생태계를 대하는 태도, 전염병 유행 시 질병과 국민에 대한 대응 등을 돌아보는 것은 우리에게 시사하는 바가 있을 것입니다.

미각의 유혹, 고기와 동물권

급식 메뉴에 고기가 없는 날 식사를 하는 학생 수가 급격히 줄어드는 것은 우리 학교만의 일은 아닐 것입니다. 동물의 고기는 예로부터 인류의 중요한 단백질 공급원이었습니다. 그중 소는 활용도가 높은 반면, 매우 비싸고 보급률이 낮았기 때문에 쉽게 먹을 수 없었습니다. 앞서 살펴본 것처럼 고려와 조선의 경우 정부에서 직접 관리까지 했지요. 하지만 〈고기 굽기〉와 같은 그림, 요리법에 대한 기록 등에서 쇠고기를 먹는 풍습이 형성되고 소비 계층이 확산된 과정을 확인할 수 있습니다. 특히 조선 후기 쇠고기 수요 증가와 정부의 우금 정책 사이에 갈등이 관찰됩니다. 쇠고기 수요 계층 입장에서 고기에 대한 욕구와 농우의 중요성 사이에서 생기는 딜레마를 상상해 볼 수 있습니다. 또 우금 정책이 실패한 원인을 사회 변화와 연결해 되짚어 볼 수도 있습니다.

쇠고기의 딜레마는 지금 우리에게도 메시지를 던집니다. 살아 있는 소를 보는 일이 드물지만 동물의 고기는 훨씬 자주 우리의 밥상에 오르니까요. OECD의 조사에 따르면 2023년도 한국인의 1인당 고기 소비량은 약 64킬로그램이고, 그중 12킬로그램 정도가 쇠고기라고 합니다.[30] 2023년 한국에서 도축된 소는 94만 마리가 넘습니다.[31] 오직 고기가 되기 위해 태어나고 죽는 공장식 축산업의 현실과 함께 동물권의 논의를 소개하는 것도 의미가 있을 것입니다.[32] 더불어 소의 트림과 방귀에서 나오는 온실가스가 기후위기의 주범으로 지목된 적이 있습니다. 축산업이 기후위기에서 차지하는 비중이 크다는 연구도 많지만[33] 그 책임이 소에게 있는지는 따져 보아야 할 문제입니다.

과거 소의 자리, 지금 우리와 자연의 이야기

그림을 통해 본 소는 사람과 함께 살아왔습니다. 인류는 소에게 큰 빚을 졌다고 할 수 있습니다. 식량생산을 위한 노동력과 운송 수단

뿐 아니라 고기, 뼈와 가죽, 기름을 내준 소는 사람들의 생활에도 다양한 상징과 문화를 남겼습니다.

소가 하던 일은 이제 농기계와 자동차가 대신하고 있습니다. 인간이 자연에서 독립해 살 수 있을 만큼 발전한 것처럼 보이기도 합니다. 하지만 우리가 깨닫지 못할 뿐 많은 사람이 오늘도 소와 돼지, 닭과 같은 고기와 함께 논밭에서 생산된 쌀로 지은 밥을 먹었을 것입니다. 우리의 삶은 여전히 자연과 동물에 의존하고 있습니다.

동물에 대한 연구는 1970년대 '소외된 이들'에 대한 사회사 연구의 일환으로 시작되었지만 최근에는 동물과 인간의 관계를 넘어 감정 교류에 대한 연구까지 나아가고 있습니다.[34] 역사를 만드는 데 적잖은 몫을 한 소와 동물들에게도 역사의 주인공으로서 자리를 내줄 수 있을까요? 더불어 지금 동물, 자연과 우리의 관계를 돌아보고 글과 그림으로 기록해 보는 기회가 되었으면 합니다. 마지막으로 한 역사학자의 말을 소개합니다.

"우리는 역사를 만드는 과정에 참여한 비인간 존재와 주체성을 인정할 수 있습니다."[35]

2. 설화를 활용한
생태환경사 수업

설화로 역사 수업을 해 볼 수 있을까?

《이상한 나라의 앨리스》에는 모자 장수가 등장합니다. 별난 행동 때문에 종종 매드 해터(Mad Hatter)라고 불리는 이 캐릭터를 생각하면 거대한 모자를 쓴 배우 조니 뎁의 인상적인 연기가 떠오르는 분도 많을 텐데요. 실은 이 매드 해터가 수은 중독의 희생자였다는 이야기가 있습니다.

작가 루이스 캐럴이 책을 출간했던 1860년대 유럽에서는 '톱햇'이라는 모자가 크게 유행했습니다. 펠트가 모자의 원료로 쓰였는데요. 양모를 가공하는 과정에서 수은을 사용했고 그 때문에 모자 장인 중에는 수은 중독 환자가 많았다고 합니다. 수은 중독 환자들은 시야 협착, 운동 실조, 지각 장애 등 다양한 증상을 보입니다. 심한 몸 떨림, 불안정한 자세와 신경증 등은 이야기 속 모자장수의 모습과도 겹칩니다. 지금도 수은 중독으로 인한 증상을 매드해터증후군이라 부르기도 합니다.[36] 저자가 의식적으로 이런 배경을 담은 것인지는 알 수 없으나 이처럼 당대인들의 삶에 주요한 영향을 미쳤던 환경 문제가 이야기에 녹아 있는 경우가 적지 않습니다.

　여기서 아이디어를 얻어 우리 옛이야기인 설화를 살펴보려 합니다. 혹시 설화를 통해 그때의 자연을 그려 볼 수 있지 않을까, 옛사람들이 자연과 만나던 방식을 더듬어 볼 수 있지 않을까 하는 기대를 품고 말입니다. 이미 국문학과 민속학 등의 영역에서는 설화를 통해 과거의 자연관과 생태적 인식에 다가가고자 하는 연구를 시도하고 있습니다.[37] 그럼에도 불구하고 역사 수업에서 설화 활용을 제안하자니 이런 고민이 따라옵니다. '도대체 설화란 무엇일까?', '설화의 사료적 가치는 무엇이며, 생태환경사 수업에서 설화를 활용하면 어떤 효용이 있을까?' 일단 설화가 무엇인지부터 하나하나 짚어 보려 합니다.

　설화는 '옛날이야기'로 입에서 입으로 전해 내려온 구비문학의 일종입니다. 문학에서는 설화를 보통 신화, 전설, 민담으로 구분합니다. 단군 신화를 떠올리면 알 수 있듯 신화는 전승하는 사람이 진실하고 신성하다고 여기는 이야기로 신화의 주인공은 탁월한 능력을 보유한 인물이며 대체로 민족이라는 범위에서 통용됩니다. 한편, 전설은 전승자가 신성하다고까지는 생각하지 않지만 진실하다 믿고 실제로 있었다고 주장하는 이야기로 '울산바위 전설'처럼 구체적인 장소와 특정한 증거물을 제시하는 것이 특징입니다. 이와 달리 민담은 흥미를 주기 위해 전하는 이야기입니다. '해와 달이 된 오누이'나 '은혜 갚은 두꺼비'와 같이 특정한 시공간을 뚜렷하게 제시하지 않으며, 심지어 비슷한 이야기가 세계적으로 널리 분포하기도 합니다.

그렇다면 한국사 수업 시간에도 종종 다루는 을불, 선씨녀와 가실, 효녀 지은 이야기는 어떻게 분류해야 할까요? 이 이야기들은 앞의 분류와는 조금 차이가 있지만, 인물의 일화나 사건을 다루고 있으며 민간에서 전해지던 것을 김부식과 일연이 기록으로 남겼다는 점에서 문헌설화의 성격을 띠고 있다고 봅니다. 이 글에서는 《삼국사기》나 《삼국유사》 등에 실린 이야기를 포함해 '여러 사람을 통해 전해져 내려온 옛이야기'라는 보다 포괄적인 개념으로 설화를 다루고 그 갈래 역시 특정하지 않고 사용하고자 합니다.

역사 수업에서 설화를 활용할 때 효용성과 유의점

기존의 역사 교육에서는 주로 단군 신화나 주몽, 박혁거세 등의 건국 신화를 중심으로 설화를 다루어 왔습니다. 일연의 《삼국유사》와 사마천의 《사기열전》은 고대 설화집이라 해도 지나치지 않을 정도로 많은 설화를 수록하고 있습니다. 그럼에도 불구하고 막상 역사 수업에서 설화를 적극적으로 활용하려 하면 기대보다는 우려가 앞섭니다. 왜일까요?

설화가 기본적으로 일정한 구조로 '구성된' 이야기이기 때문일 것입니다. 게다가 오랜 기간 전승되면서 수정과 편집을 거쳐 시대를 특정하기 어려운 경우도 많습니다. 출처가 분명한 문헌 사료를 택해 엄정하게 살피는 것을 중요하게 여기는 역사 교사들에게 굳이 전승과정에서 끊임없이 변모해 온 설화를 수업 자료로 제안하면 낯설고 거부감이 들 수도 있으리라 짐작합니다. 그렇다면 과연 설화의 사료적 가치는 무엇일까요?

설화의 여러 특성 중 특히 '민중성'과 '전승성'이 역사와 연결됩니다. 먼저 민중성이란 설화의 전승 주체가 다수의 피지배층인 민중이라는 의미로, 대다수의 문헌 사료에 지배층의 시각이 담겨 있는 것과 대조적으로 설화에는 피지배층의 역사 인식이 주로 반영되어 있습니다. 예를 들어 임진왜란 때 명나라 군을 이끈 이여송에 대해 조선 정부와 지배층은 그 공헌을 받드는 기록을 주로 남겼다면, 민중은 설화를 통해 이여송과 명나라 군의 횡포를 집중적으로 이야기했습니다.

일찍이 '신데렐라'나 '장화 신은 고양이'와 같은 민담에 주목해 18세기 프랑스 농민들의 삶과 세계관을 읽어 내려 했던 역사가 로버트 단턴은 그의 역작 《고양이 대학살》에서 이런 생각을 밝힌 바 있습니다. "그 이야기들은 농민들이 수 세기에 걸쳐 놀랄 정도로 손실 없이 축적해 온 대중문화의 일부였다. ······ 다른 역사적 문서처럼 시대와 장소를 특정할 수 없다는 이유로 민담을 거부한다면 구체제 농민들의 정신세계로 진입할 수 있는 몇 안 되는 입구에 등을 돌리는 것이다."[38] 로버트 단턴의 말과 같이 이야기가 내포한 민중성 덕분에 역사 수업에서 설화를 활용하면 학생들의 시야를 자연스레 확장할 수 있다는 장점이 있습니다.

설화는 전승성이라는 특성 때문에 전승자와 청자 각각의 관점과 맥락에서 전달되는 동안 조금씩 변화하기도 합니다. 그래서 설화를 사료로 다룰 때는 기록자의 의도가 담긴 텍스트임을 더욱 명확히 인식하게 됩니다. 학생들도 설화 텍스트를 통해 '실제 일어난 사실은 무엇이고 허구는 무엇인지', '어떤 배경에서 발생했는지'와 같은 비판적 읽기의 과정을 선명하게 경험할 수 있습니다.[39]

앞에서 설화가 전승과정에서 끊임없이 변모해 온, 구성된 이야기라는 점을 언급했습니다. 이런 특징 때문에 역사 수업에서 설화를 활용할 때는 각별히 유의할 필요가 있습니다. 설화의 특성에서 비롯되는 유의점을 어떻게 극복할 수 있을까요?

먼저 수업을 시작하기에 앞서 역사 이해의 도구로써 어떤 점을 살펴야 하는지 학생들과 공유하기를 권합니다. 설화는 구성된 텍스트이며 전승과정에서 변모하기도 한다는 것, 그렇기에 당시 시대 상황과 견주어 각별히 세심하게, 비판적으로 읽을 필요가 있는 텍스트임을 인식하도록 하는 것입니다. 동시에 설화를 활용하면 역사를 풍부하게 복원할 수 있으므로 가치 있는 작업이라는 사실도 함께 짚어 주어야 합니다. 기존의 공식적인 문헌 사료로는 미처 담지 못한, 혹은 배제된 이야기가 생생하게 드러나는 텍스트임을 설명하면서 설화를 통한 역사 학습의 의미를 나누는 것이지요.

설화를 읽는 과정에서도 교사는 구체적인 발문을 통해 설화의 한계를 가감 없이 드러내야 합니다. 더불어 설화가 전승된 상황적·사회적 맥락을 제시하고 이를 파악하도록 돕는 발문으로 학생들이 설화의 전승 의도를 입체적으로 이해하도록 할 수 있습니다. "사람들이 입에서 입으로 전해 해당 이야기를 만들어 냈다고 했을 때 어떤 의도가 있었을까?"와 같은 질문으로 전승을 둘러싼 시대적 맥락을 상상하게끔 하는 것입니다.[40] 이런 과정을 거치며 읽기를 수행하면 학생들이 설화를 사료로서 읽어 낼 수 있습니다. 이야기 속에서 실제와 허구를 구분하고, 내용이 발생한 역사적 배경을 확인하며 비판적 사료 읽기의 과정을 경험하도록 이끄는 것입니다.[41]

생태환경사 수업에서 설화를 활용하려는 이유

앞서 살펴보았듯이 설화는 사료로서의 특별한 강점과 함께 활용하기를 주저하게 하는 한계도 분명히 포함하고 있습니다. 그런데도 왜 생태환경사 수업에서 설화'까지' 다루려 하는지를 보다 구체적으로 짚어 보려 합니다.

생태환경사 연구에서는 인간과 자연의 상호작용을 중시하며 인간을 생태환경의 한 요소로 객관화해 볼 것을 주문합니다. '생태계의 일원으로 살아가는 인간'이라는 맥락에서 역사를 접하는 기회의 제공은 생태환경사 수업에서 상당한 의미가 있습니다. 그런데 지배층이 남긴 문헌 사료를 바탕으로 형성된 서사는 종종 왕조, 국가 중심인데다 제도 일색인 면이 있습니다. 이런 서사에서는 생태계의 일원으로 존재하는 인간을 만나기가 무척 어렵습니다. 문헌 사료에는 분명 공백이 존재하며 여기에 담기지 않은, 혹은 배제된 이야기가 무수합니다.

그래서 문헌 사료를 바탕으로 구성한 서사가 배제한 이야기에 주목하게 됩니다. 피지배층, 여성, 자연, 동물의 이야기가 그것입니다. 역사 수업 시간에 동물과 자연이라니, 생경하지요? 동물과 숲의 역사가 곧 역사 속 생태·자연 문제고, 당대 사람들의 동물 인식에 대한 탐구가 곧 역사 속의 생태·자연 인식일 수 있기에 생태환경사 수업에서는 이를 다룰 수밖에 없습니다.

물론 기존에 중점적으로 활용해 온 문헌 사료에도 글쓴이의 자연관이나 생태 인식이 드러나는 부분이 있습니다. 예를 들어 맹자는 한때 아름답던 산의 나무들이 도끼에 희생된 것을 슬프게 생각하면서 "자연의 힘으로 나무들이 부활할 수 있으련만 가축과 염소들이 달려들어 어린 싹들을 먹어 치운다. 그래서 산은 민둥산으로 남고 사람들은 언제 아름다운 나무들이 있었는지 알지 못한다. 하지만 그것이 산의 본성일까?"라고 했는데요.[42] 분명 맹자는 지속가능성에 의문을 표했고 그 자체로 상당한 의미가 있습니다. 그러나 맹자라는 지식인의 자연 인식을 당시 사람들 사이에 폭넓게 공유된 자연관이라고 해석할 수 있을까요? 설령 지배층 사이에 통용되는 인식이었다고 본다 해도, 그렇다면 중국의 숲은 어째서 보호되지 않고 계속해서 경지로 변모하며 파괴되어 갔을까요? 여기서 우리는 지배층 혹은 소수 지식인의 자연관을 곧 당시의 보편적인 생태 인식이라 볼 수 없고 그런 인식이 실제 환경 행동으로 이어졌다고 판단하기 어렵다는 사실을 발견할 수 있습니다.

그렇다면 옛사람들이 자연, 동물, 숲, 나아가 생태계를 어떻게 인식하고 대해 왔는지를 도대체 어디서 찾아볼 수 있을까요? 수많은 백성의 입에 오르내려 온 설화에 담겨 있지는 않을까요? 설화는 구전되면서 상당 부분 이야기가 덧붙고 재구성됩니다. 이 과정에서 자연스럽게 민중들의 사고가 반영됩니다. 설화는 통시적 전승력과 공시적 확산력 덕분에 공유의 폭이 넓을 뿐 아니라 깊은 공감대를 형성하고 있으므로[43] 이를 분석하면 옛사람들 사이에 널리 퍼졌던, 다시 말해 보다 보편적이었던 자연관과 생태 인식을 살펴볼 수 있지 않을까 하고 생각해 보는 것입니다.

설화는 과거의 개별 인간 행위는 물론 자연과 세계를 가리지 않고 넘나들며 이야기합니다. 기존 역사 서술의 의도적 공백에 관심을 두고 살피면 민중의 세계관과 자연관이 녹아 있는 설화의 가치를 다시 보게 됩니다. 앞서 국문학과 민속학 분야를 중심으로 설화를 통해 과거 사람들의 자연관과 생태 인식을 읽어 내려는 연구들이 있음을 언급했는데, 그중 몇 가지를 소개하겠습니다.

생태계를 비롯한 우주 전체를 생명으로 보는 심층 생태주의의 총체론적 생명관과 '개벽 신화'를 연결짓기도 하고, '해와 달이 된 오누이'를 인간 생명과 우주 생명을 동일시하는 인식의 반영으로 보기도 하며, '정2품송 전설'을 인간과 대등한 수준의 인격성을 갖춘 자연에 대한 인정으로 분석하기도 합니다. '호랑이 덕에 장가간 총각', '고양이의 복수' 등의 설화에 등장하는 인간과 동물의 관계를 생명적 평등의 관계, 공생적 관계, 상호 의존적 관계 등으로 유형화하기도 합니다.[44] 여기에 모두 동의하거나 이를 곧장 역사 수업으로 연결짓지 않더라도 설화를 새롭게 분석하는 시각을 파악하는 데 참조할 수 있습니다.

또 하나, 백성들이 일상에서 생태환경과 어떻게 조우해 왔는지가 드러나는 생활사의 중요성에 주목하게 됩니다. 설화는 구체적인 삶의 모습을 담고 있는 경우가 많아 훌륭한 생활사 자료가 될 수도 있습니다. 설화를 검토하는 과정에서 자연스럽게 당시 생활상과 민중의 생태 인식도 그려 볼 수 있는 것이지요. 이로써 생태환경적 전근대사 수업에서 설화의 고유한 효과와 가치를 살펴보았습니다.

이제 '굳이 설화까지?'라는 의구심은 잠시 접어 두고 '가능하다면 설화까지도' 다루어 보려 합니다. 여전히 막막함을 느끼거나 망설일 분들을 위해서는 다음 질문의 답을 함께 고민해 보겠습니다. 도대체 어떤 설화를 골라서, 수업의 맥락 속에 어떻게 배치하고, 어떤 질문을 던져야 할까요? 그리고 이 과정을 통해 학생들에게 어떤 배움이 일어나기를 희망하는 것일까요?

설화 속 생태 요소 분석하기

다들 '봉이 김선달' 설화를 들어 보았지요? 봉이 김선달이 실존 인물인지는 불분명하지만 이 설화는 18세기 후반부터 평안도를 중심으로 전국에 퍼졌다고 합니다. '선달'은 문무과에 급제하고 아직 벼슬하지 않은 사람인데, 과거 합격자 명단에서 유사한 인물을 찾을 수 없다고도 하고, '봉이'는 닭을 봉황으로 속여 팔아서 붙은 호라고도 합니다. 일반적으로 이 설화를 다룰 때는 김선달의 트릭스터* 면모를 부각하는 경우가 많습니다.

그런데 이 이야기를 환경사의 렌즈로 슬쩍 들여다보면 어떨까요? 갑자기 대동강 부근 기후 특성이 눈에 들어옵니다. 김선달은 한겨울에 잔뜩 언 대동강 위에 볏짚을 뿌린 뒤 좋은 땅이라며 속여서 팔아먹었습니다. 여기서 이 일대가 바람이 많고 추워 겨울에 물이 잘 얼었음을 짐작할 수 있습니다. 또 대동강 물을 팔아 한양 부자에게 사기를 친 대목에서는 여름철 가뭄이 들기 쉬운 지역이었기에 가능한 설정이었다는 점을 추측해 볼 수 있습니다. 대동강 하류는 전체적으로 낮은 평야 지역으로 바람받이가 되어 줄 산지가 없어서 지형성 강우가 형성되기 어렵습니다. 그래서 이곳은 실제로 강수량이 적은 소우 지역에 속한다고 합니다.[45] 이렇게 보니 설화가 조금 달라 보이기는 하지만 이런 발견만으로 조선 시대 사람들의 자연관이나 생태 인식을 읽어 냈다고 보기는 어렵습

---

* 세계 여러 신화나 옛이야기에 등장하는 장난꾸러기, 질서의 파괴자.

니다. 물론 설화를 통해 기후와 지형 등 지리적 정보를 파악할 수 있다는 가능성을 엿보기는 했지만요. 그렇다면 이런 방식은 어떨까요?

'은혜 갚은 까치' 이야기 역시 우리에게 매우 친숙합니다. 이 설화에서는 대개 동물의 보은을 권선징악의 윤리적 관점으로 해석해 왔지만 생태라는 요소를 중심에 두면 조금 다른 점이 보입니다. 사실 선비는 까치를 돕고 나서 얻은 것이 전혀 없고, 결론적으로 까치들은 모두 죽었습니다. 선비의 섣부른 살생을 비판적으로 문제삼을 수도 있는 것이지요. 인간이 신중한 고민 없이 짐승의 생태계에 개입한 것이며 어느 한쪽을 살리기 위해 다른 한쪽을 죽이는 일은 오만한 판단이라는 메시지로 읽을 수도 있지 않을까요? 생태계의 생명 그물은 일방적인 먹이사슬 인식과는 달리 서로 얽혀 있으니까요. 익숙한 이야기를 달리 바라보니 새로운 통찰이 찾아오는 듯합니다. 그러나 아쉽게도 이런 방식으로 설화를 다시 살펴보는 접근은 국어나 윤리 교과에 더 적합할지도 모르겠습니다. 그렇다면 도대체 어떤 방식으로 역사 수업 시간에 설화를 다룰 수 있을까요?

이번에는 똥과 관련된 이야기를 모아서 읽어 보겠습니다. 왜 하필 똥이냐고요? 배설은 먹는 것 못지않게 중요한데다 우리 인간 역시 생명체의 하나임을 환기하는 행위지요. 학생들이 흥미로워할 소재이기도 하고요. 세계사 수업 시간에 하이힐의 유래를 당시 유럽의 오물 처리 방식과 연결해 설명하면 학생들이 눈을 반짝이며 관심을 보이곤 합니다. 자, 이제 조선의 거리와 뒷간으로 함께 가 보실까요?

(가) 세속에서 인색한 사람을 흔히 고(膏)라고 한다. 청주의 자린고비가 충주의 자린고비에게 고(膏)를 배우고자 하여, 소 한 마리, 개 한 마리, 닭 한 마리를 몰고 충주 자린고비의 집에 가서, 명함을 들여보내어 비밀리에 만나기를 청했다. …… 충주 자린고비가 말하기를, "그대가 오면서 소 한 마리, 개 한 마리, 닭 한 마리를 몰고 온 것은 무슨 까닭인가?"라고 했다. 청주 자린고비가 말하기를, "소는 물건을 실으려 함이오, 개는 남은 똥을 먹게 하려 함이오, 닭은 남은 낟알을 쪼아 먹으려 함이다."라고 했다. 충주 자린고비가 말하기를, "자린고비의 도(道)를 그대는 이미 다 얻었다. 내가 그대의 자린고비를 배워야지, 그대가 어찌 나를 배우겠는가?"라고 했다.

– 서거정,《태평한화골계전》

(나) 갑자년 무렵에 이현로(李賢老)가 상소해서 말하기를, "명당의 물이 맑으면 나라에 이롭고, 맑지 못하면 이롭지 못합니다. 지금 개천(開川)은 바로 한양 도읍의 명당수이니, 그것을 맑게 하기를 청합니다."라고 했다. 승정원에 명해서 이현로에게 그것을 맑게 할 방법을 묻게 했더니, 현로가 말하기를, "집집마다 사람 수의 많고 적음을 헤아려서 나무통을 만들게 하여, 사람마다 각각 불결한 것을 거기에다 버리게 해서 그 통들을 성 밖으로 메고 가서 버리게 하고, 말똥이나 소똥도 또한 이

와 같이 한다면, 개천이 가히 맑아질 수 있을 것입니다."라고 했다. 승
지인 박이창이 말하기를, "그대의 말이 약간 일리가 있다. 그러나 한양
의 100만 가호를 누구로 하여금 관장하게 해 그것을 금(禁)하게 할 수
있다는 말인가?"라고 했다.

- 서거정,《태평한화골계전》

　(가)와 (나)는 조선 성종 때 문인 서거정이 편찬한 설화집《태
평한화골계전》에 실린 내용입니다. 이 책은 고려 말과 조선 초에
걸쳐 문인들 사이에 떠돌던 기발하고도 익살스러운 이야기를 모
은 것입니다. 그러다 보니 어김없이 똥 이야기가 실린 것일까요?
(가)는 어디선가 한 번쯤은 들어 본 적 있는 자린고비 이야기를 다
루고 있습니다. 적어도 이 글이 쓰인 조선 전기까지는 개를 통해
똥을 처리하는 것이 자연스럽고 흔한 방법이었음을 짐작해 볼 수
있습니다.
　(나) 글이 도대체 왜 골계미를 추구한 설화집에 실렸는지 의아
할 텐데요. 사실 생략된 뒷부분에 상당히 우스꽝스러운 풍자가 덧
붙어 있습니다. (나)는 실제 사실을 바탕으로 한 설화라서 그런지,
《신증동국여지승람》에 이현로가 세종 26년에 이 상소를 올렸다고
기록되어 있습니다. 적어도 세종 시절에는 함부로 버려지는 분뇨
때문에 한양의 개천이 오염되어 골머리를 앓았음을 추측할 수 있
습니다.[46] 그렇다면 이현로의 상소 이후에는 한양의 분뇨 처리 방
식이 많이 달라졌을까요?

(다) 선귤자(蟬橘子)에게 예덕선생이라 부르는 벗이 한 사람 있다. 그는 종본탑 동쪽에 살면서 날마다 마을 안의 똥을 치우는 일을 생업으로 삼고 지냈는데, 마을 사람들은 모두들 그를 엄 행수(嚴行首)라 불렀다. '행수'란 막일꾼 가운데 나이가 많은 사람에 대한 칭호요, '엄'은 그의 성(姓)이다. …… 흙벽을 쌓아 풀로 덮은 움막에 조그마한 구멍을 내고 들어갈 때는 새우등을 하고 들어가고 잘 때는 개처럼 몸을 웅크리고 잠을 자지만 아침이면 개운하게 일어나 삼태기를 지고 마을로 들어와 뒷간을 청소하지. 9월에 서리가 내리고 10월에 살얼음이 얼 때쯤이면 뒷간에 말라붙은 사람똥, 마구간의 말똥, 외양간의 소똥, 홰 위의 닭똥, 개똥, 거위똥, 돼지똥, 비둘기똥, 토끼똥, 참새똥을 주옥인 양 긁어 가도 염치에 손상이 가지 않고, 그 이익을 독차지해도 의로움에는 해가 되지 않으며, 욕심을 부려 많은 것을 차지하려고 해도 남들이 양보심 없다고 비난하지 않는다네. …… 왕십리의 무와 살곶이의 순무, 석교의 가지·오이·수박·호박이며 연희궁의 고추·마늘·부추·파·염교며 청파(靑坡)의 미나리와 이태인의 토란들은 상상전(上上田)에 심는데, 모두 엄씨의 똥을 가져다 써야 땅이 비옥해지고 많은 수확을 올릴 수 있으며, 그 수입이 1년에 6,000전(600냥)이나 된다네.

– 박지원, 〈예덕선생전〉,《연암집》

(다)는 고등학교 문학 교과서에도 실려 학생들에게 더욱 익숙한 연암 박지원의 한문소설 〈예덕선생전〉의 내용입니다. 예덕선생의 예(穢) 자는 흔히 떠올리는 '예절 예' 자가 아니라 '더러울 예' 자

로 '더러운 일을 하지만 덕이 있다'고 칭송받는 예덕선생의 직업은 바로 분뇨 처리업자입니다. 이 작품은 주로 천한 신분인 엄 행수의 무실역행하는 자세를 칭송하면서 사대부의 태도를 비판하는 관점으로 해석되어 왔습니다만 우리는 '똥'에 초점을 맞추어 보겠습니다.

글만 보면 먼저 엄 행수는 종본탑(원각사지10층석탑) 인근에 살면서 인분을 비롯해 온갖 똥을 수거하는데, 그 수입이 1년에 자그마치 600냥이나 된다고 합니다. 당시의 상거래 관련 고문서인《매매명문(賣買明文)》에 의하면 1777년에 비교적 규모가 큰 한양의 양반집 한 채가 275냥에 거래되었다고 하니 1년에 양반집 두 채 가격이 넘는 어마어마한 돈을 벌어들인 것입니다.[47]

'행수'라는 이름에도 주목해 보면 그 당시에 똥장수 집단이 존재했을 가능성이 있지만 확실한 것은 아닙니다. 엄 행수가 실존 인물인지에 대해서는 의견이 분분합니다. 연암이 〈예덕선생전〉을 창작한 시기는 대개 1757년, 그의 나이 스무 살 때라고 봅니다. 물론 이역시 불분명한 것은 마찬가지입니다. 글 첫머리에 적힌 선귤자는 일반적으로 이덕무로 보지만, 정말 연암이 스무 살에 이 글을 썼다면 당시 이덕무는 기껏해야 열다섯 살 전후이기에 실제 이야기라고 보기는 더욱 어렵습니다.[48]

게다가 막대한 돈을 벌어들인 똥장수에 대한 기록은 좀처럼 찾을 수가 없습니다. 심지어 한참 뒤에 쓰인 박제가의《북학의》외편에서는 "한양의 1만 가구에 있는 뒷간은 수레가 없는 연고로 인해서 인분을 밖으로 운반해 낼 방법이 없다. …… 한양에서는 날마다 뜰 한 귀퉁이나 길거리에 쏟아 버린다. 그렇다 보니 우물이 모두 짜다. 시내의 다리나 돌로 쌓은 제방 가에는 인분이 여기저기 붙어 있어 큰 장맛비라도 내리지 않으면 씻겨 가지 않는다"라고 적고 있습니다. 엄 행수와 똥장수 집단의 실존 여부는 불분명한 것이지요.[49] 수업에서는 이런 사실을 그대로 드러내는 편이 좋습니다. 학생들은 종종 박지원과 같이 알려진 인물의 글은 그 이름에 기대어 글자 그대로 신뢰하려는 경향이 있는데, 여러 자료를 비교하며 폭넓게 살피는 과정을 거치면 비판적 검토의 필요성을 절감할 수도 있을 것입니다.

다시 〈예덕선생전〉의 예문으로 돌아가 마지막 문장에 주목하려 합니다. 앞과 같은 언급을 통해 똥오줌 비료가 한양의 온갖 작물을 재배하는 데 없어선 안 될 중요한 역할을 했음을 알 수 있습니다. 똥오줌 시비법은 동아시아 농업의 가장 큰 특징으로, 미국 농무부 토양관리국장을 지낸 프랭클린 킹이 1909년 중국과 한국, 일본을 여행한 뒤 똥을 이용한 유기농법 등에 큰 감명을 받아《4천 년의 농부》라는 책을 쓰기도 했습니다. 실제로 청나라와 에도막부에서는 똥오줌을 조직적으로 수거해 매매가 이루어지기도 했습니다.

'인간은 매일 일정량의 똥오줌을 배설하는데, 왜 동아시아에서 유독 농업 자원으로 활용했을까? 동아시아 각국에서는 언제부터 똥오줌을 비료로 활용하기 시작했을까? 언제부터, 어떤 이유로 똥오줌 비료의 자리를 화학비료가 대체했을까? 똥오줌 비료가 사라지면서 화장실은 어떻게 달라졌으며 주거 공간과 도시에 어떤 변화가 일어났을까? 똥오줌을 활용한 자연 친화적이고 생태적인 순환 농법과 지금의 산업적 농업은 어떻게 다를까? 매일 배설하는 분뇨를 소중한 자원으로 인식하느냐, 폐기물로 인식하느냐의 차이는 어디서 비롯하며, 현재의 생태위기에서 이 질문에는 어떤 의미가 있을까?' 등 학생들에게 다양한 질문을 던져 볼 수 있습니다. 똥을 중심으로 과거 사람들의 생태 인식과 생태계의 순환을 생각해 보도록 하는 것이지요.

설화를 활용한 생태환경사 수업 구상해 보기

이제는 똥에서 시선을 돌려 다른 설화들을 만나 볼까요? 설화를 활용한 생태환경사 수업 아이디어를 몇 가지 더 소개하겠습니다.

설화에 담긴 전근대인의 자연 인식

우리나라를 상징하는 동물은 단연 '호랑이'로 관련 옛이야기들이 정말 많습니다. 호랑이 설화를 활용한 수업을 상상해 볼까요? 먼저 학생들이 알고 있는 호랑이와 관련된 속담, 관용 어구, 옛이야기 등을 떠올려 보자고 할 수 있습니다. 학생들은 '호랑이도 제 말 하면 온다', '호랑이 담배 피울 적', '팥죽 할멈과 호랑이' 등 다양한 사례를 나열할 것입니다. 이어서 우리나라에서 호랑이의 상징적 의미와 옛사람들이 호랑이를 가깝게 느꼈던 이유는 무엇일지 자유롭게 이야기를 나누어 봅니다.

조선 시대에 호랑이가 사람 사는 곳, 심지어 한양 도성의 시장통에까지 출몰했다는 공식 문헌을 보면 한반도에 호랑이가 많았음을 알 수 있습니다. 예를 들어 태종 2년(1402) 5월《태종실록》을 보면 "경상도에 범이 많아 지난해 겨울부터 금년 봄에 이르기까지 범에 물려 죽은 사람이 몇백 명입니다"라는 기록이 있는데요. 이를 보면 당시 호환(虎患)에 대한 민중의 두려움이 얼마나 컸을지 충분히 짐작할 수 있습니다. 민중들은 예상치 못한 호환으로 '재난'과 같은 상황을 마주한 이들의 이야기를 곁에서 보고, 듣고, 직접 겪으면서 호랑이를 낯설지 않게 여기는 동시에 두려움을 느꼈을 것입니다. 수많은 설화에서 호랑이는 아주 다양한 모습으로 표현됩니다. 민중들은 두려움의 대상이었던 호랑이를 우스꽝스럽거나 윤리적 교훈을 주는 대상으로 승화시킨 것입니다. 호랑이에 대한 공포를 극복한 설화를 함께 살펴보면 공식 문헌에서는·읽기 어려운 당시 민중들의 인식을 생생히 마주할 수 있습니다.

그렇다면 조선 시대에는 야생동물인 호랑이와 인간이 만나는 일이 왜 이렇게 잦았던 것일까요? 조선 시대 농본주의 경제 정책에 따라 호랑이의 터전이었던 무너미 땅*이 농지로 개간되면서 호

• '강 유역의 너른 평야'와 같은 경관은 농업 역사에서 오래되지 않았다. 주로 조선 전기 이후 개간은 무너미 땅(범람원, 산림수택의 그 수택, 산림천택의 그 천택)을 대상으로 한다. 관개보다 배수가 더 어려운 작업이라 늪지와 같은 곳이 비옥함에도 불구하고 더 늦게 농경지로 활용되었다. 수목이 우거진 무너미 땅은 야생동물의 보고였다.

랑이 서식지가 줄고 터전을 잃은 호랑이가 사람들이 사는 마을에 출몰했기 때문일 것입니다. 이런 배경으로 사람과 호랑이의 접촉이 늘어 호환이 일상이 된 것이지요. 인간이 누리는 공간의 확대와 산림의 축소로 파생되는 야생동물 서식지 파괴는 옛사람들에게도, 지금 우리에게도 큰 영향을 미친다는 사실을 읽을 수 있습니다.

또 다른 질문도 가능합니다. 조선 전기까지만 해도 한반도에 호랑이가 많았는데, 점차 사라진 이유는 무엇 때문일까요? 물론 이는 우리나라에만 특별히 나타났던 현상은 아닙니다. 하지만 생태환경사 수업에서 충분히 의미 있는 질문이 될 수 있습니다. 인간 역시 자연의 일부로 생태적 그물망에서 살아가고 있음을 이야기하며 인간과 자연의 바람직한 관계에 대해 생각해 보는 기회를 마련할 수 있으리라 기대합니다.

설화 수업을 통해 자연 인식이 어떻게 변화되었는지, 인간과 비인간 존재의 관계가 어떻게 변천해 왔는지 파악해 볼 수도 있습니다. 시베리아 동물 시조 신화와 고조선 신화, 신라의 김현감호 설화를 통시적으로 바라보면 어떨까요?[50]

먼저 시베리아 동물 시조 신화와 고조선 신화를 읽고 공통점과 차이점을 찾아낼 수 있습니다. 두 이야기 모두 토템 신앙을 담고 있습니다. 곰·호랑이가 형제자매거나 배우자였던 시베리아 신화에서는 인간과 동물 사이에 벽이 없었습니다. 단군 신화에서도 인간과 동물의 관계를 그리지만 "곰과 호랑이가 사람이 되기를 소원

했다"와 같이 두 존재를 구분해 인간을 보다 우월하게 그린다는 점에서 차이가 있습니다. 신라의 김현감호 설화는 인간과 동물 사이의 벽이 단군 신화에 비해 더 높아졌음을 보여 줍니다. 호랑이 낭자와 김현의 사랑은 단군 신화에서 환웅과 웅녀의 사랑과 비슷한 설정으로 보입니다. 그러나 "동류가 아닌 이류의 사랑"이라는 표현, 호랑이 낭자의 죽음으로 김현이 출세하는 전개 등은 결국 인간과 동물을 존재로서 구분하고 인간을 위해 동물을 이용함을 드러냅니다.

설화를 분석함으로써 학생들은 전근대인의 자연 인식 속에서 인간과 동물의 관계가 수평을 벗어나 우열로 변화했음을 알 수 있습니다. 인간이 자연의 일부에 속한다는 생각을 버리고 농경과 목축으로 자연을 길들이며 개발과 지배의 대상으로 보는 과정에는 국왕 중심의 종교와 사상이 뒷받침되었습니다.[51]

설화로 만나는 임진왜란 속 역병과 기근

임진왜란으로 발생한 수많은 인명 살상은 제노사이드라 할 수 있습니다.[52] 귀와 코를 잘라서 전쟁의 공을 측정하고 이를 영수증으로 발급했던 사례는 전쟁의 참상을 적나라하게 보여 줍니다. 하지만 전쟁만큼이나 큰 고통을 안겼던 전염병과 기근은 그동안의 임진왜란 수업에서 좀처럼 주제로 등장하지 않았던 듯합니다. 생태적 관점에서 임진왜란을 바라보면 전쟁과 전염병 및 기근의 상관관계, 그리고 그 심각성을 풍부하게 다룰 수 있습니다.

이기의《송와잡설》에는 임진왜란 와중에 역병까지 창궐해 무수한 사망자가 발생하자 하늘의 뜻이 어디에 있는지 묻는 내용이 있습니다.[53] 이 옛이야기와 이순신이 올린 보고서,《난중일기》를 교차 검토하면 당시 수군 내에서 전염병이 얼마나 심각했는지 파악할 수 있습니다.

유몽인의《어우야담》에는 "만력 갑오년(1594)은 전란이 일어난 나음 해다. 온 나라 사람들이 모두 굶주려 서로 잡아먹기도 했으며, 굶어 죽은 시신이 길에 가득했다"라고 쓰여 있습니다. 1594년에는 조선 전역에 대기근이 들었습니다. 임진왜란 중에 발생한 자연재난이라 민중들의 고통이 더욱 컸습니다. 유몽인은 전쟁과 한재*로 많은 사람이 굶어 죽고 식인을 하기도 하는 참상을 〈전란의 굶주림과 식인〉,▲ 〈곤경에서 보여 준 절의〉, 〈귀신과 정을 나눈 박엽〉으로 기록했습니다.[54]

이런 상황은 문헌 사료와 비교해 볼 수 있습니다. 선조 27년 (1594) 1월 1일《선조실록》에는 "경기도와 충청, 영남, 호남을 비롯

• 가뭄 때문에 생기는 재앙.

▲ 개성의 한 백성이 한 살배기 아이를 안고 있다가 길가에 놓아두고 밭에서 푸성귀를 캐고 있었는데, 두 사람이 아이를 껴안고 달아났다. 그들을 끝까지 추격해 산골짜기로 들어가니 아이는 이미 뜨거운 물에 던져져 푹 삶아져 있었다. 그 사람들을 결박해 관아에 실상을 아뢰는데, 감히 죽은 아이를 안고 관아에 들어갈 수가 없어서 관아의 문 옆에 두었다. 죄인들이 자백하지 않자 죽은 아이를 증거로 삼고자 나가 보니 뼈만 남아 있었다. 관리가 그 연유를 캐묻자 나졸들이 대답했다. "소인들이 며칠 동안 굶주려 참을 수가 없던 차에 아이가 삶아져 있는 것을 보고는 죽음을 무릅쓰고 먹었습니다."

해 전국에 큰 흉년이 들어 사람이 서로 잡아먹을 정도며, 임진왜란으로 군량미 및 각종 비용이 들고, 수령들의 가렴주구 때문에 더욱 식량이 고갈되었다"라고 기록되어 있습니다. 더불어 선조 27년 6월 18일자 사관의 논평 중 임진왜란 중에 역병보다 기근으로 굶어 죽는 백성의 구제가 더 긴급하다는 내용을 읽고 전쟁과 전염병, 기근의 뚜렷한 상관관계를 추론할 수 있습니다. 전쟁과정에서 막대한 식량을 군량미로 거두어 식량이 부족해지고, 전쟁과 함께 발생한 흉년은 민중을 기근 속으로 몰아넣습니다. 면역력이 약화된 상황에서 전염병은 이전보다 더 큰 위력을 발휘합니다. 이런 재난 상황에서 위정자들의 역할과 공동체의 대응에 대해 질문하고 폭넓게 이야기를 나누는 과정에서 학생들의 사고를 확장할 수 있으리라 생각합니다.

이 글은 '설화로 역사 수업을 해 볼 수 있을까?'라는 질문에서 출발했습니다. 생태환경사 수업을 구성할 수 있는 다양한 텍스트들이 있지만 그중에서도 설화는 보통 사람들의 삶과 생태 인식을 담고 있다는 점에서 '역동성'의 정점을 보여 줍니다. 생태환경적 공백을 채울 수 있는 설화가 더 없을까요? 설화를 이용한 생태환경사 수업이 늘어나길 기대하면서 교재로 활용할 수 있는 설화를 더 찾아보았습니다.

앞에 제시한 예 이외에도 민중의 삶을 드러낸 다양한 설화가 있을 것입니다. 학생들과 함께 다양한 옛이야기에 등불을 비추며 그 옛날 과거인들의 자연 인식과 생태환경에 대한 상상력을 키워 보

주제	시기	설화 및 옛이야기	내용	출처
나무로 읽는 《삼국유사》[55]	고조선, 삼국 시대	· 단군 신화 : 태백산 신단수 · 박혁거세 신화 : 나정의 소나무 숲과 우물 · 김알지 신화 : 계림의 참느릅나무	· 신성한 나무와 숲에서 신화적 인물이 탄생했다. 나무와 숲은 새로운 생명을 잉태하는 공간이며 자손의 번창과 번영을 기원하는 힘이 있다.	〈기이〉, 《삼국유사》
역사적 인물과 관련한 설화 속 식물들[56]	신라	· 미추왕과 죽엽군 : 신라의 수도 금성을 침략한 이서국 군사를 댓잎을 귀에 꽂은 군사들이 물리친 이야기	· 미추왕은 신라의 김알지 계열에서 처음으로 왕위에 오른 인물이다. 대나무는 이서국의 침략을 격퇴해 신라를 구한 충절을 상징한다.	〈기이〉, 《삼국유사》
		· 만파식적과 대나무 : 문무왕이 신문왕에게 만파식적을 내리는 이야기	· 삼국 통일의 위업을 달성한 문무왕이 신문왕에게 내리는 대나무 만파식적은 갈등을 화합하는 군왕의 덕목을 보여 준다.	〈기이〉, 《삼국유사》
		· 선덕여왕과 모란 : 중국에서 보낸 모란꽃 그림을 보고 선덕여왕이 자신을 희롱했음을 미리 알았다는 이야기	· 모란은 부귀영화를 상징하는 꽃이다. 선덕여왕은 나비가 없는 모란꽃을 보고 향기가 없음을 미리 알았다. 선덕여왕이 당나라 황제의 희롱을 간파한 것은 왕으로서의 자질을 드러낸다. 왕위 계승을 둘러싼 갈등을 무마하고 민심을 안정시키려는 정치적 계산을 모란을 통해 상징적으로 부각했다.	〈기이〉, 《삼국유사》
농민의 삶[57]	고려	· 〈청산별곡〉 : "…… 머루랑 다래를 먹고 청산에서 살겠노라……. 이끼 묻은 쟁기를 가지고 들판으로 날아가던 새를 본다……. 나문재와 굴, 조개를 먹으며 바다에 살겠노라……."	· 〈청산별곡〉에는 고려 시대 사람들이 접한 숲과 바다, 그들의 먹거리가 담겨 있다. 이를 통해 고려인들의 생태환경을 상상할 수 있다. 고려 민중들은 삶을 꾸리고자 산을 밭으로 개간하는 일이 많았다. 《고려도경》의 서술과 비교해 살펴볼 수 있다. "나라의 강토가 동해에 닿아 있는데 큰 산과 깊은 골짜기가 많아 험준하고 평지가 적다. 이 때문에 농토가 산간에 많이 있는데, 그 지형의 높고 낮음으로 인해 경작하기가 매우 힘들며 멀리서 보면 사다리나 계단과도 같다."	〈청산별곡〉, 《악장가사》

《어우야담》속 재난[58]	조선	· 〈한양의 물난리〉로 본 한양에서 발생한 홍수	· 1500년과 1542년에 한양에 홍수가 난 일을 전하고, 유몽인이 1580년, 1602년에 직접 겪고 기술한 한양의 홍수 피해를 살필 수 있다.	유몽인, 《어우야담》
		· 〈굶주림으로 기가 막혀 죽은 사연〉, 〈굶주린 도적〉으로 본 후금과의 전쟁 준비와 흉년, 기근	· 1619년 흉년으로 인한 굶주림의 참상이 기술되어 있다. 《광해군일기》 광해 11년(1619) 기록과 교차 검토할 수 있다. 1619년에 큰 흉년이 들었고, 강홍립을 도원수로 한 1만 3,000명의 군사가 후금과의 전쟁을 위해 1619년 2월 말에 압록강을 건너 심하전투에 출정한 까닭에 막대한 군량미와 각종 부역에 따른 제반 비용이 수반되었다. 이 때문에 이북 지역의 백성들이 더욱 굶주리고 고통받았다는 역사적 배경을 이해할 수 있다.	

면 어떨까요? 역사의 테두리 밖으로 소외되었던 지점에 조명을 밝히며 옛사람들의 삶을 더욱 풍부하게 복원하는 즐거움을 경험하기를 권해 봅니다.

3. 지역의 역사를 새롭게 바라보는 생태 답사

공간과 장소에 대해 이야기하기

제 고향은 강원도의 작은 시골입니다. 부모님은 대관령 자락의 800미터 고지에서 평생 농사를 지으셨습니다. 대부분의 사람이 고랭지 농업을 사회 시간에 교과서로 배우지만 저는 몸으로, 경험으로 배웠습니다. 고향에서 주로 재배했던 작물은 감자, 배추, 무 같은 고랭지 채소였습니다. 제가 어렸을 때만 해도 한 밭에 단일 작물을 심는 것이 일반적이었는데, 지금은 감자 위에 배추나 무, 호박을 심는 이모작을 기본으로 합니다. 소와 사람이 하던 일을 기계가 대신하게 되면서 생산력이 높아진 이유도 있겠지만 과거보다 따뜻해진 기후도 이모작을 가능하게 한 요인인 듯합니다.

또 하나 신기한 변화는 집 둘레 마당이 온갖 과일이 나는 과수

원이 되었다는 점입니다. 어린 시절 마당에서 키운 과일은 방울토마토가 유일했고 이런 사정은 동네 다른 집들도 크게 다르지 않았습니다. 그런데 지금은 토마토뿐 아니라 사과, 복숭아, 자두, 심지어 수박까지 자랍니다. 단순히 자라기만 하는 것이 아니라 시장에 내다 팔아도 될 정도로 맛과 품질이 뛰어납니다. 기후가 바뀌면서 동식물의 식생이 변화하고 작물 재배지가 바뀌는 것은 당연한 일인데, 이런 변화를 두 눈으로 직접 경험하니 체감 정도가 다른 것 같습니다. 사과를 수확해 창고 가득 보관해 두었다가 겨우내 먹을 수 있게 된 일은 엄청난 행운이지만 이런 행운을 얼마나 오래 누릴 수 있을지는 잘 모르겠습니다. 평균기온이 점점 더 올라가면 식생도 바뀌고 고향의 자연경관 역시 지금과는 많이 달라질 테니까요.

공간을 둘러싼 경관이 바뀌거나 공간이 아예 사라질 가능성이 커질수록 우리는 그 공간에 대해 더 많이 이야기해야 합니다. 여러 사람의 추억과 경험이 쌓여 그 공간에 관한 이야기가 풍성해질수록 더 오래 기억될 수 있습니다. 아무도 기억하지 않으면 그 공간은 정말로 존재하지 않았던 것이 되어 버릴 수 있습니다. 다큐멘터리 영화 〈수라〉는 수라 갯벌을 지키기 위해 갯벌에서 살아가는 생명들을 오랜 기간 관찰하고 기록한 내용을 담고 있습니다. 영화 마지막에 오동필 새만금시민생태조사단 단장님이 매우 인상적인 이야기를 합니다. 새만금 간척이 확대되어 갯벌이 사라지더라도 수라를 계속 갯벌이라고 불러야 한다고요. 그리고 이 영화를 본 모든 사람이 수라가 갯벌이었다는 것을 기억하는 목격자가 되어야 한다고요. 수라가 갯벌이었다는 것을 기억하는 사람이 존재해야 수라를 갯벌로 되돌리자는 목소리도 존재할 수 있는 것이지요. 원래 없던 것을 되돌린다는 것은 불가능하니까요.

영화를 보고 나오면서 '나도 이제 목격자가 되었다'라고 마음속으로 되뇌던 순간을 쉽게 잊지 못할 것 같습니다. 수라 갯벌이 수많은 해양 생명체와 철새들의 삶의 터전임을 기억하고 이렇게 사라질 위기에 처한 장소들을 발견해 이야기를 쌓아 가야 한다는 사명감을 스스로에게 부여한 순간이었습니다.

인간이 구성한 자연

인간은 자신이 속해 있는 생태학적 공간의 범위 내에서 살아가는 존재입니다. 공간을 떠나서는 존재할 수 없다는 점에서 공간은 '존재함'과 동의어이자 생존에 필요한 기본적인 조건이라고 할 수 있습니다. 과거부터 현재까지 인간은 생존에 필요한 주거 공간을 확보하려 노력해 왔고 의식주를 해결하기 위해 주변 환경을 끊임없이 이용하거나 변형해 왔습니다. 그리고 이런 활동은 인간을 둘러싼 생태환경이나 그곳에서 살아가는 사람들의 삶에 깃들어 그 장소만의 고유한 자연경관과 문화경관을 만들어 냈습니다. 즉 공간의 특징과 성격은 그곳을 터전으로 살아가는 사람들의 삶에 지대한 영향을 미쳤고 사람들의 활동 역시 그 공간을 형성하는 데 영향을 주었습니다. 환경이 바뀌고, 사람이 바뀌면서 공간도 끊임없이 변화합니다. 우리 각자가 발 딛고 서 있는 공간 역시 그런 변화가 응축된 결과라고 볼 수 있습니다.

주목해야 할 점은 최근에 공간의 변화 속도가 매우 빨라졌다는 것입니다. 사과를 예로 들어 볼까요? 제가 어렸을 때만 해도 사과 재배지로 유명한 곳은 대구, 영주 등이었습니다. 그런데 사과 산지가 점점 북상해서 지금은 충주, 양구, 김포에서 나는 사과가 유명해졌습니다. 기후변화뿐 아니라 인간의 활동이 증가한 것도 공간을 빠르게 변화시키는 큰 요인입니다. 특히 인구가 늘어나면서 도시 규모가 팽창했고 인간이 점유하는 공간 역시 확장되었습니다. 지구라는 제한된 공간에서 영역과 자원을 둘러싼 경쟁이 치열해지면서 점점 빠른 속도로 지구의 모습이 변화했습니다. 사실상 지구에서 인간의 손길이 닿지 않은 곳을 찾기가 어려워졌지요. 그런 점에서 우리가 살고 있는 공간, 심지어 '자연'이라고 여기는 것조차 인간이 구성했다고 볼 수 있습니다.

'어디에 살 것인가'는 아득한 옛날부터 아주 중요한 문제였습니다. 조선 후기의 실학자 이중환도 인간의 거주 조건을 치열하게 고민했던 사람 중 한 명입니다. 그는 거주지를 선택할 때 경제, 사회, 자연환경 등을 종합적으로 고려해야 한다고 했고, 이 요소들을 살핀 결과 살기 적합한 곳을 '가거지', 적합하지 않은 곳을 '가거 부적지'로 분류했습니다.[59] 토질과 수질이 나쁜 곳, 기후가 냉습한 곳, 중앙과 교류가 불편한 곳, 왜구의 침입이 잦은 곳 등이 가거 부적지로 꼽혔습니다. 이중환은 거주지의 생태환경적 요소가 식량 확보나 방어뿐 아니라 사람의 인격 형성에도 영향을 미친다고 보았습니다. 환경의 중요성을 지나치게 강조한 면이 있지만 그만큼 자연과의 조화를 중요하게 여겼던 듯합니다. 자연과의 상보적인 관계가 인간에게도 이롭다는 것은 곧 '어떻게 살아야 하는가'라는 질문에 대한 대답일 수 있지요. 기후위기로 삶의 터전에 대한 위협이 가중되고 있는 오늘날, 우리는 다시 어디에 살 것인지, 어떻게 살 것인지에 대한 답을 찾아야 합니다.

공간과 장소를 보는 관점의 변화

인문지리학자 이-푸 투안은 《공간과 장소》에서 별 특징이 없던 공간이 우리가 그곳을 더 잘 알게 되고 그곳에 가치를 부여하면서 장소가 된다고 했습니다. 이렇게 장소에 깃든 오랜 시간의 흔적을 느끼고 경험하는 것이 답사의 목적이겠지요.

장소에 따라 삶의 흔적이 고스란히 보존되어 있는 곳도 있지만 그렇지 않은 곳도 많습니다. 대표적으로 오래된 폐사지나 왕궁터에 가면 기둥이나 주춧돌 하나 없이 황량한 벌판만 덩그러니 펼쳐져 있습니다. 또 도로가 놓이거나 새로운 건물이 들어서서 옛 장소의 느낌을 전혀 감각할 수 없는 곳도 많습니다. 그럼에도 불구하고 폐사지나 새로운 모습으로 탈바꿈한 곳을 찾아가는 이유는 황량하고 쓸쓸한 그 장소감 자체를 만끽하거나 주변의 자연경관,

문화경관 속에서 과거의 흔적을 찾을 수 있으리라는 기대가 있기 때문입니다. 그 장소에 섰을 때 내 안에서 떠오르는 질문을 마주하고 장소가 던지는 질문과 대화하기 위해, 활자나 이미지만으로는 느낄 수 없었던 확장된 경험을 체감하기 위해 답사를 하는 것입니다.

특히 역사 과목은 답사와 떼려야 뗄 수 없는 관계입니다. 역사 교사 대부분은 대학 학부생 때부터 답사를 많이 경험합니다. 교사가 되고 나서도 현장 체험 학습이나 동아리 활동으로 학생들을 인솔해 답사할 일이 많습니다. 그런데 저는 최근 3년 가까이 생태환경사 공부를 하면서 공간과 장소를 바라보는 인식이 조금 바뀌었습니다.

첫 번째로 공간을 보는 시야가 좀 더 넓어졌습니다. 예전에는 답사를 하면 유물이나 유적 그 자체를 보는 것이 목적이었습니다. 서산마애삼존불을 보러 가면 황급히 돌계단을 밟고 올라가 바위에 새겨진 삼존불의 미소를 확인하고 내려오기에 바빴고, 경주에 가면 첨성대, 불국사, 석굴암 등을 도장 깨기 하듯이 효율적인 동선으로 최대한 많이 보는 것을 목표로 했습니다. 그런데 생태환경사를 접한 이후 유물과 유적뿐 아니라 주변의 자연경관, 문화경관에 더 오래 시선이 머물렀습니다.

두 번째 변화는 역사적 인물들의 위대함을 보여 주는 유적이나 기념물보다 인간과 환경의 상호작용이 깃든 장소에 더 관심을 가지기 시작했다는 것입니다. 인간이 생존을 위해 주변 환경을 어떻게 변화시켰는지, 그 결과 그곳의 경관이 현재 어떤 모습인지가 궁금해졌습니다. 인간은 자연에 의존해 살아가는 동시에 자연을 파괴하는 거의 유일한 존재입니다. 경작과 땔감 확보를 위해 토지와 삼림을 훼손했고, 바다를 메워 경지를 넓히려고 바다와 갯벌을 터전으로 삼아 살던 사람과 비인간 존재의 생명을 내쫓았습니다. 또 석탄, 석유와 같은 화석연료를 태워 대기를 오염시켰고 폐수를 강과 바다로 흘려보냈습니다. 전쟁 역시 인간과 자연을 병들게 하고 공간의 성격을 바꾸어 놓았습니다.

이와 같이 역사 속에서 인간과 자연이 맺어 온 관계와 그 변화의 모습을 확인할 수 있는 답사 장소를 찾기 시작했습니다. 인간이 강, 바다, 공기, 다른 생명들과 연결된 존재임을 감각할 수 있고, 인간의 활동이 자연에 미친 영향이 경관에 새겨져 있는 곳을 고려했습니다. 나고 자란 곳이면서 10여 년 넘게 교직 생활을 해 온 곳이 강원도다 보니 학창 시절 견학했거나 교사가 되어 학생과 함께 답사했던 장소들이 가장 먼저 떠올랐습니다. 전쟁과 분단이 환경에 미친 영향을 여실히 보여 주는 철원, 1960년대에서 1980년대 경제성장과 개발과정에서 지역의 경관이 어떻게 바뀌었는지를 확인할 수 있는 정선, 동학의 생태 사상을 계승해 발전시키고 있는 원주가 바로 제가 고른 생태환경 답사지입니다.

'전쟁과 분단의 생태'를 체험하는 철원

> · DMZ 생태평화공원   · 철원평야   · DMZ 두루미평화타운

수업 시간에 학생들에게 철원에 대해 떠오르는 이미지를 말해 보게 했습니다. 학생들의 입에서 나온 말은 북한, 지뢰, 철조망, 비무장지대, 군대 등 주로 전쟁과 관련한 것이었습니다. 철원은 강원도에서는 드물게 넓은 평야가 있고 한탄강이 흐르고 있어 예전부터 쌀이 많이 나는 곡창지대였습니다. 또 1924년에 설립된 금강산 전기철도의 출발점이자 서울과 원산을 잇는 교통의 요지여서 근대 문물의 수용이 빨랐던 곳입니다. 그러므로 전쟁이 자동으로 연상되는 철원의 이미지는 비교적 최근에 만들어진 것이라 할 수 있습니다.

한국전쟁은 사실상 한반도 전체를 전장으로 삼았고 곳곳에 많은 흔적을 남겼습니다. 그중 대표적인 것이 바로 한반도 허리를 가로지르는 긴 띠 모양의 비무장지대입니다. 한국이나 북한을 방문한 경험이 있는 외국인 중에서 비무장지대의 접경 지역을 방문한 비율이 55퍼센트가 넘는다는 조사 결과[60]는 비무장지대의 의미를 다시 한 번 생각하게 합니다. 비무장지대와 접한 남한의 접경 지역은 총 열 군데인데, 그중 철원, 화천, 인제, 양구, 고성 다섯 곳이 강원도에 속합니다. 그리고 철원은 비무장지대 중 거의 30퍼센트에 이르는 가장 넓은 면적을 차지합니다.[61] 철원의 모든 역사가 전쟁으로만 점철된 것은 아니지만 전쟁을 빼놓고는 철원 지역의 특색과

역사를 제대로 설명할 수 없음은 명백합니다.

비무장지대는 그 자체로 전쟁의 산물입니다. 그러나 비무장지대가 전쟁의 산물로서만 존재했다면 세계인의 많은 관심을 얻지는 못했을 것입니다. 과거에는 전쟁과 분단을 상징하는 공간으로서 관심이 집중되었다면, 최근에는 비무장지대와 접경 지역의 생태환경에 대한 관심이 높아지고 있습니다. 비무장지대가 설치된 후 70년 가까이 출입이 통제되면서 그 속에서 많은 변화가 나타났습니다. 사람의 발길이 닿지 않는 곳에 다양한 동식물이 서식했습니다. 특히 두루미, 산양, 담비, 매발톱, 흰양귀비, 버들까치수염 등 멸종위기종으로 분류된 야생동물과 희귀식물의 서식처가 되었습니다. 한반도 멸종위기종의 43퍼센트가 바로 이곳에 살고 있다고 합니다.[62] 2016년에 조성된 DMZ 생태평화공원에서는 비무장지대의 생태환경을 가까이서 접하는 경험을 할 수 있습니다. 민간인 통제구역 출입 허가를 받고 사전 신청을 하면 십자탑 코스와 용양보 코스 중 하나를 선택해 탐방할 수 있습니다.

'인문 생태 기행'이라는 주제로 학생들과 철원의 근현대 유적지와 용양보 코스를 답사한 적이 있습니다. 용양보는 지역 주민들이 농경지에 용수를 공급하기 위해 만든 인공 저수지였는데, 전쟁 이후 비무장지대에 포함되어 오랜 시간이 흐르면서 자연 습지로 변해 가고 있었습니다.[63] 지뢰라고 쓰인 경고문이 걸린 철조망 너머로 무성하게 자란 수풀과 바닥에 쓰러진 고목, 그 위로 새롭게 자라나는 나무를 보면서 인간이 부여한 질서가 아닌 자연의 질서로 숨 쉬는 공간이라는 느낌을 받았습니다. 이렇게 자연은 스스로 생명력을 회복하는 반면, 같은 공간에 있는 암정교, 철로, 출렁다리 등과 같이 인간이 만든 구조물은 방치되는 순간부터 녹슬고 부식되어 쓸쓸한 모습으로 변해 있었습니다. DMZ 생태평화공원 탐방은 남방 한계선을 지척에 두고 가까운 거리에서 걸어 볼 수 있는 기회를 제공하기도 합니다. 철조망 너머의 모습을 담고 싶어서 습관적으로 휴대전화를 꺼내 들었다가 뒤따르던 군인에게 저지당했는데, 그 순간 남북한이 여전히 대치 중인 공간에 있음을 실감할 수 있었습니다.

한편, 비무장지대가 생명의 보고, 멸종위기종의 낙원이기만 한 것은 아닙니다. 지금 비무장지대로 설정된 곳은 한국전쟁 중에 치열한 고지전이 벌어졌던 장소이기도 합니다. 집중 폭격으로 산이 무너지고 땅이 파괴되었습니다. 또 전쟁이 끝난 후에는 남북한 양측이 시야를 확보해 상대를 감시하려고 나무를 불태웠습니다. 그래서 비무장지대 곳곳에는 민둥산과 더 이상 식물이 자라지 않는 불모지가 많이 있습니다. 식물이 사라지자 그곳을 삶의 터전으로 삼았던 동물들도 자취를 감추었습니다. 비무장지대뿐 아니라 접경지역조차 남북한이 체제 선전 목적으로 이용하기 위해 농경지를 확대하면서 삼림 면적이 축소되고 있습니다.

비무장지대는 애초에 군사 충돌과 전쟁의 재발을 막기 위해 남한과 북한 사이에 무장하지 않은 완충지대 조성 목적으로 설치되었습니다. 그러나 지금의 비무장지대는 철저한 무장화로 한반도

내에서도 군사적 긴장감이 가장 높은 곳입니다. T. R. 페렌바크는 《이런 전쟁》에서 "바다에서는 배들이 북한의 잿빛 물에서부터 퇴각을 하고 은빛 비행기들은 그들의 비행장에 조용히 내려앉았다. 이제 전쟁은 없다. 그러나 평화도, 승리도 없다. 이것이 휴전이다"라고 했습니다. 지금의 한반도 상황과 비무장지대의 성격을 잘 보여 주는 문장입니다. 생태계 보존과 생물 다양성 보호가 비무장지대 설치의 목표가 아니었다는 사실은, 전쟁이 재발할 경우 이곳이 언제든지 다시 인간을 포함한 모든 생명이 살아갈 수 없는 땅이 될 수 있음을 시사합니다. 생명과 평화 그 자체를 목적으로 삼겠다는 의지와 다짐만이 한반도와 비무장지대를 평화의 공간으로 지켜 낼 수 있습니다.

비무장지대가 역사적으로, 생태적으로 중요한 가치를 지닌 곳이다 보니 이 지역의 개발과 보존을 둘러싸고 다양한 목소리가 나오고 있습니다. 《DMZ의 역사》의 저자 한모니까는 비무장지대가 '시대적 배경과 행위자들의 역학관계와 정책적 판단에 따라 적극적으로 만들어진 것'이라고 했습니다. 비무장지대라는 공간이 처음 구상되고 형성된 뒤부터 현재까지 끊임없이 변해 왔듯이 미래에도 변화할 수 있다는 이야기입니다. 비무장지대를 어떤 공간으로 만들 것인지는 현재와 미래의 행위자인 우리의 결정에 달려 있습니다. 즉 비무장지대에 대한 우리의 상상이 곧 미래의 현실이 될 것입니다. 비무장지대가 남한과 북한 그리고 다양한 동식물이 평화롭게 공존하는 생명의 장이 되면 좋겠습니다.

화전민과 광부들이 일군 땅, 정선

·민둥산 ·아우라지 ·뿌리관 ·삼탄아트마인

정선을 생각하면 가장 먼저 반사적으로 떠오르는 기억이 있습니다. 10여 년 전에 차를 몰고 정선에 처음 갔을 때였는데요. 도로 표지판에 '정선'이 보이기 시작하자 차창 밖의 풍경이 갑자기 달라지기 시작했습니다. 강원도의 여러 곳을 다녀 보았지만 정선이 풍기는 느낌은 확연히 달랐습니다. 산세가 높다 보니 그만큼 산자락도 길었는데, 도로 지척까지 길게 툭툭 뻗은 산자락이 이제부터 다른 세계가 펼쳐질 것임을 예고하는 듯했습니다. 정선을 수식하는 말로 많이 쓰이는 '하늘과 맞닿은 곳'이라는 표현이 결코 과장된 수사가 아님을 알 수 있었습니다.

얼마 전 김원일의 장편소설 《아우라지 가는 길》을 읽다가 제가 받았던 느낌을 적확하게 표현한 문장을 만났습니다. 작가는 정선으로 가는 지방 도로를 지날 때의 풍경을 "주위로 높은 산이 불끈불끈 솟는다"[64]라고 묘사했습니다. 여기서 중요한 포인트는 바로 '불끈불끈'이라는 수식어입니다. 정선의 이런 남다른 면모를 기록으로 남긴 이가 한 명 더 있는데, 바로 실학자 이중환입니다. 그는 정선을 여행한 후 《택리지》에서 "무릇 나흘 동안 길을 걸었는데도 하늘과 해를 볼 수 없었다"[65]라고 했습니다. 첩첩이 높은 산이 둘러싸고 있어서 해가 늦게 뜨고, 빨리 저물었기 때문인 것 같습니다.

정선에 터를 잡은 사람들은 산과 땅이 내주는 것에 철저히 기대어 살았습니다. 정선이 사람이 살기에 그리 좋은 땅이 아니었다는 것은 옛 기록을 통해 알 수 있습니다. 19세기 후반 정선군수였던 오횡묵이 "정선의 지리적 특징은 산이 아니면 골짜기이고 골짜기가 아니면 물이며, 조금도 평탄한 곳이란 없고 이른바 수답(水畓)은 몇 섬지기에 지나지 않는 곳이었다"[66]라고 했을 정도로 산지가 많고 척박했습니다. 농경지가 적다 보니 정선 농민 대다수가 화전을 일구거나 약초, 나물을 캐 팔아서 생계를 유지했습니다. 조선 정부는 법으로 화전을 금지했지만 농토를 확보하기 위해 산 중턱 아래에 한해 화전 개간을 장려하기도 했습니다. 오횡묵이 남긴《정선총쇄록》에는 화전에 불을 지를 때가 되어 마을 사람들이 모두 산에 올라가 들에서는 사람을 볼 수 없었다는 기록이 남아 있기도 합니다. 최근 관광객이 많이 찾는 민둥산은 화전 경작이 만들어 낸 자연경관이라 할 수 있습니다. 반복적으로 불을 놓았던 곳에 더 이상 나무가 자라지 않았고 억새가 자생하며 군락을 이루었습니다.

한편, 정선에는 궁벽하고 궁핍한 이미지와는 상반되는 지명도 있습니다. '아우라지 마을'로 알려진 여량(餘糧)이라는 곳입니다. 말 그대로 '식량이 넉넉하다'라는 뜻인데, 이곳은 남한강 상류인 골지천과 송천 두 물줄기가 만나면서 주변으로 너른 평야가 형성되어 다른 곳보다 비교적 농업생산량이 풍부했다고 합니다. 이곳에 가면 아우라지를 사이에 두고 마주 보고 서 있는 처녀상과 총각상을 만날 수 있습니다. 아우라지 처녀가 목재를 싣고 한양으로 떠난 떼꾼 총각을 기다리다가 총각이 죽었다는 소식을 듣고 절망해 그만

강에 몸을 던졌다는 이야기가 전해지는 곳입니다. 이 이야기를 듣고 비로소 '떼돈 번다'라는 말의 유래를 이해할 수 있었습니다. 유유히 흐르는 아우라지를 바라보며 애처로운 남녀의 사연을 상상하면 그 시절 뗏목 가득 목재를 싣고 한양으로 나르기 위해 분주했을 떼꾼들의 모습이 눈앞에 펼쳐지는 듯합니다. 광해군 대의 기록을 보면 강원도민들이 벌목과 목재 수송 동원을 피하려고 열 가구 중 아홉 가구가 도망하는 상황이 벌어졌다고 합니다. 당시 떼꾼들이 군수보다 많은 봉급을 받은 이유를 알 것 같습니다.

한적했던 정선이 사람들로 북적이기 시작한 것은 고한과 사북에 탄광이 문을 연 이후입니다. 1959년에 삼척탄좌, 1963년에 동원탄좌가 영업을 시작하면서 전국 각지의 사람들이 정선으로 모여들었고 적막했던 도시가 들썩이기 시작했습니다. 우리나라는 1960년대 초부터 경제개발5개년계획을 추진하며 급속한 산업화 정책을 펼쳤는데, 이 과정에서 자연히 석탄 수요가 증가했습니다. 그리고 1970년대 1·2차 석유 파동을 거치면서 석탄에 대한 의존도는 더욱 높아졌습니다. 이 시기 정선뿐 아니라 우리나라 탄광 지역 대부분이 최고의 호황을 누렸습니다. 석탄이 돈이 되는 세상이 되자 탄광주는 채굴량을 늘리기 위해 더 많은 탄광을 개발했고 정부는 산을 깎아 그 위에 철로를 놓은 뒤 석탄을 실어 날랐습니다. 밥벌이를 위해 낯선 땅에 모여든 사람들은 산비탈을 깎아 집을 짓고 탄광의 어둠 속으로 몸을 밀어 넣었습니다.

2008년에 옛 동원탄좌 복지회관 건물에 역사박물관인 뿌리관[67]

이 문을 열었습니다. 뿌리관은 석탄산업의 역사를 훑어볼 수 있는 자료와 사북항쟁, 석탄산업 합리화 정책 시행 이후 광부와 지역민들이 전개한 생존권 투쟁의 역사를 보여 주는 자료들을 전시하고 있습니다. 또 당시 탄광촌의 모습과 사람들의 일상을 확인할 수 있는 여러 기록과 물건들이 전시되어 있는데, 그중 눈에 띄는 것이 광부들의 주거지였던 사택을 찍은 사진입니다. 허술해 보이는 집들이 산 전체에 빼곡하게 들어서 있는 모습을 담고 있는데, 이 사진 한 장만으로 고단했을 광부와 그 가족들의 삶이 전해지는 것 같았습니다. 뿌리관에서 조금 떨어진 곳에는 옛 동원탄좌 건물을 활용해 만든 사북석탄역사체험관이 있습니다. 동원탄좌 사북광업소는 2004년에 문을 닫았는데, 사북석탄역사체험관은 그날 이후로 멈추어 버린 시간의 흔적을 고스란히 보존하고 있었습니다. 체험관은 현재 리모델링 공사를 진행해 재개관을 앞두고 있습니다.

전국 각지의 사람들을 탄광촌으로 이끈 것은 당연히 돈이었습니다. 당시 광부의 월급은 공무원 월급의 두 배 정도였다고 합니다. 광부의 높은 임금은 열악한 주거 환경, 건강, 안전과 맞바꾼 것이었고 때로는 목숨을 담보한 것이기도 했습니다. 광부와 광부의 가족들은 탄광에서 사고가 일어날지도 모른다는 불안과 공포 속에서 살았습니다. 그리고 많은 광부가 사고로, 진폐증으로 목숨을 잃었습니다. 삼척탄좌 정암광업소가 있던 자리에 들어선 삼탄아트마인에서는 탄광촌의 일상과 광부들의 삶을 엿볼 수 있는 전시물을 관람할 수 있습니다.

석탄은 목숨이다 / 광부 아저씨들이 목숨을 바치면서 캐니까 / 석탄은 생명이다 / 석탄이 있어야지 우리가 살 수 있으니까 / 석탄 때문에 죽고 / 석탄 때문에 산다

한 초등학생이 지은 시 속에 삶이자 죽음의 공간이었던 탄광의 면모가 잘 담겨 있습니다.

1980년대 후반부터 석탄 수요가 감소하면서 전국의 탄광들이 문을 닫기 시작했고 1988년에 시행된 석탄산업 합리화 정책에 따라 정선의 탄광도 문을 닫았습니다. 정선 주민들은 폐광촌 지역민들을 위한 대책을 요구하며 생존권 투쟁을 벌였고, 그 결과 강원랜드 설립이 결정되었습니다. 탄광과 사택이 있던 자리에 지금은 번듯한 카지노와 스키장, 골프장을 갖춘 리조트가 들어섰습니다.

이 과정에서 정선 백운산 일대의 대규모 산림이 훼손되었습니다. 정선의 역사를 산과 대지의 입장에서 다시 쓴다면 인간에 의해 불태워지고, 파헤쳐지고, 도륙된 과정일 것입니다. 뿌리관 안내를 해 주던 관장님 설명에 따르면 탄광산업이 활황기였을 때는 석탄 가루 때문에 하천으로 검은 물이 흘러서 아이들이 강을 그릴 때 검은색으로 칠했다고 합니다. 지금은 더 이상 정선에 검은 물줄기가 흐르지는 않지만 과거 송천을 헤엄치던 열목어가 다시 돌아왔을지는 의문입니다.

동학의 생명 사상을 생태 사상으로 부활시킨 원주

· 흥원창 · 3대 폐사지 · 무위당기념관 · 최시형 피체지 · 박경리문학공원

원주는 조선 시대 500년 동안 감영이 존재하던 강원도 지방 행정의 중심지였습니다. 500년 동안 수많은 관찰사가 원주를 거쳐 갔는데, 그중 잘 알려진 사람이 황희와 정철입니다. 정철이 남긴《관동별곡》에 등장하는 "섬강이 어듸메요, 디악이 여긔로다"라는 문구가 바로 원주의 섬강과 치악산을 노래한 것입니다. 몇백 년 전이나 지금이나 섬강은 원주를 가로지르며 한강을 향해 유유히 흐르고, 치악산은 높이 우뚝 서서 원주 지역을 굽어보고 있습니다.

원주의 역사는 남한강과 떼어 놓고 설명할 수 없습니다. 오래전부터 사람은 강과 더불어 살았습니다. 그래서 강에 인접한 지역에는 강과 사람이 맺어 온 관계에 관한 수많은 이야기가 있습니다. 남한강은 지금처럼 육상 교통이 발달하기 이전에 철도와 고속도로의 역할을 대신했습니다. 특히 남한강이 내륙 수로로 확고한 지위를 확보하게 된 고려 시대와 조선 시대에는 원주가 물류 교통의 중심지 역할을 했습니다. 고려와 조선 시대에 정부는 지방에서 거둔 세곡을 조창에 보관해 두었다가 강이나 바다를 통해 수도로 실어 나르는 조운 제도를 운영했습니다. 고려 시대에는 전국 13곳에 설치되었다가 조선 시대에는 9곳으로 축소되었습니다. 그중 원주에 설치되었던 조창이 바로 흥원창입니다. 지금은 흥호리 포구에 서 있는 표지석만이 과거에 그곳이 강원 영서와 내륙 도시에서 거둔

세곡을 보관하던 장소였음을 말해 줍니다. 어쩌면 정선 아우라지에서 출발한 떼꾼 총각 역시 한양으로 가는 길에 이곳을 지났을지도 모릅니다. 그는 흥원창을 바라보며 어떤 생각을 했을까요?

원주를 여행하는 방법 중 한 가지는 남한강 줄기를 따라가는 폐사지 여행입니다. 남한강 수로는 세곡이나 물자만을 나른 것이 아니라 사람과 문화도 날랐습니다. 중앙의 문화가 지방으로 퍼졌고 각 지역의 문화가 연결되었습니다. 사람과 물자가 이동하면서 남한강을 따라 그 주변으로 포구와 방어 시설, 사찰 등이 발달했습니다.[68] 사람이 이동하는 길을 따라 종교 시설이 발달한 경우는 매우 흔합니다. 교역의 중심지였던 홍해 연안의 메카에서 이슬람교가 탄생했고 갠지스강 근처의 바라나시에서 불교가 탄생해 강을 따라 확산되었습니다. 그리고 상인들과 승려들이 왕래하던 사막길을 따라 수많은 불교 사원이 건립되었습니다.

남한강이 지나는 원주에도 물줄기를 따라 대규모 사찰이 건립되었습니다. 거돈사와 법천사, 흥법사인데, 지금은 터만 남아 있어 남한강 유역의 대표 3대 폐사지로 꼽힙니다.[69] 고려 시대에 크게 번성했던 이 사찰들은 모두 임진왜란 때 불에 탔는데, 그 뒤로도 많은 시련을 겪었습니다. 거돈사의 원공국사승묘탑과 법천사의 지광국사현묘탑, 흥법사의 진공대사탑비가 일제강점기에 불법 반출되었다가 우여곡절 끝에 반환되었습니다. 그중 지광국사현묘탑은 조선총독부가 경복궁 내에 만든 박물관에 세워져 있다가 한국전쟁 때 유탄에 맞아 크게 훼손되었습니다. 오랜 시간 복원에 힘쓴 결과

최근에야 제 모습을 갖추게 되었고 2023년에 고단했던 여행을 마치고 원래 자리인 법천사 터로 돌아왔습니다. 과거 마을 사람들과 길손들의 방문으로 북적였을 절터에 지금은 석탑과 현묘탑비만 남아 있지만 이곳을 찾았을 사람들을 상상하며 폐사지가 선사하는 고즈넉한 풍경을 즐길 수 있습니다.

남한강 유역의 폐사지들은 하나씩 떼어 놓았을 때 한 개의 점으로 존재했지만 그 점들을 연결하자 강줄기와 나란히 이어지는 하나의 선이 되었습니다. 그 선이 강에 의지하고 강과 더불어 살았던 선조들의 역사를 말해 주는 듯합니다. 보통 폐사지를 여행하면 절이 가장 융성했을 때의 모습을 상상하게 되고 그 상상은 곧 '한때 번성했던 절이 쇠락한 이유는 무엇일까?'라는 질문으로 이어집니다. 결국 폐사지 답사 뒤에 남는 것은 절의 최후 모습으로서 그 공간이 주는 쓸쓸한 인상입니다. 생태환경적 관점의 폐사지 답사는 절이 쇠락한 이유를 좇으려 했던 질문의 방향을 이곳에 절을 세우려 했던 사람들의 마음으로 향하게 합니다. 절을 세우기 위해 자연환경, 지리, 교통 등 다양한 요소를 고려했을 것입니다. 그 질문을 좇아 답사하면 폐사지는 절의 최후와 만나는 장소가 아니라 그곳에서 깃들어 살기를 선택했던 과거 사람들의 사유, 인식과 만나는 장소가 됩니다.

원주를 여행하는 방법 중 다른 한 가지는 생명 사상, 생태 사상을 확산시킨 인물들의 발자취를 따라가 보는 것입니다. 우리를 인도할 세 명의 인물은 바로 동학의 2대 교주 최시형, 한살림 운동의

창시자 장일순,《토지》를 집필한 박경리입니다. 최시형은 최제우가 처형된 이후 동학 교리를 체계화하고 동학의 교세를 크게 확장했습니다. 그는 인간뿐 아니라 주변 모든 것에 다 하늘이 담겨 있다고 보았으며, 이를 발전시켜 경천(敬天), 경인(敬人), 경물(敬物)의 삼경 사상을 제시했습니다.[70] 오늘날 자연에도 인간의 권리와 같은 인격권을 부여하자는 주장이 제기되고 있는데, 최시형이 그 당시에 이미 이런 주장을 내세웠다는 사실이 놀라울 따름입니다. 최시형은 정부의 탄압을 피해 쫓기다가 마지막에 원주에 머물렀고, 결국 체포되어 한양으로 압송되었습니다. 원주 서면 송곡리에는 최시형이 은신했던 원진녀 생가가 복원되어 있습니다.

　평소 최시형을 가장 존경하는 인물로 꼽았고 그의 생명 사상을 계승하는 삶을 살고자 했던 사람이 바로 무위당 장일순입니다. 그는 1970년대 중반부터 본격적으로 농촌 문제에 관심을 기울이며 생명 운동을 시작했습니다. 장일순은 한 인터뷰에서 생명 운동을 시작한 계기를 묻는 질문에 "땅이 죽어 가고, 생산을 하는 농사꾼들이 농약 중독에 의해 쓰러져 가는 걸 보면서 인간만의 공생이 아니라 자연과도 공생을 추구해야 하는 시대가 왔다는 걸 느꼈다"라고 했습니다.[71]

　장일순은 생명 사상의 뿌리를 동학에서 찾았습니다. 동학 정신이 사람과 사람, 사람과 만물의 조화를 추구하는 데 있다고 보았고 이를 실천의 원리로 삼아 신용협동조합 운동과 생명 운동을 전개했습니다. 이 과정에서 장일순과 함께 주도적 역할을 한 사람이

1965년에 초대 원주교구장으로 임명된 지학순 주교입니다. 이들은 경제성장과 산업화를 위해 사회 전체가 빠른 속도로 내달리는 당시 상황에서 생존권을 위협받던 도시 빈민과 노동자, 농어민, 광산 노동자의 삶에 주목했습니다. 자연과 인간의 공생, 생명권 존중과 생존권 보장을 추구하는 생명 운동은 곧 반독재 운동의 한계를 뛰어넘는 새로운 차원의 민주화 운동이기도 했습니다.

신용협동조합 운동과 생명 운동은 한살림 운동으로 결실을 맺었습니다. '함께 산다'는 의미를 담은 한살림 운동은 1985년 원주소비자협동조합 창립과 함께 본격화되었습니다.[72] 한살림 운동은 농산물 도농 직거래를 통해 농촌과 도시, 생산자와 소비자의 협동과 연대를 실천하며 사람과 자연을 해치지 않는 농업생산을 목표로 삼고 있습니다. 1989년에 발표된 〈한살림선언〉에는 자연과 인간, 인간과 인간이 공존하는 지속가능한 공동체를 추구하는 한살림 운동의 지향점이 잘 담겨 있습니다. 대량생산, 대량소비 시스템의 한계가 생태시스템 붕괴, 기후위기로 증명되고 있는 오늘날, 지속가능한 미래로 나아가기 위한 실천의 원리를 읽을 수 있습니다. 무위당기념관에는 생명 운동을 위해 헌신한 장일순이 남긴 그림, 글씨 등의 서화 작품이 전시되어 있어 그의 철학과 사상을 엿볼 수 있습니다.

마지막으로 찾아갈 곳은 박경리문학공원입니다. 박경리가 25년에 걸쳐 완성한《토지》는 동학 농민 운동부터 광복까지의 역사를 다룬 대하소설입니다. 박경리는 딸이 사는 원주로 이사해《토지》의 마지막 4부와 5부를 완성했습니다. 그는 언론과의 인터뷰에서 종종 "지속가능한 삶을 위해 자연이 주는 이자만 가지고 살아야 한다"라고 말하곤 했습니다. 그의 작품 《토지》에는 자연과 조화로운 관계 맺기를 중시하는 작가의 생명관이 잘 담겨 있습니다. 작가의 이런 관점을 알기 전에 《토지》를 읽었을 때와 알고 나서 다시 읽었을 때의 느낌은 확연히 달랐습니다.

생태 사상을 테마로 지역의 역사를 새롭게 들여다보는 시도도 가치 있는 생태환경사 수업이 될 수 있다고 생각합니다. 동학의 생명 존중 세계관이 최시형, 장일순, 박경리의 삶에서 발아해 생명 운동으로 이어지고 현재를 살아가는 사람들의 삶 속에 녹아든 과정을 생생하게 느낄 수 있는 답사 여행이 될 것입니다.

장소에 대한 이야기들이 쌓이는 즐거운 상상

제가 오랫동안 생활해 온 강원도에서 생태 답사 1번지의 장소들을 꼽아 보았습니다. 생태환경사 관점에서 답사할 수 있는 장소들을 소개하는 글을 쓰려고 마음먹었을 때 머릿속에 여러 지역이 떠올랐습니다. 막상 글을 쓰기 시작하자 각각의 장소에 대해 하고 싶은 말이 점점 더 많아졌고 장소와 연결되는 또 다른 장소들이 계속 생각났습니다. 관심을 가지고 들여다보자 강과 바다, 들과 산, 그곳에서 살다 간 사람들이 만들어 낸 이야기가 무궁무진 이어졌습니다. 그래서 아직 못 다한 말이 많습니다.

원주 흥원창에서 시작한 이야기를 춘천 소양강창, 충주 가흥창을 따라 이어 가고 싶습니다. 또 정선 사북 탄광 지역에서 1960년대부터 1980년대 석탄 기반의 삶을 떠받쳤던 광부들의 이야기를 듣고 나니 석유와 핵에너지의 사용이 가져온 삶의 변화도 궁금해졌습니다. 그래서 해양 기름 유출 사고의 흔적이 남아 있는 태안, 핵폐기장 설립을 둘러싼 갈등의 역사를 간직한 안면도도 다음 답사지 목록에 올려 두었습니다.

보다 많은 공간의 현재를 기억하는 목격자가 되고 싶습니다. 목격자가 많아져서 장소에 대한 각자의 다양한 이야기가 더 많이 쌓이고 축적되면 좋겠습니다. 우리가 살던 곳이 과거에 어떤 곳이었는지, 지금 어떤 모습으로 존재하는지 기억하는 사람이 많아져야 멀리 나아갔더라도 다시 돌아올 수 있습니다. 장소들이 간직한 이야기가 우리의 입에서, 손끝에서 더 멀리 뻗어 나가고 서로 연결되는 즐거운 상상을 해 봅니다.

4. 구술 인터뷰로 산업화와 공해의 역사 돌아보기

"원진레이온이 우리 동네에 있었다고요?"

2021년 민주화운동기념사업회 교사 연수에 참가한 적이 있습니다. '이야기로 만나는 현대사 탐방'이라는 프로그램이었는데요. 그 프로그램 중 하나가 녹색병원 답사였습니다. 구리시와 남양주시를 오가며 20년을 근무했고 지금도 그 동네에서 사는 저로서는 반가웠지요. 그런데 구리시에 있는 이 녹색병원이 원진레이온 사건을 계기로 세워진 병원이라는 이야기는 답사하면서 처음 들었습니다.

"네? 원진레이온이요? 그 회사가 구리시에 있었다고요?"

원진레이온 사건은 너무나 충격적이었기에 현대사에 크게 관심이 없어도 기억하는 이들이 많습니다. 이 기업은 1966년부터 1991년까지 레이온(인견) 원사를 생산했는데, 우리나라 역사상 가장 큰 규모의 산업재해를 일으켰거든요. 역사 교과서에 거의 나오지 않아 모르는 이들도 있지만 워낙 큰 사건이라 인터넷 검색만 해도 이 기업에서 어떤 일이 있었는지, 그 사건이 어떻게 녹색병원으로 이어졌는지 알려 주는 자료는 제법 찾을 수 있습니다.* 이 글을 준비하면서 저도 1900년대 신문 기사를 검색해 보았습니다. 1,525건의 기사가 나왔는데요. 기업에 관한 소식이 주를 이루는 가운데 1977년 원진레이온이 미주 지역 등 시장을 집중 개척하고 수출 목표를 20퍼센트 증액한다는 기사[73]가 눈에 들어왔습니다. 당시 레이온사는 세계 시장에서 각광받는 수출 효자 상품이었다고 합니다. 레이온 원사를 만드는 과정에서 인체에 치명적인 물질이 발생해 미국과 일본을 비롯한 선진국에서는 자국에서 공장을 없애는 추세였다는 사실과 관련이 있겠지요.

원사를 생산하는 과정에서 이황화탄소(CS_2) 가스가 발생하는데, 이 기체는 호흡기를 통해 체내로 쉽게 유입되고 독성이 매우 높다고 합니다. 이황화탄소에 노출되면 눈, 피부, 신장, 간, 중추신경계, 심혈관 계통에 영향을 줄 수 있고 흡입할 경우 현기증, 두통, 구역질, 호흡 곤란, 구토, 환각 등의 증세가 나타날 수 있습니다. 만성적으로 노출될 경우 중추신경계가 손상되어 시력 장애 및 감각 변화까지 일으킬 수 있습니다.

---

* 네이버 뉴스 라이브러리에서 1900년대 종이 신문 자료를 검색할 수 있다(https://newslibrary.naver.com/search/searchByDate.naver).

이렇게 위험한 물질에 노출되는 작업 환경이면 대부분 환기 시설과 안전장치가 필수적이라고 생각할 것입니다. 그런데 원진레이온은 더 질 좋은 제품을 만들어 회사의 수익을 높이겠다는 일념으로 습도를 낮추지 않았고 환기 장치조차 설치하지 않았습니다(레이온사는 높은 온도에서 생산했을 때 질 좋은 상품을

얻을 수 있습니다). 오히려 수출 물량을 맞추기 위해 공장을 24시간 가동했습니다. 많은 노동자가 독성에 고스란히 노출되고 있다는 사실을 모른 채 철야, 연장 근무까지 하면서 일했습니다.[74]

원진레이온 사건은 공해로 인간의 건강과 자연이 훼손된 대표적인 사례입니다. 산업화가 어떤 악영향을 끼치는지, 인간을 어떻게 죽음에 이르게 하고 환경을 얼마나 망가뜨릴 수 있는지 잘 보여 주는 사건입니다. 나아가 한국 현대사의 눈부신 경제성장 – 산업화가 말하지 않는 이면을 압축적으로 드러냅니다. 놀랍게도 원진레이온은 1986년 노동부로부터 '2만 5,000시간 무재해 기록증'을 받았습니다.[75] 이 기업이 자행한 일을 제대로 기억하지 못한 채 경제성장의 역사만 기억하다 보면 우리도 자칫 그때 상을 주던 사람들을 닮지 않을까 두려워집니다.

영문도 모르고 쓰러진 사람들, 말라 죽는 나무들

연구자 윤성은은 원진레이온 산업재해 피해 노동자 25명을 구술 인터뷰한 바 있습니다.[76] 저자는 이 글에서 "나치의 아우슈비츠 수용소에 비견될 정도로 습도가 높은 혹독한 환경"이라는 표현을 사용했습니다. 지나친 비유가 아닐까 싶었는데, 증언을 읽다 보니 이해가 되었습니다. 작업한 지 하루 만에 주머니 속 동전이 까맣게 변하고, 손톱이 닳고, 피부가 물러 터질 정도였다니 얼마나 고된 작업 환경이었을지 상상이 되지 않습니다. 그런데도 노동자들에게 마스크조차 제공하지 않았다거나 습도가 높아 작업복은 늘 땀에 젖어 있었고, 반나절 만에 속옷을 벗어 물을 짜내 가며 일을 해야 할 지경이었다는 대목에서는 한숨이 절로 나오더군요. 그러니 공장 노동자들의 피해는 이루 말할 수 없었겠지요. 네이버 뉴스 라이브러리에서 원진레이온을 검색했을 때 공해 문제가 처음 등장한 것은 《동아일보》의 1977년 10월 24일자 보도입니다. 공장 앞 하수구를 청소하다 세 명이 가스에 질식사했다는 내용입니다. 1979년에도 두 명이 가스 중독사했다는 《경향신문》의 기사가 있었습니다.[77]

직업병 증상은 1980년대부터 좀 더 뚜렷하게 나타나기 시작했습니다. 일하던 사람들이 이유도 없이 픽픽 쓰러졌고 급성 하반신 마비, 심각한 손발 저림 등 이황화탄소 중독 증세를 보였습니다. 다수의 노동자에게 연이어 직업병 증상이 나타났지만 회사에서는 이를 은폐했고 노동관청 역시 미온적으로 대응했습니다.[78]

공장 주변 마을도 공해로 고통받았습니다. 공장에서 배출되는 유독성 가스 때문이었는데, 충격적이게도 주변 나무들이 줄줄이 말라 죽었다고 합니다. 130여 년 된 느티나무를 비롯해 수십 년 된 미루나무와 각종 과일나무가 공장이 들어선 이후 죽음을 맞이했습니다. 근처의 200여 관상수가 죽거나 생기를 잃은 것은 물론 가스가 바람을 타고 마을 뒷산까지 퍼져 일대의 소나무들까지 시름시름 앓았습니다.

주민들은 유독성 가스 때문에 심할 경우 숨조차 제대로 쉴 수 없을 정도로 불편을 겪어야만 했습니다. 달걀 썩는 냄새 비슷한 악취를 풍기는 가스가 매일 마을을 떠도는 바람에 늘 두통 증세를 호소했고 숨이 막힐 것 같은 답답함을 느끼거나 구역질을 하기도 했습니다. 질식해 쓰러지는 사람까지 있었을 정도였지요. 집에 사다 놓은 지 한 달도 안 된 혁대 버클과 서류 집게가 녹슬고 TV 안테나 등 금속이 삭을 정도였다고 하니 그 심각성이 짐작이 가지요? 심지어 공장에서 멀지 않은 도농역에서는 선로 등 각종 철도 시설물이 쉽게 부식되어 열차의 안전 운행에 지장을 줄 우려도 있었다고 합니다.[79] 고통을 참다못한 주민들은 1982년 원진레이온을 상대로 손해배상 소송을 제기했습니다.[80]

이렇게 피해의 심각성이 드러남에도 불구하고 회사 측과 노동관청은 근본적 해결에 나서지 않았습니다. 경영진은 산업재해를 인정하지 않은 채 노동자들에게 언론과 외부에 알리지 않겠다는 각서를 쓰게 하고 소정의 돈을 주는 방식으로 처리하려고 했습니다.[81] 이런 이유로 사건이 외부에 잘 알려지지 않았는데, 당시 기사를 보면 기자조차 이 일을 언급하기가 조심스럽다고 말하는 대목이 나옵니다.

> 그러나 이곳의 공해 문제가 심각한 것이었고 환경 개선이란 절실한 과제를 생각할 때 소송이 불가피하다는 결론에 이른 것이다. 이를 취재 보도하는 기자의 심정도 마찬가지였다. 이를 보도할 경우 이제 재기의 걸음마를 시작하려는 이 회사에 큰 심리적 타격을 주게 되지 않을까 하는 우려가 앞섰던 게 사실이었다.
>
> "공해 대리 소송", 《경향신문》, 1982년 12월 30일

이 기사에서 당시의 인식을 엿볼 수 있습니다. 성장과 개발을 위한 피해는 불가피하다는 성장지상주의 가치관이 팽배해 있었음을 알 수 있습니다. 건강한 일터에서 일할 권리, 일터의 유해환경에 대해 알 권리쯤은 수출지상주의에 가려져 있는 시대, 원진레이온 피해자 정근복은 다음과 같이 절규했습니다.

> 직업병이 노동의 대가입니까? 고생만 하는 아내와 3남매를 데리고 남들처럼 행복하게 살고 싶었습니다. 중독으로 벌겋게 충혈된 눈과 비틀거리는 모습을 자식들에게 보이지 않으려 무진 애를 쓰면서 수당 조금 더 타서 자식 공부시키려고 18년간 뼈 빠지게 일만 했습니다.
>
> "직업병이 노동의 댓가입니까?", 《한겨레》, 1988년 8월 9일

사라진, 그러나 여전히 우리 주변에 있는 원진레이온

지금 남양주시 도농역 부근에서 원진레이온의 흔적을 찾기는 어렵습니다. 중앙선 열차를 이용하며 도농역을 지날 때마다 하늘로 치솟던 뽀얀 공장 연기를 기억하는 사람들도 있겠지만 그 터는 대규모 아파트 단지로 재개발되었습니다.

공장은 1993년에 폐쇄되었습니다. 2만 5,000시간 무재해 사업장이라 칭찬하고 격려하던 전두환 정권이 끝난 1988년 이후, 이 최악의 재해 사업장과 그로 인해 고통받던 이들의 모습이 점차 알려지기 시작했습니다.[82] 피해자들이 단결해 회사에 배상과 대책을 요구하고 진보적인 언론과 국회가 나서면서부터 문제 해결의 실마리가 열렸습니다.

1991년 1월 5일, 또 한 명의 원진레이온 피해자가 세상을 떠났습니다. 피해자 가족을 비롯해 시민 사회는 137일 동안 장례를 치르지 않고 투쟁했습니다. 3월 초 시작한 투쟁은 재야 운동가, 시민 단체가 참여하는 대중 집회를 매일 진행했고 언론에 보도되고 여론이 조성되면서 국회에 실태 조사 소위원회가 구성되었습니다. 이후 1,000명 안팎의 노동자가 산업재해 피해자로 인정받았습니다. 단일 사업장으로는 유례가 없을 정도로 많은 노동자가 고초를 겪었던 것입니다.

그런데 이 사건을 좇으며 여기서 끝이 아니란 것을 알게 되었습니다. 녹색병원과 원진산업재해자협회 사무실에 방문하면서, 자료를 찾아 사건의 개요를 알아 가면서 세상을 떠난 이들이 여럿이라는 것뿐 아니라 많은 사람이 그때 그 일로 여전히 고통받고 있다는 사실을 마주했습니다. 원진레이온의 흔적은 과거에 일어난, 나와 무관한 이들의 이야기가 아니라 가까운 이웃이 지금도 힘겹게 겪어야 하는 현실의 문제였습니다. 공장터를 차지한 대단지 아파트라는 구조물, 산업화라는 승리의 서사 속에 소거된 듯했지만 잊어서는 안 되는 공간의 역사와 존재들이 우리 곁에 숨 쉬고 있는 것입니다.

제가 근무하던 고등학교에 역사 동아리가 있었습니다. 해마다 지역사 주제를 잡아 함께 조사하고 토론하면서 보고서를 쓰곤 했는데요. 2022년에는 이 사건을 증언하는 분들의 이야기를 들어 보기로 했습니다. 이 프로젝트를 마친 후 2학년 학생이 쓴 보고서의 일부를 소개합니다. '구술사 프로젝트'라는 1년간의 활동 결과를 정리해 작성한 보고서입니다. 어머니에게 이 사건을 설명하는 형식의 글인데, 함께 읽어 볼까요?

엄마는 원진레이온 사건에 대해 들어 본 적 있어? 내가 이 사건에 대해 조사를 시작하면서 주변 사람들에게 엄마에게 한 질문과 같은 질문을 해 봤어. 주변 친구들에게도, 학원 선생님께도. 근데 아무도 알고 있는 사람이 없었어. 우리집 근처의 부영아파트 자리에서 일어났던 사건이고, 심지어 녹색병원과도 관련된 일인데 말이야! 그래서 내가 오늘 원진레이온 사건과 관련된 일을 하시는 분을 만나고 왔어. 할아버지뻘 되는 분인데, 무려 원진산업재해자협회의 이사장을 맡고 계신 분이야.

이사장님은 안구의 미세동맥류와 간장 장애로 한 달에 한 번씩 병원에 방문하고 있다고 말씀하셨어. 더 놀라운 점은 이사장님뿐만이 아니라 비슷하게 건강에 이상이 생기신 분들이 무려 916명이나 더 있다는 거야. 그분들은 팔다리 마비와 언어 장애, 기억력 감퇴, 정신 이상, 성 불능, 콩팥 장애 등의 증상을 겪으셨고, 지금까지도 겪고 계시다고 해.

〈기억과 기록-인창고 역사 동아리 원진레이온 구술사 보고서〉,

1학년 학생 보고서 서문

그토록 많은 이가 피해를 겪었고 여전히 고통스러운 현실을 마주해야 하는 사람들이 있는데, 이 이야기가 잊히면 안 된다고 생각했습니다. 존재로서 사건을 증명하는 사람들의 이야기를 듣고 그 목소리를 되살려 더 많은 이에게 전달해야 할 필요를 느꼈습니다. 그리고 이 이야기를 담은 새로운 역사 서사가 만들어져야 한다고 생각했습니다. 구술사 프로젝트라는 거창한 이름의 활동을 시작한 이유였지요.

역사 동아리 학생들과 구술사 프로젝트를 시작하다

결심은 했지만 막상 시작하려니 걸리는 부분이 많았습니다. 실상 저 자신도 구술사 기록 훈련을 받은 적이 없었습니다.[83] 더욱이 선생님들은 잘 알겠지만 역사 동아리라고 해서 역사를 좋아하는 학생들로만 구성되지는 않거든요. 다른 동아리를 지원했다가 떨어져

오는 학생도 많았고 역사 심화 연구를 어려워하는 학생들이 절반 이상이었습니다. 프로젝트를 구성하고 실행하는 데 처음부터 고민이 많았습니다. 확실한 계획을 세워 진행하지는 못했지만 학생들과 함께 활동하고 공부하면서, 주변 분들의 도움을 받으면서 조금씩 구체화했습니다.

먼저 학생들과 노동건강환경연구소에서 펴낸《고통에 이름을 붙이는 사람들》을 읽고 연구원을 초청해 상의를 들었습니다. 연구소는 원진레이온 직업병 피해자와 시민 사회의 투쟁을 통해 1999년에 설립된 원진직업병관리재단 산하 기관인데요. 학생들은 강의를 들으며 사건의 개요를 본격적으로 접할 수 있었습니다. 이후 세부 주제를 나누고 팀을 구성해 3시간씩 3차시, 모두 9시간 동안 조사와 정리 작업을 진행했습니다. 어떻게 지도해야 할지 처음 느낀 막막함과 달리 막상 시작하고 나니 학생들은 예상했던 것보다 적극적이었고 저 역시 힘을 얻었습니다. 사건의 내용을 알게되면서 학생들은 점점 더 열의를 보였습니다. 왜 그랬을까요? 팀별로 조사 결과를 발표할 때 학생들이 한 이야기 속에 답이 있었습니다.

이렇게 심각한 사건이 우리 주변에서 벌어졌다는 것이 놀랍고 조사하기 전까지 몰랐던 것에 조금 죄송스러운 마음이 들었습니다(학생1).
이 지역에서 일어났던 일인데 내가 원진레이온이라는 사건에 대해 몰랐다는 것이 조금 부끄러웠다(학생2).

학생들은 산재 추방 운동 확대, 직업병 역사의 전환점, 노동 안전 분야의 정책적 변화의 계기가 된 이 사건을 왜 많은 사람이 기억하지 못하게 된 것인지 궁금해했습니다. 원진레이온 사건을 교육과정에 추가해야 하지 않느냐고 이야기한 학생도 있었습니다.

원진레이온 사건을 하나도 몰랐는데 이번 기회에 이런 사고가 있었다는 걸 알게 되었다. 이 사건은 교육에 추가되어야 한다고 생각한다(학생3).

자주 가던 병원, 익숙하게 들어왔던 장소가 현대사에서 매우 중요한 사건과 연관되어 있음을 몰랐다는 사실이 학생들에게 첫 번째 충격이었습니다. 그리고 이 일을 당시 지역에 살고 있던 주변 어른들도 모르고 있다는 현실은 두 번째 충격이었습니다. 학생들은 내가 살고 있는 지역의 역사가 나와 연관되어 있음을 느끼고 더 알고 싶어 했습니다. 나아가 '알고 있어야 한다'고 생각했습니다.

자료 조사를 하면서 원진레이온과 관련된 사람들의 이야기와 근황을 찾을 수 없었다. 최악의 산업재해라고 불렸던 원진레이온이 아직까지도 사람들 사이에서 많이 알려지지 못했다는 점이 가슴이 아팠다(학생4). 주변 어른들께 물어봤는데 모르고 있었다. 지역 사회의 관심이 필요하다(학생5).

놀라운 것은 교사가 제시하지 않았는데도 원진레이온 산업재해를 현재와 연관지어 인식하는 학생들이 있었다는 점입니다. 학생들은 SPC 사건을 비롯해 여전히 계속되는 산업재해, 노동자를 희생시켜 회사를 운영하는 경영 방식의 문제점을 지적했습니다. 현실의 문제를 인식한 후에는 산업재해를 예방하기 위한 방법과 대책에 관한 논의까지 자연스레 연결하기도 했습니다. 프로젝트를 진행하며 과거와 오늘의 만남이라는 역사의 현장성을 느낄 수 있었습니다.

> 이 사건은 조금만 예방하고 노력했다면 발생하지 않았을 사건이란 생각이 들어 너무 안타까웠다. 박홍식이 중고 기계가 아닌 새 기계를 사들여 오고, 직원들의 안전복을 제대로 마련하고, 안전 교육을 확실히 했다면 이런 안타까운 참사는 일어나지 않았을 것이란 생각이 들었다 (학생6).
>
> 30년의 세월이 흘렀지만 또 다른 원진레이온 산재 피해자들이 여전히 우리 곁에 존재한다(학생7).
>
> 인간의 이기심, 돈이 불법을 만들어 낸다. 산업재해가 여전히 없어지지 않은 건 인간의 이기심 때문이다(학생8).
>
> 기업이 노동자의 안전에 대한 경각심을 가져야 한다(학생9).

자료 조사 단계에서부터 학생들은 궁금증을 쏟아 냈습니다. 피해자들이 지금 어떻게 지내는지, 공장을 폐쇄한 후 생산 시설은 어떻게 되었는지, 회사가 있었던 지역에 토양오염과 그 영향은 없는

지……. 조사를 통해 생겨난 궁금증은 원진레이온 직업병 투쟁의 당사자를 만나는 구술 인터뷰 단계로 자연스럽게 연결되었습니다.

구술 인터뷰 준비하기

인터뷰에는 일곱 명의 학생이 참가했습니다. 원진재단과 노동건강환경연구소 두 단체에 연락해 프로젝트의 취지를 설명하고 구술자 섭외를 부탁했습니다. 두 분을 섭외해 세 명, 네 명씩 팀을 이루어 면담하고 싶었지만 피해자 중에서 인터뷰를 부담스러워하는 분들이 많아 한 분만 모실 수 있었습니다. 처음에는 원진재단을 통해 간접적으로 대화하다가 구술자가 정해지고 나서는 직접 통화하며 그간 우리가 공부한 내용을 자세히 전달했습니다. 무엇을 궁금해하고 어떤 생각으로 만남을 원하는지 충분히 이야기 나누는 과정을 거쳤습니다. 음성 녹음이나 비디오 녹화 시에는 구술자에게 미리 양해를 구해야 하는데, 비디오 녹화는 구술자가 편하게 말하는데 방해가 될 것 같아 음성 녹음만 허락을 받았습니다.

　섭외를 마친 후 학생들은 구술사 연구 방법에 대해 강의를 들었습니다. 구술을 방법론으로 해 노동사를 연구하는 교수님과 3차시에 걸쳐 학습하는 과정을 거쳤습니다. 교육과정은 구술사의 개념, 인터뷰할 때 주의할 점에 이어 인터뷰 질문 만들기 같은 실무적인 내용으로 구성했습니다. 강의가 끝난 뒤 구술자에게 어떤 이야기를 듣고 싶은지 학생들과 생각을 나누었습니다. 인터뷰 질문을 정하기 전에는 보고서의 독자를 누구로 설정할 것인지 미리 의논하도록 했습니다. 학생들은 저마다 조금씩 다른 관점에서 구술 기록을 정리하기로 했는데, 다음과 같습니다.

학생들이 독자로 정한 대상

A 학생 : 역사학자, 역사를 기록하는 경험이 있는 사람, 중요한 기록을 남기는 사람.
　　　　이야기를 듣게 된 일련의 과정을 상세하게 묘사.
B 학생 : 엄마에게 알려 드리고 싶다.
C 학생 : 많은 사람이 알았으면 좋겠어요. 익명의 독자에게.
D 학생 : 부모님에게 알려 드리고 싶다.
E 학생 : 전 세계 사람들.
F 학생 : 역사 기록자.
G 학생 : 초등학생 어린이들에게 – 우리 지역에 이런 역사가 있었어.

　당사자의 목소리를 전달하고 싶은 대상을 정하고 나니 인터뷰 질문을 구체적으로 생각할 수 있었고 보고서의 방향도 좀 더 명확하게 설정할 수 있었습니다. 이후 사전 작업에서 가장 중요한 질문지를 작성했습니다. 초반에는 사실 확인이나 궁금한 점을 직접적으로 묻는 방식은 피하고자 했습니다. "산업재해 피해는 어떠신가요?"라는 질문보다 "요새 건강은 어떠세요? 병원은 얼마나 자주 가세요?"처럼 구술자가 편하게 말을 꺼낼 수 있는 질문으로 구성했습니다.

어느 토요일 오후 2시, 학교 도서관에서 만남이 성사되었습니다. 구술자, 면담자 혹은 참관자로 참여하는 일곱 명의 학생, 지도 교사 두 명, 연구자가 모였습니다. 인터뷰이로 선정된 두 명의 학생이 구술자를 중심으로 마주 보고 앉았고 다른 학생들은 주위에 둘러앉았습니다. 교사와 연구자는 원 밖에서 학생들의 인터뷰과정을 지켜보았습니다.

구술자와 면담자가 일대일로 진행해야 속 깊은 이야기를 할 수 있지만 구술자가 한 분이라서 일대다 방식을 택할 수밖에 없었습니다. 개별 과제를 부여하는 방식이 아니라 학교에서 구술자를 섭외해 진행한다면 보통 이런 방식을 취하지 않을까 합니다. 일대다 방식도 차선책이 될 수 있습니다. 학생들이 어른을 인터뷰하는 부담감, 피해자를 마주하는 무게감을 덜 수 있기 때문입니다.

인터뷰는 보통 3회 정도 진행하는데, 시간 제약으로 1회밖에 하지 못했습니다. 사전에 약속한 소요 시간은 2시간이었고 질문지를 작성하면서 우리가 예상한 시간은 1시간이었습니다. 실제 인터뷰에는 80분 정도 소요되었습니다. 섭외과정에서 예상 시간을 넉넉하게 잡는 것이 좋습니다.

인터뷰 초반 30분이 중요해서 구술자의 마음을 편안하게 풀어줄 수 있는 질문으로 구성하고자 했지만 면담자 역할을 맡은 학생이 긴장해서 그런 분위기가 조성되지는 못했습니다. 그럼에도 불구하고 구술자는 "고등학생들이 관심을 갖고 이런 자리를 마련해

쥐서 고맙다"라고 거듭 표현했습니다. 대학생들이 초청한 적은 있지만 고등학생들의 제안은 처음이며 우리 지역 학생들이라서 더 고맙고 원한다면 언제든 이야기를 나누겠다는 말도 전했습니다. 너무 길게 이야기하는 것은 아닌지 학생들을 배려하는 염려를 표하면서도 여러 일화와 생각을 기꺼이 들려주었습니다.

반면 면담자는 긴장한 나머지 사전에 마련한 질문지 순서 그대로 진행했습니다. 구술자가 이미 답변한 내용이 있으면 넘어가거나 순서를 조정하기도 하고 좀 더 듣고 싶은 내용이 나오면 추가로 묻는 등의 유연성을 발휘하지는 못했습니다. 인터뷰 경험이 없었기 때문이겠지요. 면담자가 고등학생이라 구술자가 답변을 제한하는 측면이 있기는 했지만, 반면 청소년이기에 어떤 질문을 해도 구술자가 자세하고 친절하게 답변하려는 우호적인 자세를 취한다는 점은 다행스러운 일이었습니다.

질문자로 참여한 두 명의 학생 외에도 참관한 학생 다섯 명은 시종일관 진지하게 귀를 기울였습니다. 중간에 10분 정도 휴식을 취하긴 했지만 학생들이 80분 동안 이렇게 집중하는 모습을 근래에는 본 적이 없었던 것 같습니다. 학생들의 눈빛이 구술자의 마음을 열었던 것일까요? 구술자는 점점 구체적인 이야기를 꺼냈습니다. 이렇게 함께한 시간은 보고서[84]에 그대로 드러났습니다. 마음과 마음이 만났던 그 시간의 느낌이 글에서 생생히 전해졌습니다.

질문 중 '원진레이온에 어떻게 입사하게 되었는지'를 묻자 생각지 못했던 여러 이야기를 듣게 되었습니다. 산업재해 직업병 투쟁에 초점을 맞추다 보니 언제 어떻게 입사하게 되었는지와 같은 생애사적 질문은 원래 중심축이 아니었습니다. 그런데 분위기를 환기시키는 용도로 물어본 질문에서 우리가 놓쳤던 중요한 지점을 되새길 수 있었습니다. '제대로 된 보상을 받았는지'에 집중하느라 '일과 직장을 잃었다'는 중요한 문제는 간과했던 것입니다. 피해자들은 산업재해 인정(직장 폐쇄) 이후 일자리를 잃고 집에 있는 시간이 늘어났습니다. 그 과정에서 가족과의 관계 악화, 이웃의 시선 변화, 자신감 상실 등 많은 변화를 겪었습니다. 이야기가 계속되는 동안 다른 산업재해 투쟁에서 '직장 폐쇄를 막아야 한다'는 요구가 왜 그렇게 중요한지 조금이나마 이해할 수 있었습니다. 기록에 단 한 줄로 남은 역사 뒤에 숨은 다양한 의미를 생각해 보는 기회의 전달, 이것이 구술사의 중요성일지도 모르겠습니다.

구술자의 이야기를 들으며 저 역시 질문이 떠올랐습니다. 투쟁 과정에서 사측의 눈치를 보느라 산업재해 판정을 받지 않은 동료들과의 관계는 어땠는지, 그 사람들이 함께했다면 요구 사항을 더 많이 관철할 수 있지 않았을까 생각한 적은 없는지 궁금했습니다. 그러나 질문에 대해 미처 숙고하지 않은 상태였고 참관자의 위치였기에 묻지는 못했습니다. 원진레이온을 둘러싸고 구술자의 삶에 쌓인 세월의 무게를 짐작하며 쉽사리 입을 뗄 수 없었습니다.

아마 학생들도 그 자리에서 다양한 생각을 했을 듯합니다. '지금 하려는 질문이 중요한 질문인가?', '민감한 문제라서 구술자에게 상처를 주지 않을까?' 등 평소에는 하기 힘든 많은 생각 말입니다. 그래서 사전 질문을 정하면서 서로의 생각을 나누고 공유하는 과정이 더욱 중요합니다. 궁금한 점을 충분히 나누고 질문에 어떤 의미가 있는지 미리 점검해야 합니다. 그래야 학생들이 '어른', '과거', '역사적 사건', '피해 당사자'의 무게에 눌리지 않고 이야기를 꺼낼 수 있을 것입니다. 동시에 프로젝트 혹은 연구의 의미만큼이나 당사자의 입장을 섬세히 살펴야 하는 이유를 성찰해 볼 수 있겠지요.

구술 인터뷰 준비와 진행과정에 여러 부족한 점이 있었음에도 불구하고 강연으로, 문서로, 영상으로 접했던 사건의 당사자를 만나는 시간은 그동안 공부했던 여러 지식의 통합을 경험하게 해 주었습니다. 흩어졌던 퍼즐 조각이 하나로 연결되는 듯했습니다. 그러나 여전히 찾지 못한 조각이 많기에 2차, 3차 추가 인터뷰가 필요하다는 생각도 들었습니다.

일곱 빛깔 보고서가 완성되다

두 명의 학생이 인터뷰과정 전체를 녹음했습니다. 이후 음성을 문자로 변환하는 프로그램을 활용해 1차 녹취록 30페이지 분량을 일곱 명이 나누어 다듬었습니다. 어떤 학생은 구술사 연구 방법 강의에서 배운 대로 말줄임표, 숨소리 하나까지 자세히 기록했지만, 또 어떤 학생은 1차 녹취록 거의 그대로 성글게 기록하기도 했습니다. 말이 끊어지지 않으면 줄바꿈하지 않아야 하는데, 임의로 문단을 나누기도 했지요. 경험이 부족한 일곱 명이 분량을 나누어 작업을 하다 보니 최종 녹취록의 호흡이 제각각인 점은 아쉬웠습니다.

전사 작업이 끝난 후 보고서를 쓰기 시작했습니다. 학기 말에 컴퓨터실에서 3시간 동안 보고서를 썼는데요. 집에 가서 수정한 학생도 있었으나 대부분 3시간 안에 완성했습니다. 구글 클래스룸에서 과제를 부여하고 구글 문서로 작성하는 과정을 지켜보며 피드백했습니다. 내용이 너무 간략하면 추가 설명을 요구하거나 소제목 나누기 등 수정 요청 사항을 구글 공유 문서에 작성하면 학생들이 반영하는 방식으로 보고서를 완성했습니다. 사전에 독자 대상을 다르게 설정했기 때문에 모두 일곱 가지 형식의 보고서가 만들어졌습니다. 다음은 보고서 제목입니다.

A학생(1학년): 원진레이온 산업재해 피해자 구술사 연구과정과 답변
B학생(2학년): 우리 동네 어느 할아버지 이야기
C학생(2학년): 승리-비석도, 흔적 하나 없는 기억하지 못하는, 잊혀 간
D학생(2학년): 원진레이온 사건에 대해서
E학생(1학년): 원진레이온 사건의 피해자를 만나다
F학생(2학년): 인터뷰를 통해 알아보는 원진레이온 사건
G학생(2학년): 초등학생에게 알리는 원진레이온

보고서를 완성한 지 이틀 뒤 구술사 연구자를 초대해 발표회를 열었습니다. 연구자에게는 보고서에서 유의미한 부분, 수정할 부분에 대한 피드백을 사전에 요청했습니다. 발표회는 본인이 쓴 보

고서를 읽는 형식으로 진행했습니다. 파워포인트를 활용하지 않고 전문을 직접 소리내어 읽는 것만으로도 엄청난 몰입감이 있었습니다. 먼저 제목을 정한 이유와 독자 대상을 말하고 글을 읽은 후에 연구를 진행하며 느낀 점을 이야기하는 순서로 발표를 이어 갔습니다.

연구자는 학생들에게 '과거의 실재, 기억된 실재, 말로 표현된 실재, 현재에 재구성된 실재, 질문과 만나며 해석된 실재' 총 다섯 개의 실재 중 어떤 실재에 포커스를 맞추었는지 살펴보라는 이야기를 전했습니다. 어떤 의미를 포착하고 설명을 더했는지를 기준으로 친구들의 발표를 들어 보라고 조언했습니다. 같은 사람을 만나 동일한 시간을 보냈는데도 초점을 맞춘 실재에 따라 보고서의 색깔이 다양할 수 있다는 점을 확인할 수 있었습니다.

원진레이온 그리고 원진레이온들

학생들과 함께 프로젝트를 진행하고 글을 쓰며 원진레이온에 대해 공부하면 할수록 이 사건을 기억해야 할 이유를 더 많이 찾을 수 있었습니다. 원진레이온의 탄생은 박정희 정부와 밀접한 관련이 있습니다. 한일 국교 정상화를 추진하던 박정희 정부 시기인 1962년, 일본 정부로부터 무상 3억 달러, 차관 2억 달러의 배상금을 지급받는다는 내용의 김종필-오히라 회담이 진행되었습니다. 1964년 박정희 정부는 배상금을 활용해 일본 시가현에 위치한 토요레이온(현재의 도레이)의 레이온 제조 설비를 36억 엔(당시 기준 900억원)에 구입했습니다. 이렇게 들여 온 레이온 생산 설비는 기업가 박흥식에게 전달되었습니다.[85]

박흥식은 일제강점기에 조선비행기공업·화신백화점 사장을 했고 반민족행위특별조사위원회 1호로 체포된 대표적인 친일 반민족 행위자입니다. 그는 이 설비를 기반으로 1966년 현재의 남양주시에서 1일 15톤 규모의 레이온 생산이 가능한 흥한화학섬유라는 공장을 설립합니다. 바로 원진레이온의 전신입니다. 레이온산업은 정부의 제1차 경제개발5개년계획의 일부로 대표적인 경공업 산업 중 하나로 부상했습니다.

공장은 1966년부터 1991년까지 레이온을 생산했습니다. 이황화탄소가 인체의 신경과 심혈관 계통을 손상시켜 직업병을 발생시킨다는 사실은 20세기 초 선진국에서는 널리 알려진 사실이었습니다. 일본에서도 이미 1930년대에 이황화탄소 중독증이 가장 흔한 직업병으로 이야기될 정도였습니다.[86] 일본은 한국에 기계를 넘기면서 이런 직업병의 위험을 이야기했을까요?

1960년대 말 흥한화학섬유에서는 기계 작동법 습득을 위해 일본어를 구사할 수 있는 노동자들을 일본에 파견했는데, 이 노동자들은 토요레이온 측으로부터 이황화탄소 중독증에 대한 언급을 '단 한마디도' 듣지 못했다[87]고 증언했습니다. 설령 이야기를 들었다고 해도 상황은 크게 바뀌지 않았을 것입니다. 무역을 통한 외화벌이를 지상 과제로 내걸었던 정부, 더 많은 제품생산에 사활을

팔려간 '원진 기계' 중국노동자 죽인다

한국은 그 기계를 잊었을지 모른다. 하지만 중국 노동자는 그것이 한국에서 온 것임을 모두 알고 있었다. 그 기계란 지난 93년 원진레이온 폐업과 함께 중국 동북부 공업도시 단둥으로 팔려간 '직업병 기계'다. 이 레이온기계는 60년대초 일본에서 한국으로 넘어와 20여 년 동안 수많은 노동자들을 이황화탄소 중독에 빠뜨렸다. 그리고 93년 당시 원진 노동자들이 중국대사관 앞에서 '살인기계 수출반대'를 외치는 가운데 중국에 팔려갔다.

참여연대 국제인권센터 (소장 채수일·신윤환·이종욱)가 '지구촌 좋은 이웃 되기' 프로그램의 하나로 단둥을 찾은 것은 지난 7월 중순. 기계가 중국에 간 지 약 6년 만의 첫 한국 비정부기구(NGO)가 찾은 것이나.

아래는 인권센터 관계자의 말을 바탕으로 재구성한 것이다. 국제인권센터 관계자가 도착한 7월21일 오후 4시30분경. 압록강을 사이로 북한 신의주와 마주한 단둥 중심부의 '화학섬유공사' (화섬·사진)에서 수천명의 노동자들이 쏟아져 나왔다. 노동자 수 3만명의 단둥 최대 공장인 화섬이 바로 원진레이온기계를 가동중인 공장이다. 24시간 가동중인 공장에서 낮교대를 마친 노동자들의 발걸음은 그리 멀리 이어지지 않았다. 아파트를 비롯한 주변 주거 지역이 바로 이들의 목적지다. 근처 주택과 초·

국제인권센터, 단둥 화섬 방문…수천명 무방비 노출
중국당국 "위험성 알지만 먹고사는 문제가 더 중요"

중·고등학교는 화섬이 노동자들에게 '공급' 한 것들이다. 높은 실업률·주택난으로 몸살을 앓고 있는 중국에서 주택·교육시설을 제대로 공급한다는 것은 화섬이 '생산성 높은 기업' 임을 방증한다.

"한국에서 온 기계 맞죠. 예, 한국에서 문제가 있었다는 소리는 들었습니다."

공장 앞에서 만난 40대 남성노동자는 화섬

"마스크 같은 건 쓰지 않습니다. 환기시설도 큰 관심 없고요." 몇명의 노동자에게 질문을 던져도 대답은 똑같았다. 이런 '태평한' 대답은 원진레이온 기계뿐 아니라 화섬이 가동하는 다른 기계도 '화학섬유제조기계' 라는 데서 비롯된다. '한국기계' 가 위험하면 얼마나 더 위험하겠느냐는 것이다. 화섬의 위험성은 주거단지에 들어서자 곧 확인됐다. 유난히 중풍을 앓는

나라를 바꾸어 노동자의 건강을 위협하는 상황을 보도한 《한겨레》, 1999년 8월 4일

걸었던 기업가들에게 노동자의 건강이나 지역환경은 논외였으니까요.

1993년 공장 폐쇄 이후 이야기도 여러 시사점을 남겼습니다. 원진레이온의 기계들은 1994년 중국 단둥에 팔렸습니다. 이때 수백 명의 원진레이온 노동자는 중국대사관 앞에서 '살인 기계 수출 반대 시위'를 벌였습니다. 기계가 중국에 매각된 지 6년 후 '지구촌 좋은 이웃 되기' 프로그램의 하나로 참여연대 국제인권센터에서 단둥을 찾아갔습니다. 기계의 위험성을 알리고자 당국을 방문해 인터뷰했는데, 이름을 밝히지 말아 달라는 중국 관리는 "위험성은 충분

히 안다"라고 하면서도 "중국에서는 현재 먹고사는 문제가 더 중요하다"[88]라고 말했다고 합니다.

일본에서 온 살인 기계가 한국을 거쳐 다시 중국으로 건너갔다는 것, 건강에 치명적인 공해산업인 줄 번연히 알면서도 공장을 운영하고, 기계를 다른 나라에 팔아넘기는 행위가 반복되었다는 이야기는 우울하기 짝이 없습니다. 한국 역시 공해수출국이라는 오명으로부터 자유롭지 못한 것입니다. 남양주시 도농역 앞 원진레이온은 사라졌지만, 생애에 걸쳐 피해를 감당해야 할 노동자들이 한국뿐 아니라 타국에도 있음을 생각하면 산업화와 경제성장의 역사를 어떻게 가르쳐야 할지 고민이 깊어집니다.

우리는 그동안 산업화와 민주화를 중심으로 대한민국 성공 서사를 큰 얼개로 하는 교과서로 수업해 왔습니다. 경제성장 중심의 역사에서 소거된 이야기가 어찌 원진레이온뿐일까요. 한 학생의 보고서 제목처럼 "흔적 하나 없는, 기억하지 못하는, 잊혀 간" 사람들의 기여와 목소리를 살려 새로운 역사 이야기를 구성하는 것이 역사 교육자의 몫 중 하나 아닐까요? 지금 우리가 살고 있는 지역에 관심을 기울이고, 평범한 사람들의 삶에 얽힌 역사를 기억하고 기록하는 것이 민주 시민이 되는 한 가지 길이 아닐까 합니다.

3부

생태환경사 수업의
새로운 내러티브

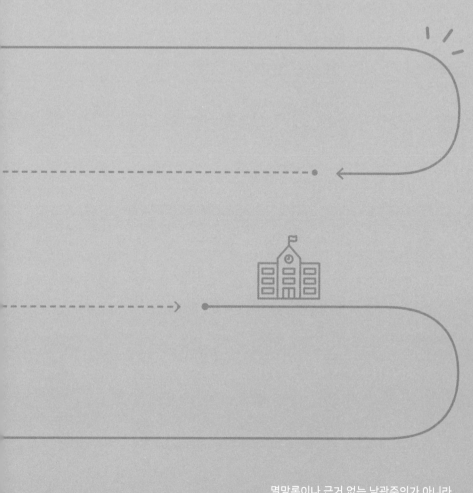

멸망론이나 근거 없는 낙관주의가 아니라

기후위기 시대에 어떤 서사를 써 내려갈지를 숙고하며

과거에서 희망의 근거를 찾아가는 것이

역사 교육자의 책임이 아닐까 합니다.

우리의 목표는 미래를

열린 방식으로 이해할 수 있도록 돕는 동시에

세상이 더 나빠지지 않도록 하는 것이니까요.

1. 새로운 세계사를 위한 밑그림[1]

역사는 좋은 지도지만 그것만으로 충분하지 않다

사람들은 종종 역사의 중요성에 대해 이렇게 말합니다. "역사는 우리가 어디서 왔고, 어디로 가는지 알게 해 준다." 그런데 이 말에는 한 가지 빠진 것이 있습니다. 우리에게 역사라는 지도가 있어도 현재 위치를 모르면 길을 찾을 수 없다는 사실입니다. 한 역사학자의 표현처럼 "어디에 있는지 모른다면 어디서 왔는지 전혀 알 수 없고, 어디로 가는지는 더욱 알 수 없습니다."[2] 역사는 과거부터 현재까지 밟아 온 궤적이 맞지만 우리가 지금 서 있는 지점이 어디냐에 따라 그 궤적은 달라질 수 있습니다.

달라진 '현재 위치'를 반영해 우리의 발자취와 나아갈 경로를 재탐색해야 하는 상황인데도 세계사 교과서는 이 역할을 충분히 해

지질연대표

이언	대	기	세	시기
현생이언	신생대	제4기	인류세(?)	
			홀로세	1만 1700년 전~
			플라이스토세	180만 년 전~
		제3기	플라이오세	530만 년 전~
			마이오세	2300만 년 전~
			올리고세	3390만 년 전~
			에오세	5580만 년 전~
			팔레오세	6550만 년 전~
	중생대	백악기		1억 4500만 년 전~
		쥐라기		1억 9960만 년 전~
		트라이아스기		2억 5100만 년 전~
	고생대	페름기		2억 9900만 년 전~
		석탄기		3억 5900만 년 전~
		데본기		4억 1600만 년 전~
		실루리아기		4억 4400만 년 전~
		오르도비스기		4억 8800만 년 전~
		캄브리아기		5억 4200만 년 전~
원생이언				25억 년 전~
시생이언				46억 년 전~

내지 못하고 있습니다. 그렇다면 우리의 현재 위치는 어디일까요? 이 글에서는 그 위치가 인류세라고 봅니다. 인류세는 '인간의 시대'라는 뜻입니다. 지구에 미친 인간 활동의 충격이 화산 활동이나 소행성 충돌과 맞먹을 정도로 매우 커서 지층에 그 흔적을 남길 정도가 된 상황을 나타내는 말입니다.*

물론 오늘날의 위기 상황을 부르는 용어로 '기후변화'라는 말도 있지만 이는 인류세 위기의 한 측면일 뿐입니다.[3] 인류세는 생명체가 지구에서 살 수 있는 아홉 가지 안전 경계(지구 위험 한계선planetary boundaries)가 총체적으로 흔들리고 있는 상황을 가리키는 용어입니다.[4] 과학자들은 생물 다양성 훼손, 삼림 파괴, 민물 감소, 생물-지구의 화학적 순환 교란, 미세플라스틱 같은 신물질 증가에서 보듯이 아홉 가지 지표 중 여섯 가지가 이미 위험 한계선을 넘어섰다고 말합니다.[5] 기후변화에관한정부간협의체도 이런 상황을 인식하

• 대기화학자 파울 크뤼천이 2000년에 처음 이 용어를 제안했다. 이후 기후변화를 비롯한 행성 차원의 지구변화에 관한 연구 결과가 쏟아져 나오고 인문·사회과학과 문화·예술 분야에서 인류세가 활발하게 논의되었다. 이에 따라 국제지질학계에서는 2009년부터 인류세 실무단(Anthropocene Working Group)을 구성해 인류세를 홀로세 다음의 새로운 지질 시대로 편입할지 결정하기 위한 연구를 진행해 왔다. 인류세 실무단은 2023년에 캐나다 크로퍼드 호수의 퇴적층을 홀로세에서 인류세로 변화한 지구의 상태를 나타내는 지표로 발표하면서 그 시점을 1950년대 초반으로 제안했다. Alexander Witze, "This Quiet Lake Could Mark the Start of an Anthropocene Epoch," *Nature*, vol. 619, July 20, 2023, p. 442. 비록 2024년 3월, 국제지질학연합(IUGS)이 인류세의 지질연대척도 편입 제안을 부결했지만 이 단체가 밝혔듯이 인류세는 지구시스템에 미친 인간의 영향에 관한 논의에서 중요한 용어로 계속 사용될 것이다. IUGS, "The Anthropocene: IUGS-ICS Statement," *IUGS*, March 30, 2024, https://www.iugs.org/_files/ugd/f1fc07_ebe2e2b94c35491c8efe570cd2c5a1bf.pdf?index=true. 지질학계가 인류세라는 명칭을 채택하지 않더라도 지구의 상태가 홀로세의 안정성을 넘어선 현실은 실재하기 때문이다. Colin N. Waters et al., "The Anthropocene Is Functionally and Stratigraphically Distinct from the Holocene," *Science*, vol. 351, issue 6269, 2016, p. aad2622. 공식적인 지질 시대로 채택되는지와 상관없이 인류세는 "기후변화, 생물 다양성 손실과 같은 인간 영향이 가속화되는 시대를 설명하기 위해 이미 많은 사람이 사용하는 광범위한 문화적 개념으로 남아 있다." Alexandra Witze, "Geologists Reject the Anthropocene as Earth's New Epoch — After 15 Years of Debate," *Nature*, vol. 627, March 14, 2024, pp. 249~250, https://www.nature.com/articles/d41586-024-00675-8.

지구 위험 한계선

인류 생존을 위해 반드시 지켜야 하는 지구 위험 한계선(2009년 제시)
아홉 가지 환경 기준 중 여섯 가지 이상 범위 초과(오염·자연 파괴로 인해 기준선을 넘은 상태),
2015년·2023년 연구 결과 반영

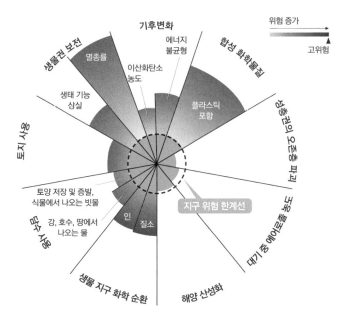

위험이 정량화되지 않거나 불확실한 경우 가장자리를 흐리게 처리
- 출처: 스톡홀름회복력센터(Stockholm Resilience Centre)

고 2018년 보고서에서 인류세라는 더 통합적인 맥락에서 기후변화에 접근해야 한다고 명시했습니다.[6]

인류가 자유와 풍요를 확대해 온 역사는 인류세에 이르게 된 역사이기도 합니다. 인류는 지구에 등장한 이래 항상 주변 환경을 변화시켰지만 지구를 행성 차원에서 변화시킨 일은 없었습니다. 생명체가 지구에 서식할 가능성 자체를 어느 한 생물종이 위협한 일

은 지구 역사에 없습니다. 이런 점에서 인류세는 전례 없는 새로운 상황입니다. 우리가 이처럼 독특한 시대에 살고 있다면 인류 역사를 지금까지와 다른 관점으로 바라볼 필요가 있습니다.

하지만 인류세에 대한 인식이 없는 현재의 세계사는 이 궤적을 제대로 보여 주지도, 이 문제를 해석하는 관점을 제공하지도 못하고 있습니다. 이 글은 인류세를 살아갈 청소년과 시민을 위한 세계사 교양서를 쓴다면 어떤 이야기(narrative)를 어떻게 구성해야 할지 간략한 밑그림을 제안할 것입니다. 이를 통해 국가 교육과정이나 중고등학교 교과서에 대안적 상상력을 제공할 수 있기를 바랍니다.

인류세일까, 자본세일까?

본격적인 이야기에 앞서 여러 학문 분야에 걸친 인류세 관련 논쟁을 간략히 소개하고 세계사 서술에서의 의미를 살펴보겠습니다.

인간 활동으로 지구시스템의 안정성이 크게 흔들리고 있다는 사실은 인정하지만 인류세라는 용어를 비판하는 사람들이 있습니다. 이들은 기후·생태 위기를 일으킨 책임과 그에 따른 피해가 동등하지 않다는 점을 강조합니다. 인류세라는 용어가 책임이 없는 사람들에게까지 행위의 원인을 돌리고 기후변화의 역사적 기원과 닿아 있는 자본주의에 대한 비판을 무디게 만든다는 것입니다.[7] 이들은 오늘날 생태위기의 기원이 자본주의에 있다고 봅니다. 그래서 인

류세 대신 자본세(Capitalocene)로 불러야 한다고 주장합니다.[8]

이 지적처럼 기후변화가 자본주의 역사와 관련이 있는 것은 분명합니다. 우리가 어떻게 인류세에 이르게 되었는지 살피고자 할 때 자본주의의 부상과 팽창 과정에서 벌어진 일을 파악할 필요가 있습니다. 그런데 현재 위기를 자본주의의 역사로만 환원해 바라보면 중요한 사실을 놓치게 됩니다. 인간을 포함한 생명이 지구에 서식할 수 있는 기후나 생물 다양성 등의 조건은 자본주의 역사보다 훨씬 오랜 시간에 걸쳐 형성되었습니다. 자본주의가 작동을 멈춘다 해도 생명 다양성은 복구되지 않으며 기후변화는 자본주의 역사보다 더 오래 이 행성의 한 부분으로 남아 있을 수 있습니다. 따라서 자본주의나 산업 문명의 역사는 물론 그보다 더 장기적인 지구·생명 역사 속에서 바라볼 때 인류세라는 위기의 의미를 제대로 이해할 수 있습니다.[9]

자본세 주장은 추상적 인류 범주만으로는 놓치기 쉬운 분화된 집단에 주목함으로써 기후·생태 위기의 책임 문제를 제기하고 정의에 관한 관심을 환기합니다. 또 위기를 낳은 원인을 사회에서 찾음으로써 그 해결을 위한 사회적 상상력의 중요성을 일깨웁니다. 반면 인류세 개념은 인류 역사를 더 긴 시간 속에서 보게 합니다. 인류를 분화된 존재일 뿐 아니라 하나의 단위(종species)로도 보게 함으로써 우리가 직면한 상황의 의미를 이해하게 합니다.

한편, 인간 활동으로 지구환경에 중대한 변화가 일어난 '시점' 역시 인류세에 관한 논쟁의 한 축입니다. 대기화학자 파울 크뤼천

거대한 가속

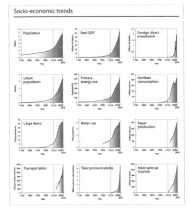

1750년 이후 인간 활동의 추이

인구, 실질 국내총생산, 외국인 직접투자, 도시 인구, 주요 에너지 사용량, 비료 소비, 대형 댐, 물 사용, 종이생산, 교통, 통신, 국제 관광

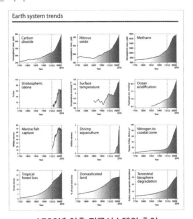

1750년 이후 지구시스템의 추이

이산화탄소 농도, 아산화질소 농도, 메탄 농도, 성층권 오존, 지표 온도, 해양 산성화, 바다 물고기잡이, 새우 양식, 해안 질소 유입, 열대우림 소실, 농경지, 육상 생태계 파괴

– 출처: Will Steffen et al., "The Trajectory of the Anthropocene: The Great Acceleration," 2015.

이 용어 인류세를 처음 제안했을 때 그가 생각한 인류세의 시점은 산업혁명이었습니다. 그 밖에 플라이스토세(Pleistocene)의 거대 동물 멸종이나 홀로세 초기 농업의 시작, 유럽인의 아메리카 정복, 20세기 중반 인구와 경제 활동이 급격히 증가하는 '거대한 가속' 시기를 인류세의 기점으로 제안하는 연구자들도 있습니다.[10]

대형 포유류의 멸종, 농경의 시작, 유럽인의 아메리카 정복, 산업혁명 등은 지구의 생물권이나 대기권에 영향을 미쳤습니다. 이들 사건은 모두 인류의 힘이 확대되는 전환점으로 볼 수 있습니다. 그런데 현상은 물론 여러 지표상으로도 인간 활동과 지구의 환경

변화가 눈에 띄게 나타나는 것은 1950년대입니다. 그래프의 가파른 변화는 그 이전 시기와 선명하게 구분됩니다. 인류세의 지질연대 채택 여부를 결정하기 위한 기초 연구를 수행한 인류세 실무단(Anthropocene Working Group)이 인류세의 시점으로 1950년대를 선호한 이유입니다.

이처럼 1950년대 이후의 지표들이 단절에 가까울 정도로 그 이전 시기와 구분되는 급격한 변화를 보여 준다면 역사는 이를 어떻게 설명해야 할까요? 먼저 이 시대의 전례 없는 새로움이 무엇인지 탐구해야 할 것입니다. 다음으로 인류세에 이르는 역사적 과정을 파악해야 합니다. 그러려면 20세기 중반의 '거대한 가속'을 낳은 전환점을 살펴보아야 합니다. 이때 농업의 시작, 유럽인의 아메리카 식민화, 산업혁명 같은 사건과 그 영향을 검토할 수 있습니다.

인류세의 세계사가 마주한 도전 과제

인류세는 우리에게 역사에 대한 기존 인식을 전환할 것을 요청합니다. 인간은 자신을 자연에서 분리하고, 자연을 인간 활동의 배경이자 자원으로 보는 가정을 토대로 이른바 '진보'를 이루어 왔습니다. 그리고 세계사는 기본적으로 인간/자연 이원론이나 역사의 진보라는 가정에서 크게 벗어나지 않은 채 서술되었습니다. 그런데 인류세의 도래로 문명의 발전이라 여겨 온 역사가 인류의 서식지인 지구를 심각하게 훼손하는 자기 파괴적 과정이었다는 점이 드러났습니다. 따라서 인류가 자유 확대를 위해 노력해 온 과정이 지구시스템을 변형시켜 이 행성에서 생존할 가능성 자체를 고민해야 하는 오늘에 이르게 한 역사라는 역설적 상황을 이해하는 것을 목표로 삼을 수 있습니다.[•] 이를 위해 풀어야 할 과제를 세 가지 측면으로 나누어 살펴보겠습니다.

첫째, 세계사는 '인간이 지구를 행성 수준에서 변형하게 된 상황이 인류와 지구 역사에서 어떤 의미가 있으며, 어떻게 그런 변화가 나타났는가?'라는 큰 질문을 다룰 수 있도록 도와야 합니다. 이와 관련해 과거를 역사화(historicization)하는 다양한 방안을 활용해야 합니다. 과거-현재-미래의 시간적 연속성을 가정하고 역사를 과거의 기원에서 시작해 미래로 이어지는 발전과정으로 구성하는 것만이 과거를 역사화하는 유일한 방법은 아닙니다. 이런 '과정적 서사'는 현재의 곤경이 자본주의나 식민지 관행에 따라 어떻게 나타났는지 살피는 데 유용합니다. 하지만 인류세의 단절적 특징을 드러내기에는 적합하지 않습니다. 인류세의 새로움을 보여 줄 수 있는 역사화 방안을 모색할 필요가 있습니다.[11]

예를 들어 현 상황의 특유함을 이해하려면 '과거에서 현재로' 오

• 역사학자 김용우는 인류세 역사학에 포함할 수 있는 내용으로 종의 역사, 인간이 지구시스템을 변화시키는 과정을 다루는 역사, "잠재적(혹은 가능성의) 역사(potential history)"를 제안한다. 김용우, 〈인류세와 역사학의 미래: 디페시 차크라바르티의 논의를 중심으로〉, 《한국사학사학보》 48, 2023, 117~123쪽.

는 순서가 최선이 아닐 수도 있습니다. 오히려 긴 시간대에서 현재 상황과 그 의미를 먼저 살펴본 뒤 그 문제의식을 지니고 과거로 가서 어떻게 현재에 이르렀는지 파악하는 시간 구성을 고려해 볼 수 있습니다. 즉 '현재-과거-현재'의 구성입니다. 또 인류 역사를 지구, 생명의 역사와 겹쳐서 볼 수도 있습니다. 역사의 시간 규모를 확장해 줌아웃해서 바라보는 것입니다.[12] 이를 통해 인류가 인간적 시간 범위 안에서 회복되기 어려운 지질학적 시간 범위의 변화를 일으키고 있는 시대의 의미를 파악할 수 있습니다.[13]

그리고 인류세에 이르게 된 과정을 서술할 때 역사적 변화를 단선적 발전이나 진보의 과정으로만 파악하는 오류를 피해야 합니다. 그 방안으로 다음 사항들을 적용할 수 있습니다. ① 한 단계에서 다음 단계로의 이행은 단선적 과정이 아닌 '교차로에서 교차로로' 이동하는 것입니다. 그 이동은 발전에 따른 필연적인 결과가 아닐 수 있고, 성공의 결과가 꼭 최선의 상황인 것도 아닙니다.* ② '진보'로 부르는 변화에는 숨은 비용이나 함정이 있었습니다.[14] ③ 역사의 길에서 모두가 덫에 걸리지는 않았으며 시행착오를 통해 배움으로써 함정을 피하는 방법을 찾기도 했습니다. 예컨대 많은 사회가 자연을 파괴하며 개발에 나설 때 자연과 호혜적 관계를 유지한 사회도 있었습니다.* ④ '진보의 함정'을 비판하거나 사회가 '자기 성공의 희생양'이 되는 길에 들어서는 것에 반대하며 그 길을 거부한 사람들도 있었습니다. ⑤ 주류의 길에서 얻는 기득권을 지키기 위해 지배 엘리트들은 '진보'로 포장한 기술이나 제도의 사회적·생태적 비용과 함정을 숨기거나 부인하기도 했습니다.* 이 과정에서 사회·생태 정의나 지속가능성 파괴에 맞선 목소리를 소외시키거나 주변화하기도 했습니다.[15]

● 유발 하라리, 조현욱 옮김, 《사피엔스》, 김영사, 2017, 346쪽. 정치학자 제임스 C. 스콧은 농경과 정착 생활에 저항한 목축민과 수렵·채집인의 존재를 드러내며 수렵·채집에서 농경으로의 이행이 단속적·가역적이었다고 말한다. 제임스 C. 스콧, 전경훈 옮김, 《농경의 배신》, 책과함께, 2019, 27~35쪽. 경제인류학자 제이슨 히켈과 인류학자 아미타브 고시는 자본주의의 출현이 '경제적 인간(Homo Economicus)'이 등장하면서 나타난 자연스러운 경향이 아니라 폭력, 정복, 노예제 등을 기반으로 하고 있다는 점을 지적한다. 제이슨 히켈, 김현우·민정희 옮김, 《적을수록 풍요롭다》, 창비, 2021, 69~118쪽; 아미타브 고시, 김홍옥 옮김, 《육두구의 저주》, 에코리브르, 2022, 166~171쪽. 또 산업혁명 초기 동력원이 수력에서 증기기관으로 바뀐 까닭은 후자가 경제적으로 저렴하거나 효율이 높아서가 아니었다. 증기기관을 통해 동력원을 소유하고, 더 쉽게 노동을 통제할 수 있기 때문이었다. 알렉산드르 옛킨트, 김홍옥 옮김, 《자연의 악》, 에코리브르, 2023, 372~375쪽; 안드레아스 말름, 위대현 옮김, 《화석 자본》, 두번째테제, 2023, 96~346쪽.

▲ J. Donald Hughes, *An Environmental History of the World*, Oxford: Routledge, 2001, pp. 22~27; 피터 프랭코판, 이재황 옮김, 《기후변화 세계사》, 책과함께, 2023, 682~683쪽; 아미타브 고시, 김홍옥 옮김, 《대혼란의 시대》, 에코리브르, 2021, 77~78쪽. 또한 '공유지의 비극'에 대한 일반적인 믿음과 달리 역사 속에는 공동체의 협력과 공동 규약을 통해 위기에 대처하고 공유지를 잘 관리해 온 사회가 존재해 왔다. 아미타브 고시, 김홍옥 옮김, 《육두구의 저주》, 에코리브르, 2022, 244쪽; 앨리너 오스트롬, 윤홍근·안도경 옮김, 《공유의 비극을 넘어》, 알에이치코리아, 2010, 121~192쪽; 아네테 케넬, 홍미경 옮김, 《미래가 있던 자리》, 지식의날개, 2022, 44~112쪽; 피터 C. 퍼듀, 김선민 옮김, 《중국과 서양에서 환경사의 기원과 전망》, 경인문화사, 2022, 176~178쪽.

■ 나오미 오레스케스와 에릭 콘웨이는 인간의 경제 활동으로 나타난 산성비, 살충제 피해, 오존층 파괴, 지구온난화 등 환경 문제가 등장할 때마다 과학적 의심이라는 외피를 두른 은폐와 부인 캠페인이 대대적으로 벌어졌음을 드러냈다. 기업 활동에 따른 환경 파괴를 숨기고 싶어 한 기업과 그 기업의 자금을 지원받은 과학자들이 벌인 일이었다. 나오미 오레스케스·에릭 M. 콘웨이, 유강은 옮김, 《의혹을 팝니다》, 미지북스, 2012, 137~260, 321~444쪽.

이처럼 인류세에 도달한 과정은 매끄럽게 진보하는 이야기가 아닙니다. 교차로마다 나아갈 경로에 대한 논쟁이 있었고 가지 않은 길, 소외되고 억압된 목소리, 배제되었지만 살아남은 다양한 대안이 있었습니다. 세계사는 이런 여러 갈래의 가능성을 보여 줄 필요가 있습니다. 이때 '만약 소수의 흐름이 주류였다면 사회와 환경은 어떤 모습이 되었을까?'라는 반사실적(counterfactual) 질문과 '왜 현실에서는 다른 길이 주류가 되었을까?'라는 질문을 동시에 던질 수 있습니다.[16] 이를 통해 지금 모습이 영원하거나 고정불변한 것이 아니라 다양한 가능성 중 하나며 "일시적 상태"라는 사실을 깨달을 수 있습니다.[17] 인류세로 가는 경로와 다른 삶을 상상하거나 살았던 사회와 개인의 이야기는 우리가 인류세의 불확실한 미래에 대처하고 다른 미래를 상상할 수 있게 해 줍니다.[18]

둘째, 인류를 개인과 집단으로 분화된 존재일 뿐 아니라 하나의 단위이자 종으로도 볼 수 있어야 합니다.* 이는 지방, 국가, 지역, 지구적 관점에서는 물론 행성 수준 등 다양한 척도에서 인류 역사를 보는 것이기도 합니다.[19] 인류를 개인, 국가, 지역별로, 혹은 계층이나 성별로 분화된 존재로 바라봄으로써 문화의 다양성과 불평등, 혹은 분쟁 문제를 인식할 수 있습니다. 또한, 행성 수준에서 하

---

* '종의 역사'가 필요하다는 주장이 자본주의 분석이나 분화된 인간 사회에 대한 탐구를 부정하는 것은 아니다. 둘은 제로섬 관계에 있지 않으며, 분석을 위한 상호 보완적 관점으로 이해해야 한다. 디페시 차크라바르티, 이신철 옮김, 《행성 시대 역사의 기후》, 에코리브르, 2023, 62~113쪽.

나의 단위, 혹은 종으로 바라봄으로써 인류가 생태계나 지구와 맺고 있는 관계 그리고 현재 인류의 곤경을 이해할 수 있습니다. 종의 수준에서 인간의 생존은 생태계 및 생명체와 맺어 온 상호 의존 관계에 달려 있습니다. 그런데도 인간 수의 증가와 활동이 생물권을 비롯한 지구의 안정성을 위협하고 있다는 것이 현재 위기의 특징입니다.

인류를 하나의 단위이자 종으로 바라봄으로써 세계사 이야기를 구성할 때 얻을 수 있는 구체적인 이점으로 다음 두 가지를 들 수 있습니다. 먼저 문자 기록 이전 시대의 의미와 중요성을 정당하게 다룰 수 있습니다. 그동안 문자 기록 중심의 역사 서술에서 '역사 이전(선사) 시대'는 매우 소홀하게 취급되었습니다. 하지만 하나의 종으로서 오늘날 인류에게 나타나는 생물학적·문화적 특징의 대부분은 이 시기에 형성되었습니다. 다음으로 국가나 지역별 역사를 모아서 망라하는 '만국사(萬國史)' 방식의 구성에서 벗어날 수 있습니다. 대신 '인류'의 역사라는 관점에서 주제별로, 그리고 통합적으로 구성할 수 있습니다. 여기에 비교나 사례 연구 방식을 결합하면 인류 역사의 보편성과 특수성을 함께 파악할 수 있습니다.[20]

물론 인류 역사 전체를 종의 역사로 서술하는 데는 어려움과 위험이 따릅니다. 인류 역사를 인간 힘(행위성)의 확대 측면에서 바라보면 인간이 다른 종(동식물)을 길들이고, 자원을 이용하고, 기술을 도입해 "종-기술 복합체"를 형성해 온 과정입니다.[21] 그런데 종-기술 복합체 형성의 역사를 서술하려면 여러 학문의 통합 연구가 필요합니다. 지금의 인문학적 연구만으로는 서술하기가 쉽지 않습니다. 게다가 인류세를 유발하는 데 더 큰 원인을 제공한 집단의 책임을 모호하게 만들 수 있어 주의가 필요합니다. 지역, 계층, 성별로 나뉜 인류가 지구에 미친 영향은 각기 다릅니다. 특정 지역, 계층 및 성이 나머지 인간을 지배하는 종 내부의 권력관계가 현재 위기의 주요 원인입니다. 따라서 인류 역사를 바라볼 때 종이나 행성 수준의 관점을 도입하되, 종 내부의 분화와 권력관계를 동시에 읽을 수 있어야 합니다.

셋째, 기존 세계사에서 독립된 단일 개체로 바라보던 단위들을 상호 의존하는 더 큰 관계망의 한 부분으로, 그리고 주변과 영향을 주고받는 시스템으로 바라보아야 합니다.[22] 인류 역사를 자연이나 지구와 분리해 바라보는 기존 방식으로는 인류세의 현재와 과거를 제대로 이해하기 어렵습니다. 인류 역사를 자연, 생태계, 지구와의 얽힘 속에서, 인간 사회보다 더 큰 세상과의 관계 속에서 바라보면 세계사의 이야기가 달라집니다.[23]

예를 들어 도시를 독립적으로 기능하는 단위가 아니라 더 큰 관계망의 한 부분으로 보면 도시-시골-야생의 네트워크 속에서 사람, 동식물 및 자원의 이동, 폐기물 처리, 미생물 및 질병의 전파를 통합적으로 파악할 수 있습니다.[24] 또 국가를 그보다 넓은 의미의 사회, 혹은 그에 대항하는 사회와의 관계 속에서 바라봄으로써 국가라는 정치체제의 등장을 자연적·필연적 과정으로 착각하지 않을 수 있습니다.* 또는 국가와 사회, 시장(자본)을 별개의 단위가 아니라 셋이 만드는 역학관계를 중심으로 살펴보면 각 단위 사이에 이루어지는 협력이나 경쟁 등 다양한 모습을 포착할 수 있습니다. 여기에 자연이나 지구를 포함하면 인류 역사가 펼쳐지는 모습을 훨씬 생생하게 그려 낼 수 있습니다.

요컨대 인류세의 세계사는 인류세 도래의 의미와 과정(인류세로 가는 것과는 다른 삶을 산 사람들의 이야기 포함), 하나이면서 분화된 인류라는 관점, 인류 역사와 자연사의 통합을 비롯한 네트워크와 시스템의 관점 등을 포함해야 합니다.

• "홀로세의 많은 사회가 국가를 통한 통치 없이도 농업, 야금술, 상업 등 시대의 혁신을 수용했으므로 국가가 유일한 방법은 아니었다. 기원전 1000년에 제국이 등장하기 시작했을 때 인류의 절반 이상이 군주가 통치하지 않는 사회에서 살고 있었을 수도 있다." Patrick Manning, *A History of Humanity*: *The Evolution of the Human System*, Cambridge University Press, 2020, p.125. 또 인도 동부, 미얀마 북부, 태국, 베트남, 중국 남서부에 걸친 지역에는 국가 권력으로부터 도피하거나 그에 맞서 저항하려는 사람들이 모여 독특한 사회를 형성했다. 이 지역에는 국가의 세금 징수나 군대 징발에서 벗어나기 위해 도망쳐 온 여러 지역 출신의 다양한 사람들이 모여 더욱 평등주의적인 사회(조미아Zomia)를 건설했다. 조미아 사회의 존재는 민족국가의 성립이라는 하나의 범주에서 벗어나 '국가를 가진 사회'와 '국가 없는 사회'(혹은 '국가에 대항하는 사회')의 복합적 시선으로 인간 공동체를 바라볼 필요성을 제기한다. 제임스 C. 스콧, 이상국 옮김, 《조미아, 지배받지 않는 사람들》, 삼천리, 2015의 내용을 소개한 피터 C. 퍼듀, 김선민 옮김, 《중국과 서양에서 환경사의 기원과 전망》, 경인문화사, 2022, 193~200쪽 재인용. "국가를 가진 사회", "국가 없는 사회", "국가에 대항하는 사회"라는 용어는 정치인류학자 피에르 클라스트르의 책에서 빌려 왔다. 피에르 클라스트르, 홍성흡 옮김, 《국가에 대항하는 사회》, 이학사, 2005, 242, 247, 270쪽.

현 세계사 교육과정을 인류세의 눈으로 바라보면

그렇다면 현재 적용하고 있는 세계사 교육과정을 인류세의 눈으로 바라보면 어떨까요? 지금부터 그 특징을 살펴보겠습니다.[25]

첫째, 세계적 관점을 담은 인류 공통의 역사라기보다는 국가별, 지역별 이야기의 묶음에 가깝습니다. 이런 구성으로는 인류 전체, 혹은 세계사의 큰 흐름, 윤곽 및 특징을 파악하기 어렵습니다. 예를 들어 수많은 왕조가 세워지고 망하는 과정을 제시하지만 왜 인류 역사에서 세습 왕조체제가 등장하고 반복되었는지에 관해서는 언급하지 않습니다. 시대별 변화와 시대를 넘어 이어지는 특성을 살피기도 쉽지 않습니다. 국가나 지역별 역사의 병렬적 나열 방식은 그것이 의도한 문화의 다양성을 부분적으로만 보여 줍니다. 교환체제, 가족생활, 혹은 사회적, 성별 분업 등이 국가 중심 이야기에 가려집니다. 그리고 이들 주제가 지역별로 어떤 공통점과 차이가 있는지 드러나지 않습니다.

둘째, 인류 역사를 지구나 생명의 역사 속에서, 그리고 그 역사와의 관련 속에서 바라보는 시각이 부족합니다. 장기적 시간 척도와 행성 수준에서 보면 인류는 '뒤늦게 도착한 손님'이면서 '자신을 초대해 준 집을 때려 부수는 손님'처럼 행동하고 있습니다.[26] 하지만 현행 교육과정에서 인간은 처음부터 주인공으로 등장합니다. 이런 이야기 틀에서는 인류의 현재 위치나 인류세의 현실을 충분히 포착하기 어렵습니다.

셋째, 인간 사회는 자연이나 지구 안에서 그에 의존하며 존재해 왔는데도 인류 역사를 자연이나 지구와의 얽힘 속에서 바라보는 인식이 잘 나타나지 않습니다. 이에 따라 경제는 생태와 연결되지 않고 도시는 주변의 시골이나 야생과는 동떨어진 공간으로 다루어질 가능성이 큽니다. 그리고 인간 활동이 생태계, 나아가 지구시스템을 교란해 온 과정을 드러내기도 어렵습니다.

넷째, 문명의 발전사라는 진보 서사의 틀을 유지하고 있습니다. 농업의 시작, 문명의 등장, 산업혁명 등 그동안 문명의 발전과정으로 이해해 온 사건에는 사회적·생태적 비용이 있었습니다. 역사의 주요 전환점을 거치면서 치른 비용과 '잃은 것'을 무시하고, '얻은 것'에만 초점을 맞추면서 몸집을 불린 결과가 현재 기후·생태 위기로 나타났습니다. 그런데도 현행 교육과정에서 '발전'을 파악하라는 성취 기준이 다수 등장하는 것과는 달리 '진보의 역설'을 살핀다는 문제의식은 잘 나타나지 않습니다.

다섯째, 인류세로 가는 주류의 길과는 다른 삶의 방식을 추구한 사람들의 모습이 드러나지 않습니다. 지금의 기후·생태 위기는 단지 환경 문제일 뿐 아니라 이미 정치·경제·안보·사회 문제입니다. 이런 현실을 살아갈 시민에게는 다른 사회, 다른 미래를 생각해 볼 수 있는 다양한 과거 이야기가 필요합니다.

이처럼 현 세계사 교육과정에는 '인류의 역사'라는 관점과 장기적 시간 척도 결여, 인간/자연 이원론 및 진보 서사 유지, 대안적 경로에 관한 관심 부족이라는 특징이 나타납니다. 그리고 이런 이야기 틀은 서양 근대 역사학과 우리나라 근대 공교육 제도의 만국사에서 비롯된 것인 만큼 그 뿌리가 아주 깊습니다.[27] 그래서 이를 바꾸는 것은 간단한 문제가 아닙니다. 하지만 "대기 중에 쌓여 가는 탄소가 지구의 운명을 새로 쓰고 있는" 시대의 세계사가 "지구의 대기를 무한한 자원으로" 여기던 시대의 그것과 같을 수는 없습니다.[28] 큰 변화가 필요한 일이라 쉽지 않겠지만 변화를 시도하기 위한 밑그림을 다양하게 그려 보아야 합니다.

인류세의 세계사 구성 방안

세계사는 인류 역사의 전체적 그림을 파악하고 우리 앞에 놓인 큰 질문에 답할 수 있어야 합니다. 이를 위한 내용 선정 기준으로 '인류의 현 위치를 보여 주는가', '인류세에 이르는 궤적과 관련 있는가', '인류세의 경로와는 다른 삶의 모습처럼 새로운 의미를 부여할 수 있는가' 등을 고려할 수 있습니다.

이런 내용을 중심으로 인류세 세계사를 기술하기 위해서는 기존의 '연대기별+지역별' 구성과 다른 방식이 필요합니다. 인류의 행위성 확대과정에서 에너지와 기술, 제도와 문화가 사회와 지구에 어떤 영향을 미쳤는지 통시적으로 살펴보고, 그에 따라 인간과 지구의 관계가 어떻게 변화했는지 파악하는 데 초점을 맞추어야 합니다. 그리고 지구시스템을 크게 변형하는 경로와는 다른 생활 방식을 추구하거나 유지해 온 인물이나 사회의 모습을 조명할 필요가 있습니다. 이런 점을 고려할 때 인류세 세계사는 인류의 행위성

		기존 세계사	인류세 세계사
시간 구성	방식	〈세계화 시대 형성과정〉 인류의 출현과 선사문화 [과거] ↓ 오늘날의 세계 [현재]	〈인류세로서 우리 시대의 의미〉 지구·생명의 역사에 비추어 인류의 현 위치(인류세) 조망 [현재] ↓ 〈인류세에 이르는 길〉 인류의 출현과 진화 [과거] ↓ 오늘날의 세계 [현재]
	특징	인류 역사의 큰 그림에 대한 조망 없이 과거에서 출발해 현재에 이르는 구성	인류 역사의 큰 그림을 조망(줌아웃)한 뒤 과거에서 출발해 현재에 이르는 구성

확대 흐름을 보여 주는 '연대기별' 구성을 뼈대로 하고 시대별 인간과 지구의 관계, 인간의 힘을 키운 에너지, 기술, 제도 및 문화, 그리고 지구와 호혜적 관계를 유지해 온 삶의 방식 등을 다루는 '주제별' 구성을 결합하는 것이 적절할 듯합니다.

이와 같은 내용을 종합해 이 글에서는 인류세 세계사의 서사 구성 방안을 다음과 같이 제안합니다. 먼저 시간 구성 방식에서 일반적으로 세계사는 과거에서 출발해 현재에 도달하는 방식을 취하지만, 여기서는 현재를 출발점으로 삼아 인류세로서 우리 시대의 의미를 먼저 살펴본 뒤 과거로 가서 인류세에 이르게 된 궤적을 추적합니다(표 '기존 세계사와 인류세 세계사 비교 : 시간 구성' 참조). 지구와 생명의 역사에 비추어 인류의 현 위치를 조망함으로써 인류 역사의 큰 그림을 개관한 뒤 과거의 구체적 사건이나 주제를 다루게 됩니다. 이런 구성은 우리가 직면한 상황이 지구와 인류 역사에서 어떤 의미가 있는지 파악하게 해 줍니다.

인류세로서 우리 시대의 의미

한 생물종이 지구시스템을 변하게 한 일은 지구 역사에서 처음 있는 사건입니다. 인류는 문명 번성의 토대가 된 홀로세 지구의 안정성을 흔들어 급전환점(tipping point)을 넘어갈 수 있는 위기 상황에 직면했습니다.

인류의 생존, 진화, 자원과 에너지를 둘러싼 경쟁 등 역사의 많은 이야기가 지구·생명의 역사와 얽혀 있습니다. 지구가 생명이 서식할 수 있는 행성이 되고, 생명이 탄생해 생물종 사이에 의존관계가 형성된 과정, 그리고 우리가 사용하는 자원과 에너지가 만들어진 과정은 인류 역사를 이해하는 중요한 전사(前史)이자 인류 역사의 일부입니다. 이 주제를 통해 인류가 지구상에 '뒤늦게 등장한 손님'이었지만 자연의 진화 속도보다 훨씬 빠르게 지구의 지배적 종이 되었고, 급기야 자신이 서식하고 있는 행성시스템을 교란하기에 이른 전체 역사를 개관합니다.[30]

인류세에 이르는 길

다음으로 인류세에 이르는 궤적을 다룰 때는 연대기와 주제를 결합해 구성합니다. 연대기는 지구에 미치는 인류의 영향력이 확대되는 주요 전환점을 중심으로 한 시대 구분을 보여 줍니다. ① 인류의 출현과 진화, ② 동식물 길들임,[31] ③ 도시, 국가, 문명의 등장, ④ 지역별 문명의 발전 및 네트워크의 확장,[32] ⑤ 전 지구적 연결('구세계'와 '신세계'의 연결), ⑥ 산업혁명,[33] ⑦ 거대한 가속과 세계화[34] 등입니다. 그리고 인간의 출현부터 인류세에 이르기까지 인류 역사를 통시적으로 살필 수 있는 네 가지 중심 주제를 다룹니다. 구체적으로는 ① 지구와의 얽힘 및 상호작용, ② 에너지와 기술, ③ 제도와 문화, ④ 인류세 경로와 다른 삶 등입니다. 시대마다 네 가지 중심 주제를 모두 다룸으로써 인류세 세계사는 인류 역사의 주요 변화와 장기 지속의 측면을 파악할 수 있습니다.

인류 역사의 패턴을 파악하기 위해 각 주제에서 다루는 핵심 질문은 다음과 같습니다.

① 지구와의 얽힘 및 상호작용

기후변화, 화산 활동, 전염병, 동식물 등 지구(자연)의 작용은 인류 역사와 어떻게 상호작용했을까? 인간 활동의 어떤 측면이 지구(환경) 파괴를 심화했을까? 인간의 자유를 확대하기 위한 활동은 어떻게 지속가능성과 거주가능성(habitability)을 훼손했을까?

② 에너지와 기술

• 에너지: 특정 에너지 체제를 유지하기 위해 어떤 제도가 만들어졌을까? 특정 에너지의 도입은 인간 사회에 어떤 변화를 가

져왔을까?

• 기술 : 기술의 출현과 도입을 낳은 사회적·문화적 배경은
무엇일까?(기술 내적 요소 외에 어떤 권력관계가 작용했을까?) 기술이 사회·
문화와 지구(자연)에 끼친 영향은 무엇일까? 기술과 관련 제도로
누가 이득을 얻고, 누가 피해를 보았을까? 어떤 기술과 사회 제
도가 사회와 환경의 지속가능성을 지킬 수 있었을까?

③ 제도와 문화

• 정치 제도 : 국가와 제국 등 정치 제도는 어떤 사회적 요소
에 의해 만들어졌을까? 정치 제도는 사회에 어떤 변화를 가져왔
을까? 국가나 제국으로 진화하는 경로와는 다른 길을 간 사회는
어떤 모습으로 존재했으며 그 사회는 국가나 제국과 어떤 관계
에 있었을까? 정치는 재난이나 위기 상황에 대한 대응에서 어떤
차이를 만들어 냈을까?

• 경제 : 인류는 음식과 물질을 획득하기 위해 어떤 활동을 했
고, 그 활동으로 지구(자연)와의 관계에 어떤 변화가 나타났을까?
자원의 사용 및 소유 방식, 교역과 세계화 등 경제 제도, 성장에
대한 관점 등 경제사상은 인간 사회와 지구(자연)에 어떤 영향을
미쳤을까? 국가와 시장, 사회 간의 역학관계 변화에 따라 인류의
삶은 어떤 차이가 나타났을까?

• 사회적 관계 : 사회적, 성별 분업과 불평등은 어떻게 나타났
고, 어떤 과정을 거쳐 위계구조로 굳어졌을까? 사회정의를 위해

투쟁한 사람들은 어떤 사회를 바랐고, 무엇을 이루었을까? 위계적 권력구조를 채택한 사회와 그것을 거부한 사회의 차이는 무엇일까?*

• 이주 : 인류의 이주에는 어떤 특징이 있을까? 어떤 환경적·사회적 요소가 이주를 촉진했을까? 이주는 인간의 신체, 사회·문화, 지구(자연)에 어떤 영향을 미쳤을까? 특히 인류의 신체적·문화적 다양성과 이주는 어떤 관련이 있을까?

• 문화와 예술 : 인류는 예술을 통해 무엇을 표현했을까? 예술은 인간 사회에 어떤 역할을 했을까?

• 지식과 신앙 : 지식은 어떻게 권위나 권력과 연결될까? 영성은 어떻게 신격의 위계구조로 변형되었을까? 왜 어떤 지식은 보편성을 획득(혹은 주장)하고 다른 지식은 "민속-지식"으로 여겨질까?[35] 인간-자연 관계에 대한 인식과 실천은 어떻게 변해 왔을까? 인간중심주의(예외주의)는 언제, 어떻게 등장, 강화되었을까?

• 도시의 위계구조에 관한 최근의 연구는 고대의 모든 도시나 국가가 위계질서에 입각하지 않았다는 사실을 보여 준다. 고대 그리스의 도시국가는 "탈중심화된 정치시스템"을 유지했고, 아프리카 제니-제노(Jenne-jeno)의 도시시스템은 중앙집권적 권력구조가 아니라 "다양하고 경제적으로 특화된 전문 집단들 사이의 수평적 관계망"이었다. 인더스 지역에서는 "위계적이지 않은 사회구조를 유지하기 위한······정치 전략"을 펼쳤다. 다원적 권력구조를 가진 이들 도시는 대규모 협력과 조정이 필요한 활동을 효과적으로 수행했을 뿐 아니라 새로운 상황에 기민하게 대응할 수 있었고, 그 덕분에 회복력도 높았다. 칼라 시노폴리 외, 〈도시의 권력 구조: 위계질서와 그 불만〉, 노먼 요피, 류충기 옮김, 《고대의 도시들 2》, 소와당, 2021, 139~160쪽.

④ 인류세 경로와 다른 삶

시행착오를 통해 배움으로써 '진보의 함정'을 피하거나 자연과 호혜적 관계를 유지한 사회나 개인이 있었을까? 그들이 보여 준 좋은 삶에 대한 비전은 주류의 비전과 어떤 점에서 달랐을까? 환경 파괴나 그에 따른 사회 붕괴에 맞서거나 사회정의를 위해 싸운 사람들은 누가 있었을까? 환경 파괴에 맞선 목소리를 소외시키거나 주변화하는 메커니즘은 무엇일까?

이런 연대기+주제 중심 구성을 통해 인류 단위의 역사를 서술하면서 동시에 분화된 인류의 다양한 모습을 보여 줄 수 있습니다. 또한 각 시대의 주요 전환점과 사건을 당대의 현실 속에서 줌인해 바라봄과 동시에 줌아웃해 전체 역사와의 연관 속에서 파악할 수 있습니다. 그리고 인류가 창조한 제도와 문화 외에 인류 역사와 지구의 얽힘 및 상호작용을 다룸으로써 인간 중심 역사를 상대화하고, 지구와 호혜적 관계를 유지해 온 사회의 존재를 드러냄으로써 목적론적 서사에서 벗어날 수 있습니다. 다음 표는 지금까지 논의한 인류세 세계사의 서사구조를 정리한 것입니다.

지금까지 인류세에 새로운 세계사 내용이 필요한 까닭과 그 구성 방안을 간략히 말씀드렸습니다. 특히 세계사가 국가별 이야기의 모음 수준을 넘어 인류의 이야기를 서술해야 한다는 점을 강조했습니다. 아직 구체적인 사례를 충분히 보여 주지는 못하고 밑그림만 제시했을 뿐입니다. 앞으로 교사와 연구자가 협력하며 구체

인류세 세계사의 서사구조

인류세로서 우리 시대의 의미 [인류 역사의 큰 그림]
지구·생명의 역사에 비추어 인류의 현 위치(인류세) 조망

인류세에 이르는 길 [인류 역사의 구체적 궤적]
기존 세계사를 인류세 관점에서 재구성 : 인류 행위성 확대에 초점을 맞춘 시대 구분, 서사 다양화

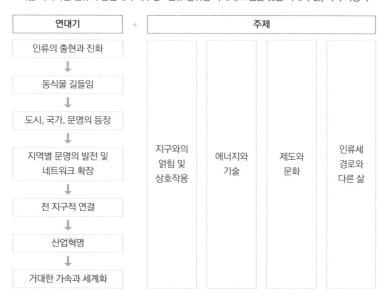

적인 그림을 그려 나갈 수 있기를 기대합니다. 참고문헌에 제시한 여러 역사서의 서술을 참고할 수도 있을 것입니다.

역사의 큰 장점은 시간의 흐름 속에서 방향 감각을 가지게 해 주고 역사화를 통해 변화가능성을 인식하게 해 준다는 것입니다. 과거를 역사화할 때 단선적 과정으로 연결하는 방식에 얽매이지 않는다면 세계사는 훨씬 풍부하고 다채로운 인류의 삶을 보여 줄 수

있습니다. '인간의 시대(인류세)'가 지구 역사에서 오만하고 방탕한 종의 짧은 역사로 남지 않으려면 우리에게는 다양한 인류세 세계사가 필요합니다.*

---

* 요하네스 크라우제와 토마스 트라페는 인류가 20세기 들어 지나친 팽창 욕구와 낭비로 자기 파괴의 위험에 처해 있다며 인류를 '호모 히브리스(Homo Hybris, 오만한 인간)'로 지칭했다. 요하네스 크라우제·토마스 트라페, 강영옥 옮김, 《호모 히브리스》, 책과함께, 2023, 289~292, 300~302쪽.

2. 역사를 보는 틀의
전환을 향해

내재적 발전의 논리로 구성된 교과서

1960년대 말 박정희 정부는 국사 교육을 강화해야 한다는 논리를 펴면서 역사 교과서를 국정화하기 시작했습니다. 유신체제가 등장하면서 1973년 박정희 정부는 역사 교과서를 전면적으로 국정화했습니다. '국적 있는 교육'을 실시해야 한다며 주체성 있는 국민정신 교육을 강조했습니다.[36] 사회적으로도 민족주의 정서가 강하게 흐르고 있어 큰 거부감이 없었습니다. 한편, 역사학계에서는 식민사학을 극복해야 한다는 논의들이 있던 참이었습니다. 일제강점기 식민사학의 타율성론, 즉 한국사의 전개가 정체되거나 낙후되었으며 외세의 영향을 받아 타율적으로 이루어졌다는 주장을 극복해야 한다는 숙제를 설정하고 있었습니다.

국정화로 등장한 교과서는 정치적 목적에 부합하도록 당시의 정권을 합리화하는 서술도 있었지만, 크게는 우리 민족 스스로 문화를 일구고 역사를 발전시켜 나갔다는 내재적 발전의 논리가 반영되었습니다. 이를테면 조선 후기에 근대화(자본주의)로 나아갈 수 있는 성장의 '싹(맹아)'이 있었음에도 불구하고 일제의 침략과 지배로 자주적 근대화가 좌절되고, 일제의 수탈에 맞서 저항을 전개했다는 서사가 구성됩니다. 식민 통치의 논리라 여겨졌던 식민주의 역사학으로부터 벗어나야 한다는 내재적 발전론은 국정 교과서에 자연스럽게 스며들었습니다.

1970년대 국정 교과서는 해방 이후의 역사를 4·19혁명과 5·16 군사정변, 10월 유신, 새마을 운동과 경제 개발로 구성되었습니다. 1980년대 전두환 정부가 들어서면서 제5공화국에 관한 내용이 추가되었습니다. 전두환 정부의 정당성을 강조하며 정권의 홍보 수단으로 활용하고자 했다는 점에서는 이전의 교과서와 다르지 않았습니다. 1987년 6월 항쟁 이후 민주화가 진전되면서 독재 정권을 찬양하던 내용이 사라짐으로써 내재적 발전 논리에 4·19혁명, 5·18민주화운동, 6월 항쟁이라는 민주화 서사가 더해졌습니다. 이런 내용 구성은 2000년 초 국정 교과서가 사라지고 일정 시간이 지난 현재에도 크게 변하지 않았습니다. 해방으로부터 80년 가까운 시간이 흐른 지금까지도 여전히 기존의 틀에 얽매여 있는 현실입니다.

내재적 발전에 따른 성장과 진보, 산업화 성공의 서사는 한국사 교과서의 중요한 논리입니다. 한편, 경제적 성장을 우선시하는 입장은 반공 논리를 앞세운 민주주의 억압의 합리화와도 통합니다. 내재적 발전 서사는 민족주의 및 반공의 논리와 서로 뒤얽혀 한국사의 이미지를 만들어 왔습니다.

발전 자체에 대해 의문을 제기하다

한국사 교과서의 주요 논리인 내재적 발전론에 대해 그동안 여러 측면에서 비판이 제기되어 왔습니다. 특히 1990년대 이후 식민주의 역사학을 극복하려는 연구 성과를 인정하면서도 내재적 발전론을 성찰해 보자는 글들이 등장했습니다.

내재적 발전론은 '우리가 식민 지배를 받았다고 해서 타율적이고 열등한 존재가 아니며 스스로의 힘으로 역사를 발전시켜 왔다'는 입장인데, 특히 조선 후기 사회의 변화에 주목했습니다. 그러나 농업기술의 발전, 농촌·도시 시장의 성장, 상품생산의 확대, 임노동자를 고용해 영리를 추구하는 경영의 출현 등을 곧바로 근대 자본주의로의 이행과 연결하는 것은 무리라는 비판이 이루어졌습니다.[37] 조선 후기에 나타났던 사회경제적 변화를 과도하게 해석했다는 것입니다.

신분제 해체론과 자본주의 맹아론에 많은 비판이 가해졌습니다. 신분제 해체론의 경우 18세기 이후 노비가 크게 감소하고 평민이 신분 상승을 도모한 점은 사실이지만 호적대장을 다각도로 연구한 결과 양반 수가 급증하면서 신분제가 해체되었다는 주장은 설득력을 잃고 있습니다.[38] 그리고 자본주의 맹아의 출현이 곧 자본주의의 성립을 보증할 수 없다는 비판 역시 제기되었습니다. '맹아'라는 가능성은 어디까지나 잠정적이고 현실로 발현되는 것은 또 다른 문제라는 것입니다. 나아가 전통적인 농업 사회에서 근대 자본주의 사회로 자발적 전환을 이룬 경우는 영국이 유일하며 보편적 모델이 될 수 없다고 지적합니다. 식민주의 역사학에 맞서 대항적 성격의 역사학을 구축하려는 데 집중한 나머지 과도한 설정이 이루어졌다는 것이지요.

사실 내재적 발전론은 식민지에서 해방된 국가의 입장에서 탄생한 것으로 세계사의 '보편적' 전개 속에서 한국사를 이해하려는 시도였습니다. 상처받은 민족적 자존심의 회복이라는 강박 관념이 작동하고 있던 것이지요. 이런 경향은 중국에서도 발견됩니다. 중국학계는 1950년대 이후 자본주의 맹아론을 활발히 연구했습니다. 중국이 서양에 비해 뒤질 것이 없으니 서양에 자본주의가 있었다면 중국에도 당연히 존재했을 것이라는 일종의 강박에서 연구가 시작되었다는 것입니다.[39] 한국의 경우 4·19혁명 이후 민족주의 정서가 고양되고 새로운 시대를 맞이해 열등감을 극복해야 한다는 정서도 연구에 반영되었습니다. 민족주의를 바탕으로 한 사회적 공감대가 역사학 연구에도 영향을 미친 것입니다.[40] 또한 일본 자본과 총독부의 지원에 힘입어 조선에서 산업화가 진행되었다는 식민주의 역사학에 맞서 우리 스스로 힘을 갖추고 있었다는 점을 입증하려는 노력은 "잘살아 보자"라며 조국 근대화를 부르짖었던 박정희 시대의 분위기와도 조응하는 면이 있었습니다.[41]

근대 자본주의를 모델 혹은 경유해야 하는 단계로 설정하는 것 자체에 대한 비판도 있었습니다. 그리고 역사를 진보나 발전으로 이해하려다 보니 특정 요소만을 강조하는 논리적 비약으로 이어졌다면서 이에 대한 근본적 성찰을 요구하는 목소리도 불거졌습니다. 타율성론 반대편에 '내재적'이라는 개념이 위치하고, 정체성론 반대편에 '발전론'이 자리해 식민주의 역사학과 내재적 발전론은 전혀 다르게 보이지만, 양자 모두 근대 역사학의 발전 사관에 근거한다는 점은 동일합니다.[42] 역사를 발전적으로 파악하려는 목적론적 역사 인식인 셈입니다.

더 나아가 발전과 성장을 당연한 것으로 여기는 생각이 어떻게 자리 잡아 왔는지 역사적으로 검증하는 작업도 진행되었습니다. 특히 '후진'과 저개발을 극복해야 한다며 경제성장과 개발을 강조하는 논리가 냉전 시기에 득세했음을 지적합니다. 이런 발전 논리가 압도하면서 사회적 분배와 민주주의를 가로막았습니다. 발전론이 극대화된 신자유주의 정책은 사회 양극화를 불러왔습니다. 그리고 발전주의가 사회적으로 작동하면서 우리의 의식이 여기에 적응한 결과, 공생이나 협력 등의 가치가 설 자리가 좁아졌다는 것입니다.

한국사 교과서는 전근대사에서 왕권 강화와 중앙집권화를, 근현대사의 경우 산업화나 근대화를 긍정적으로 묘사하는 내용이 지배적입니다. 농업생산력이나 도시, 상공업, 각종 기술이 지속적으로 발전한 것처럼 서술해 왔습니다. 이에 대해 지속적 성장과 발전이 마치 입증된 기정사실처럼 서술되어 유감이라며 산업화 제일주의가 낳은 병폐라 지적하기도 합니다.[43] 발전과 성장을 성찰 대상으로 삼는 새로운 역사 교육이 필요한 것은 아닐까요?

발전 서사 너머의 역사 교육은 불가능할까?

기후위기와 생태환경 문제가 날로 심각해지고 있습니다. 2023년에 발표된 기후변화에관한정부간협의체 6차 보고서는 불과 200년 남짓의 짧은 기간에 지구 평균 온도가 섭씨 1.1도 이상 상승했다고 발표했는데, 이런 지표는 지난 200만 년 동안 전례가 없었습니다. 그 결과 인류가 농사를 지을 수 있었던 1만 1,700년 동안의 안정된 기후체제가 붕괴되고 있다고 경고합니다. 일부 언론은 기후변화라는 밋밋한 용어 대신 '기후위기', '기후 비상사태'라는 표현을 사용하기도 합니다. 과학자들 사이에서는 이제 '지구온난화'라는 어정쩡한 용어를 버리고 '지구 가열'이라 써야 하며 '기후위기'가 아니라 '기후 붕괴'로 써야 한다는 주장도 나옵니다. 한발 더 나아가 기후 붕괴가 사회 붕괴로 이어질 것이라 하면서 이제 이를 외면하지 말고 직시해야 한다고 제안합니다. 인간이 지구 생태계에 둔감한 채 성장 패러다임에 매몰된 기존의 경제관과 경제 정책을 뛰어넘지 않으면 제대로 된 기후위기 대응이 어렵거나 불가능하다는 생각이 확산되고 있습니다.[44] 무한 경제성장은 우리에게 불가피한 것이 아니고 가능하지도 않다는 생각과 함께요.

기후 문제를 포함한 생태환경에 영향을 미치는 개발의 '느린 폭력'은 성장지상주의를 되돌아보게 합니다. 갈수록 심각해지는 생태환경위기가 사회 불평등을 심화하며 인간의 행위에 의해 비롯되었음을 인식하고 역사를 되돌아보는 작업이 필요합니다. 역사를 성공과 단선적인 발전의 이야기로 인식하는 관성에서 벗어나 어디서 길을 잘못 들었는지 그 분기점을 파헤치고 다른 선택지의 가능성을 찾아야 합니다.

생태환경을 역사 연구의 주제로 삼는 흐름은 이미 1974년 미국 환경사학회의 설립으로 본격적인 출발을 알렸습니다. 당시 미국 내에서는 시민권 운동, 여성 운동, 베트남전쟁 반대 운동 등과 더불어 환경 운동도 중요한 사회적 이슈였습니다. 생태환경사 연구는 발을 딛고 살아가는 현실 속에서 과거와 대화하려는 노력으로 탄생했고, 이제는 역사학의 한 분과로 자리를 잡았습니다. 젠더사가 기존의 역사에 여성을 끼워 넣는 차원이 아닌 역사를 바라보는 시각의 전환을 이끌었듯이 생태환경사 역시 역사 인식의 새로운 장을 열고 있습니다. 그리고 가까운 중국이나 일본의 생태환경사 연구 성과가 제법 쌓이고 있습니다.

예를 들어 중국의 역사에서 당송 변혁만큼이나 춘추 시대 말기의 철기 보급이 가져온 변화도 중요하게 여깁니다. 농공상업이 약진해서 잉여를 낳고, 그것이 관료제의 싹을 트게 했으며, 제자백가의 사상을 일으켰습니다. 귀족의 차전(車戰)을 대신해 농민 보병을 크게 활용하게 되어 결국 '봉건'이라는 주나라의 구체제에 마지막 일격을 가한 사실은 잘 알려져 있습니다.[45] 이 시기의 고사인 수주 대토의 일화가 철기의 보급으로 숲이 파괴되고 야생동물이 서식지를 잃으면서 생긴 현상임을 입증하는 연구가 있습니다.[46] '철기의 보급이 불러일으킨 사회경제적 변화와 더불어 생태환경에 미친 영향도 적지 않았음을 보여 줍니다.

한국사에서 철기의 도입이 가져온 변화를 유추해 보는 데도 의미 있는 연구 아닐까요? 은을 제련하는 기술로 조선에서 개발해 일본에 전래된 회취법을 교과서에서 다룹니다. 이 회취법은 일본의 은광 개발에 영향을 주는 한편, 산림을 파괴하고 납 중독으로 광부들의 건강을 심각하게 해쳤습니다. 그렇다면 조선에서도 이런 문제가 있지 않았을까요? 이런 해외의 연구는 국내의 생태환경사 연구와 역사 교육에도 좋은 자극이 되리라 봅니다.

외국에 비해 출발은 느리지만 국내에서도 생태환경사 연구가 확산되고 있습니다. 숲이나 농업, 동물, 기후 등에 관한 연구와 더불어 경제 발전과 산업화라는 발전주의 시각에서 벗어나 생태환경의 시각에서 근현대사를 재구성하려는 노력이 진행되고 있으며, 연대와 공생의 대안적 삶을 지향했던 노력을 조명하는 작업도 이루어지고 있습니다. 특히 대량생산과 대량소비의 '거대한 가속'에 따른 파괴적 양상을 둘러싼 다양한 데이터의 집적과 여러 학문 분야의 작업은 생태환경사 연구에 힘을 보태고 있습니다. 생태환경 문제가 호모 사피엔스의 존립 자체를 위협할 수 있다는 위기의식에서 개별 학문 분야를 넘어 논의가 이루어지는 모습도 생태환경사 연구의 긍정적 신호입니다.

참고할 만한 생태환경사 연구의 축적은 역사 교육의 길을 열어 줍니다. 역사 수업에서 생태환경사를 다루지 못할 정도로 연구가 되어 있지 않다는 것은 부적절한 이야기입니다. 생태환경사 연구가 던지는 메시지를 교육 현장에서 구현하다 보면 이런 역사 실천이 다시 생태환경사 연구를 활성화하리라 봅니다. 역사학 연구와 수업 실천이 상생하는 관계를 구축하면 좋겠습니다.

한편, 공업생산과 제품 소비로 인한 공해나 산업재해, 건강 손상 문제 등이 사회 문제로 부각되었음에도 불구하고 이를 역사적으로 성찰하는 교육과정이나 교과서에 반영하기 위한 노력은 그간 매우 미미했습니다. 생태환경사 연구와 더불어 사회적 차원의 생태환경 문제를 역사 교육이 적극적으로 포용할 필요가 있지 않을까요?

생태환경의 시각에서 전근대사에 접근하려면?

인간이 자연의 일부로서 동식물과 다양한 방식으로 관계를 맺고 살아왔음을 드러냄으로써 생태환경 시각에서 한국사를 조망할 수 있지 않을까요? 먼저 전근대사의 경우 선사 시대를 보겠습니다. 역사가 주로 문자 등장 이후 인간의 삶을 다룬다는 생각에 그동안 선사 시대에 대한 교육적 접근이 소홀했습니다. 그런데 근래 등장하는 해외의 세계사 관련 출판물을 보면 선사 시대를 비중 있게 다루고 있습니다.° 문자가 등장한 이후의 시간보다 훨씬 길었던 인류의 여정을 살피려는 노력입니다. 도시화가 진행되면서 대부분의 학생은 자연환경과 분리되어 동식물에 대한 이해나 생태환경 감수성이 부족합니다. 인간과 자연이 상호 연관하며 함께해 왔음을 이해하고 자연과 조화롭게 살아가는 데 선사 시대의 역사가 도움을 줄 것입니다.

선사나 고대는 인간이 자연, 동식물과 어떻게 관계를 맺으면서 살아왔는지 풍부한 이야기를 들려줍니다. 그간의 역사 서술은 농경과 목축의 시작을 '신석기혁명'이라 하면서 혁명적 변화로 설정하기도 했습니다. 그러나 인류학자들이 아프리카에서 수렵·채집 생활을 하는 이들과 몇 년 동안 함께 살면서 연구한 결과 그들의 생활이 생각보다 훨씬 윤택했다는 사실을 밝혀냈습니다. 농사를 짓지 않는다고 굶주림 속에서 하루 종일 먹을 것을 찾아 헤매지도 않았고 영양실조나 전염병과 같은 질병도 거의 없었다고 합니다.[47] 수렵·채집 생활이 빈곤했다는 상식은 편견이며 선사 시대부터 단선적으로 발전적 역사관을 적용해 왔음을 알 수 있습니다. 우리나라 신석기 시대에 재배되었던 작물은 조와 기장으로 조는

• 2015년에 발간된 '케임브리지 세계사' 시리즈는 총 9권으로 구성되어 있고, 그중 두 권이 선사 시대를 다루고 있다.

강아지풀을, 기장은 야생 기장을 순화하면서 개량되었습니다. 그리고 신석기 시대의 먹거리는 바다 자원을 포함한 야생 자원이 중심이었으며 재배 식물은 보완적 또는 비상식량 정도로 보고 있습니다.[48]

청동기 시대의 유적은 농업이 사람들의 일상생활에서 중요한 식량생산 수단이었음을 보여 주지만 청동기 시대만 해도 농경 행위가 자연경관에 미치는 영향은 크지 않았습니다. 중국에서 도입된 철기는 농업 개발을 가속화했습니다. 철기 보급 이후 농경의 확대는 자연 식생의 파괴와 인위적인 경관의 규모를 크게 만든 것으로 추정합니다. 앞서 언급한 중국의 수주대토 고사와 연결된 춘추전국 시대의 철기 보급이 가져온 변화와도 연결되는 내용입니다. 3세기부터 한반도의 중부와 남부 전역에서 취락이 갑자기 급증하고 소국이 형성됩니다. 소국에서 중앙집권적 국가로 이어지는 과정에서 인위적 식생의 변화가 나타나는데, 농업생산력을 높이기 위한 농업 집약화와 경지 확대의 산물입니다.[49] 농업 개발과 개간을 주도한 세력이 고대 국가의 주역으로 떠오른 것입니다. 개발과 성장을 생태환경의 변화와 연결해 보면 새로운 서사의 가능성이 열립니다. 더 나아가 숲이나 야생동물 등을 주변적 존재로 설정하지 않고 이들을 주어로 설정해 역사를 이해하는 방식도 생각해 볼 수 있습니다.

한국사 교과서의 전근대사는 정치, 경제, 사회, 문화의 분야사로 구성되어 있습니다. 각 분야의 역사를, 특히 경제사를 생태환경의 시각에서 접근하면 전근대사에도 성장론이 관철되고 있다는 점을 인식할 수 있고, 성찰적 시각에서 구성할 여지가 생깁니다. 예를 들어 가야의 특징으로 철의 생산과 수출을 언급합니다. 그런데 철을 생산하는 데 막대한 양의 목재가 필요했고, 목재가 부족해지자 3세기에서 5세기 가야의 묘제가 목곽묘에서 돌을 이용한 석곽묘로 바뀌었다는 연구가 있습니다.[50] 약 27kg의 구리 덩어리 하나를 만드는 데 필요한 숯을 만들려면 120그루의 소나무, 약 5,000제곱미터의 소나무 숲이 필요합니다.[51] 철을 생산할 때 많은 나무가 소비되었고, 그렇게 생산된 철이 벌목에 사용됨으로써 숲이 훼손되었습니다. 한편, 신라는 수도인 경주를 개발하면서 경주 분지 전체에 격자형 도로망을 구축했습니다. 그리고 궁궐과 관아, 사찰, 주거지와 묘역 등을 조성하면서 숲을 개간하고 저습지를 매립했습니다.[52] 이로써 건국 신화의 영웅이 강림하던 신성한 공간 혹은 토착 신앙의 성소였던 숲이 해체되었습니다. 이와 같이 경주의 성장이 불러온 생태환경 문제를 생각할 수 있습니다.

고려에서 조선으로 이행하는 과정에서 농업의 큰 변화, 즉 놀리는 땅인 휴경지가 사라지고 연이어 농사짓기(연작상경)가 가능해졌으며 이후 큰 폭으로 개발이 진행되었습니다. '근세(early modern)'라고도 불리는 15세기부터 19세기에 숲 개간, 저지대와 연해 간석지 개발로 농경지 면적이 대폭 확장되었습니다. 또한 대규모 건축, 군선이나 조운선 건조, 소금생산, 온돌 사용 증가, 철 제련, 도자기와 옹기 사용 증가 등으로 목재와 땔감의 소비가 크게 늘었습니다. 그 결과 숲의 고갈이 가속되고 동물들의 서식지가 파괴되면서 호랑이, 표범 등 야생동물이 줄어드는 추세로 이어졌습니다.[53] 조선과 유사한 시기의 청나라, 오스만 제국, 무굴 제국 등에서도 영토를 확장하면서 농경지 개간이 활발히 이루어졌고 인구 증가도 두드러졌습니다. 이와 함께 '대규모 사냥(Great Hunt)'이 진행되어 육상동물뿐 아니라 고래와 같은 바다동물의 개체 수가 감소했습니다.[54] 비교와 연관의 관점에서, 혹은 지구적 관점에서 한국사와 세계사에 접근해 볼 수도 있겠다는 생각을 합니다.

그러나 개발과 파괴만 있었던 것은 아닙니다. 생태환경을 고려한 의식적인 활동도 있었다는 점에 주목할 필요가 있습니다. 오늘날 산업 사회에서 도시 오물은 폐기되거나 정화되어야 할 쓰레기일 뿐이지만, 고대 이래의 농업 사회에서 사람과 가축의 똥오줌, 그리고 도시에서 나오는 재는 매우 중요한 농업용 비료였습니다. 도시는 일종의 거대한 비료생산지였던 셈입니다. 도시에서 배출된 오물은 근교 농촌에서 농업용 비료로 소비되고, 근교 농촌에서 생산된 작물은 도시에서 소비되는 순환 경제가 가능했습니다.[55] 조선 후기에는 산림의 황폐화에 맞서 산림을 보호하고 효율적으로 이용하기 위해 가족이나 마을 단위로 조직이 결성되었습니다.[56] 산림 고갈이 불러올 사태의 심각성을 인식하고 무분별한 산림 훼손을 방지하기 위한 움직임이었습니다.

근현대 시기의 산업화를 어떻게 이해할까?

한동안 역사학계에서는 일제강점기를 둘러싸고 수탈이냐, 개발이냐는 논쟁이 벌어졌습니다. 전자는 조선총독부의 정책이 기본적으로 침략과 수탈이었으며 일본인의, 일본인에 의한, 일본인을 위한 개발로 조선과 일본 사이에는 생산 수단의 소유나 소득의 불평등이 컸다는 입장입니다. 후자는 그럼에도 불구하고 장기적인 추세로 일제강점기를 볼 때 성장이 진행되었으며 이를 바탕으로 해방 이후 경제성장을 이룰 수 있었다고 강조합니다.[57] 후자의 경우에는 인간은 '경제적 동물(Homo Economicus)'이라는 전제에서 개발과 성장을 중시하다 보니 일본의 식민지 지배를 긍정적으로 묘사하기도 해서 사회적 물의를 일으키기도 했습니다.

이런 논쟁에서 간과하고 있는 것이 생태환경 문제입니다. 2010년대 이후 일제강점기 산업화를 생태환경 관점에서 되짚어 보는 논의가 진행되고 있습니다. 일제강점기 때 조선 북부 일대에 건설된 유역변경식 수력발전소에 대해 산맥에 거대한 터널을 뚫어 강줄기의 흐름을 바꾸고 이를 통해 다량의 전력을 생산할 수 있었다며 그 기술력을 높이 평가해 왔습니다. 그러나 이런 평가에는 발전소 건설이 제방 붕괴, 봄철 기근, 여름철 홍수, 때 이른 서리나 일상적 안개와 같은 피해를 일으켜 일대가 개발의 희생지로 변했다는 사실이 빠져 있습니다.

또 다른 예도 있습니다. 1938년 아사노시멘트 회사가 황해도 봉산에 시멘트 공장을 이설하는 과정에서 분진이 흩날려 피해를 입은 주민들이 항의하는 사건이 벌어졌습니다. 그 이전에 일본 내에서도 같은 문제로 지역 사회의 반대 운동이 강하게 일어나 공장을 규제하는 법이 만들어졌습니다. 방진 장비를 설치해 공해를 방지하게 한 것입니다.[58] 이런 경험이 있음에도 불구하고 식민지 조선은 공해에 무방비로 노출된 것이지요. 식민지와 본국 일본 사이의 차별, 공해를 규제하는 일본을 피해 조선으로 공해수출이 진행되었음을 확인할 수 있는 대목입니다. 1950년대에서 1960년대 일본에서 공해 문제가 사회적 쟁점으로 떠오르자 1970년대부터 공해 규제가 느슨한 한국을 비롯해 아시아의 여러 나라로 공해수출이 이루어진 것으로 알려져 있는데, 그 선구적 형태가 이미 식민지 시기 조선에서 펼쳐졌던 것입니다.

칫소는 식민지 지배에 따른 생태환경의 문제를 다면적으로 보여 줍니다. 1932년 칫소가 흥남 지역에 설립한 조선질소비료주식회사 공장은 오폐수를 방류했고 심각한 해양오염을 일으켜 이 일대를 '죽음의 바다'로 만들었습니다. 제2차 세계대전 이후 일본 구마모토현 미나마타에서 칫소가 흘려보낸 수은 때문에 발생한 미나마타병에 앞서 식민지 조선의 '흥남병'이 있었습니다. 칫소는 이외에도 수많은 발전 사업에 진출했습니다. 그중 가장 대표적인 것이 당시 동양 최대의 댐으로 불리던 수풍댐입니다. 가혹한 노동 조건 아래 댐 건설에 동원된 수많은 조선인 노동자와 댐 건설로 피해를 본 주민들이 여러 방식으로 항의했지만 결국 조선총독부를 중심으로 한 관헌에 진압되었습니다. 당시 칫소 등 기업을 중심으로 형성된 마을에서는 유곽·요릿집이 번성했는데요. 원래 일제강점기 이전에는 공인된 성매매로서의 공창 제도가 없었던 조선에 일본이 유곽을 들여왔고 이런 현상은 곧 일본군 '위안부' 제도와 연결됩니다.[59] 이처럼 일제강점기 식민지 개발에 따른 환경 문제를 일본의 식민지 정책 혹은 이후 시기의 공해수출과도 연관 지어 볼 수 있습니다.

해방 이후의 산업화는 1960년대부터 본격화되었고 값싼 노동력의 노동 집약적 산업이 이를 지탱했습니다. 그리고 선진국의 공해 산업이 이전되었습니다. 특히 1965년 한일협정 이후 일본 내에서 사회적 물의를 일으키던 공해 기업은 허술한 규제, 값싸고 풍부한 노동력, 저렴한 지가를 찾아 한국에 진출했습니다. 환경오염이 심각해지자 박정희 정부는 관제의 '자연보호 운동'을 벌여 마치 정부가 환경보호에 앞장서는 것처럼 이미지를 세탁하려 했습니다. 정부가 정책적으로 중화학공업을 육성하면서 말이지요.

광양, 마산, 울산 등 바다에 인접한 공단에서 배출하는 물질이 토양, 하천, 해양 등을 오염시켜 생태계를 파괴하고 인근 주민들의 건강 문제도 일으켰습니다. 울산의 온산공업단지에서는 1970년대부터 공해를 일으킨 공장과 피해 주민 사이에 농경지와 양식장의 피해 문제로 분쟁이 지속적으로 일어났습니다. 1980년대에는 호흡기 질환, 피부병, 안질, 신경통, 전신 마비 등 '온산병'으로 주민들이 살던 곳을 떠나 집단 이주를 하는 지경에 이르렀습니다. 온산은 '이설로 인한 공단 조성→인근 농어촌 피해→집단 이주'라는 공

해 대책의 한 공식을 보여 주었고 한국 산업화의 어두운 한 단면을 드러냈습니다.[60]

교과서는 해방 이후의 '발전'을 정치의 민주화와 경제의 산업화라는 두 가지 축으로 접근합니다. 경제의 경우 1960년대 경공업 중심의 산업화, 1970년대 중화학공업 중심의 산업화 그리고 1980년대의 3저 호황 속 비약적 성장 등 성공적인 산업화를 언급할 뿐 공해, 건강 등 생태환경 문제를 다루는 데는 매우 인색하기만 합니다. 비약적인 고도 경제성장은 그만큼 생태환경의 파괴를 동반했습니다. 경제 부분을 다룰 때 발전과 성취로만 묘사할 것이 아니라 산업화를 성찰적으로 이해하기 위해 생태환경 문제를 중요하게 살필 필요가 있습니다.

산업화와 함께 농업과 농촌 문제를 다루는 관점도 중요합니다. 농업 분야 역시 박정희 정부 시기의 성장을 언급할 때 신화화되곤 하는 영역 중 하나입니다. 산업화와 저곡가 정책은 농촌 인구가 도시로 이동하도록 부채질했고 농촌에서는 줄어드는 인구 문제 해결과 식량 증산을 목표로 기계화, 농약, 화학비료가 확산되었습니다. 화학비료는 토양을 산성화하고 땅의 힘을 약화했습니다.

땅은 미생물, 곤충, 지렁이 등의 생물 및 식물류 생태계와 함께할 때 건강을 유지할 수 있으며 농경의 형태에 따라 파괴되기도 합니다.[61] 잡초나 해충 제거를 목적으로 살포하는 농약은 생태계에서 중요한 역할을 하는 각종 곤충을 위험에 빠뜨렸고 토양을 오염시켰습니다. 또한 농민들의 호흡기나 피부 등으로 흡수되어 농약 중독으로 건강을 위협해 왔습니다. 농산물의 잔류 농약은 소비자의 건강에도 영향을 미치므로 이는 농민만의 문제가 아닙니다. 한편, 값싼 수입 농산물의 비중을 늘리고 외국 농산물과의 가격 경쟁력 등을 이유로 농업과 농촌을 포기하는 방향으로 정책을 실시하면서 농촌의 몰락이 가속화하는 상황입니다. 농업의 지속가능성이 약화되고 있습니다. 전근대의 농업 못지않게 근현대의 농업과 농촌 문제도 중요하게 다루어야 합니다.

생태환경의 관점에서 사람들의 이야기는 어떻게 풀어 갈까?

역사적으로 인간의 생존이나 생산 활동이 생태환경과 어떤 관계를 맺어 왔는지 지금보다 더 폭넓게 다루었으면 합니다. 전근대의 경우 농업을 중심으로 한 생산 활동 그리고 이와 관련된 생활문화, 국가 정책 등을 다룬 외국 교과서의 사례를 참고하면 좋겠습니다.[62] 전근대 시기의 삶을 지나치게 낭만화하거나 이상화하지 않되, 자급자족하는 삶이나 자연과의 조화, 자연을 존중하는 자세 등을 되새겨 보는 것이지요.

그런데 현재의 기후위기를 비롯한 생태환경 문제의 심각성을 고려하면 아무래도 산업화나 자본주의와 관련된 삶의 문제를 다루는 것이 중요해 보입니다. 첫째, 피해자가 겪는 삶의 양상을 드러내는 것입니다. 공장에서 일하는 노동자들이 중금속에 오염되어 직업병을 앓거나 하천이나 바다로 흘러 들어간 오폐수로 농어민들의 생업이 곤경에 처했습니다. 유조선 기름 유출 사고는 넓은 범위에 걸쳐 해양오염을 일으키고 그 후유증이 지속되어 어촌 공동체를 파괴하기도 합니다.

수질오염이나 대기오염이 불특정 다수에게 해를 끼치고 있음은 물론이고 기후·생태 환경 문제로 인한 피해는 사회적 약자에게 더 크게 작용하기에 사회정의 차원에서 접근할 필요도 있습니다. 국제연합아동기금(UNICEF)이 작성한 보고서에는 아동이 기후위기에 더욱 취약하다는 내용이 담겨 있어 기후 문제를 아동 인권의 범주에 넣고 적극적인 대응책을 모색해야 한다는 주장도 있습니다.* 환경 보건 재난인 석면과 가습기 살균제 사건은 누구나 환경 유해 물질에 노출될 수 있음을 보여 주었고, 국가적 차원에서 피해를 예방하고 피해자를 구제할 제도적 장치 마련이 필요하다는 교훈을 남겼습니다.[63] 이처럼 피해 양상을 구체적으로 드러내는 것은 생태환경 문제의 심각성을 인식하는 데 우선적으로 중요합니다.

둘째, 생태환경 문제에 맞서는 능동적 주체의 모습도 조명할 필요가 있습니다. 생태환경 문제가 일으키는 폭력만 강조할 것이 아니라 주체적으로 그에 맞서 싸워 나가는 삶도 알려야 합니다. 산업화의 역사만큼이나 공해에 맞선 주민들의 운동 역시 오랜 역사

• UNICEF, The Climate-changed child-A Children's Climate Risk Index Supplement, 2023; 조효제, 《탄소 사회의 종말》, 21세기북스, 2020은 아동이 기후 약자이므로 아동 인권에 기후 문제를 포함시켜야 한다고 주장한다.

를 지니고 있음에도 불구하고 이에 대한 관심이나 서술은 저조합니다. 생존권을 박탈당하고 공해병에 시달리던 주민들은 1970년대에서 1980년대에 자발적인 운동을 전개했습니다. 이를테면 울산, 부산, 여천, 광양 등 거대 공업단지 주변의 농어민이나 현대건설의 간척 공사로 피해를 입은 충남 서산 어민들의 투쟁 등이 있습니다.[64] 공해 반대 운동은 식민지 시기의 공장 운영이나 광산 개발 과정에서도 전개되었으므로 그 역사를 더 소급해서 생각해 볼 수도 있습니다. 주민 운동은 1990년대 이후 충남 안면도나 전북 부안의 핵 폐기장 반대 투쟁으로 나타나기도 했습니다.

한편, 공장 노동자들의 각종 직업병은 은폐되고 산업재해로 인정받지 못하는 경우가 빈번했지만 1987년 6월 항쟁과 7·8월 노동자대투쟁을 거치면서 적극적으로 드러낼 수 있었습니다. 노동 운동과 민주주의의 진전은 노동자 건강 확보라는 면에서도 의미가 있습니다. 노동 운동을 단순히 임금 인상과 같은 경제적 측면의 이야기로 축소해 바라보지 않았으면 합니다. 전태일의 노동 운동도 열악한 노동환경 속에서 피폐해진 여공들의 건강을 개선하는 데서부터 시작되었습니다. 1988년 영등포의 공단에서 일하던 15세의 노동자 문송면이 수은 중독으로 사망한 사건은 산업재해에 관한 사회적 관심을 불러일으켰습니다.[65] 삼성반도체 공장에서 일하던 젊은 노동자들이 집단으로 발병해 사망에 이르자 노동조합뿐 아니라 반올림 등의 인권 단체가 연대해 사회 의제화하고 투쟁을 전개했습니다. 이를 계기로 반도체 생산뿐 아니라 전자산업 전반의 산업재해 문제로 확산되었고 여전히 진행 중입니다.

셋째, 대안적 삶, 호혜의 삶을 모색해 온 이들의 노력에 주목할 필요가 있습니다. 1920년대 초부터 1930년대 중반에 걸쳐 유럽과 일본의 경험을 바탕으로 자율성과 자치성, 민주성, 연대성을 강조한 협동조합이 설립되었습니다.[66] 두레, 계, 향약 등 전근대 시기의 마을 문화가 근대에 재창출되며 도덕 경제적 공동체를 만들어 냈다는 연구도 있습니다. 해방 이후에는 소규모의 자급자족적 협동공동체를 지향하며 1958년 충남 홍성의 홍동에서 시작한 풀무학교와 풀무공동체를 예로 들 수 있습니다. 생명 사상에 기반을 두고 조화와 공생을 통한 협동으로 자연과 밥상을 되살리자는 취지에서 1983년에 설립된 농산물 도농직거래 조직인 한살림 역시 호혜성을 품고 있습니다. '인간은 경제적 동물'(호모 이코노미쿠스)이라는 전제를 당연시하며 이윤을 좇는 합리적 개인으로 포장된 신자유주의적 주체를 거부하고 공동체적 삶을 추구해 온 발걸음을 통해 다른 경로의 삶을 상상하고 실천으로 옮길 수 있는 자신감을 키우면 좋겠습니다.

국경을 넘는 공기와 물, 자본! 한국사의 범위는?

생태환경 문제는 인간이 설정한 국민국가의 경계를 넘습니다. 한 국가의 공기나 물 등의 생태계 그리고 자본은 세계로 연결되기도 합니다. 환경을 주제로 한 유엔 차원의 첫 회의는 1972년 스웨덴의 스톡홀름에서 열렸습니다. 유럽의 공해가 호수와 숲으로 유명한 스칸디나비아 지역을 훼손한다는 문제 인식, 공해 문제가 국경을 넘어 지구촌 전체로 파급될 수 있다는 위기의식이 작동했기 때문입니다.

한국-동아시아-세계를 넘나드는 다양한 스케일로 역사를 이해하는 자세가 필요한 이유는 생태환경 문제가 한 나라에 머물지 않으며, 자본이 이동하면서 공해산업을 가난한 나라로 이전하기 때문입니다.《침묵의 봄》이 출간된 이후 미국에서는 환경 운동이 일어났고 공해산업은 규제를 피해 가난한 나라로 이전했습니다. 내가 살고 있는 지역이나 국가도 중요하지만 국경을 넘어 생각하는 자세, 공존을 위한 폭넓은 연대가 동반되어야 함을 잊지 말아야 합니다. 우리만 녹색이 되면 된다는 생각에서 벗어나자는 것입니다. 국경을 넘어서는 인식이 자리 잡다 보면 비교와 연관의 학습이 가능해지고 한국사와 세계사를 통합적으로 인식할 수 있으리라 봅니다. 국가적 차원의 개발뿐 아니라 지구적 차원에서 이루어지는 개발 경쟁의 문제점을 함께 사유할 수 있기를 기대해 봅니다.

생태환경사가 역사학의 한 분과로 자리 잡는 과정은 젠더사가 밟았던 경로와 비슷한 면이 있어 보입니다. 오랫동안 배제되었던 여성들이 사회적으로 목소리를 내기 시작하면서 역사 연구에도 변화가 나타나 여성의 존재가 역사 서술에 등장하기 시작했습니다. 문제 인식이 진전되면서 기존 서술에 여성을 추가하는 수준을 넘어 폭넓은 젠더의 시각에서 역사를 구성함으로써 역사상(歷史像) 자체에 큰 변화를 가져왔습니다. 이런 변화에는 여성들의 사회적 실천이 크게 작용했다고 봅니다. 지구적 차원에서 우리가 처한 절박한 현실은 생태환경의 시선으로 역사를 보도록 하는 자극제가 아닐까 생각합니다. 생태환경사 역시 기존 서술에 생태환경이라는 요소를 반영하는 방식에서 좀 더 나아가 이제는 역사를 구성하는 틀 자체의 변화를 요구하고 있습니다. 한국사를 생태환경적 시선에서 구성하다 보면 우리가 놓쳤던 많은 것을 볼 수 있지 않을까요? 개발과 성장으로 점철된 역사를 근본적으로 성찰하되, 한국사를 다양한 스케일에서 보았으면 합니다.

3. 생태환경사 수업 구성을 위한 단계별 접근법

기후위기를 체감한 한 역사 교사의 고민

"올여름은 당신이 경험하는 가장 시원한 여름이다." 폭염에 시달리며 본 이 문구는 곱씹을수록 섬뜩합니다. 앞으로 얼마나 더 더워질까요? 전 세계 많은 지역에서 전례 없는 폭염, 한파, 폭우를 겪고 있고 캐나다, 그리스, 오스트레일리아 등지에서는 고온으로 대규모 산불이 발생해 수많은 동식물이 절멸했습니다. 현재 지구 행성에 사는 인류는 기후시스템 붕괴로 인한 기후변동뿐 아니라 생물 다양성 감소, 자원위기 감소 등 전 지구적 위기 상황에 처해 있습니다.

이런 상황에서 역사 교육의 역할을 고민하는 교사들도 늘어 가고 있습니다. 하지만 정작 역사 수업에서 생태환경 문제를 어떻게 다룰지는 여전히 고민스럽습니다. 환경 문제에 관심이 있더라도 교사가 학교에서 할 수 있는 활동은 대개 쓰레기 분리수거, 개인 컵 쓰기, 캠페인과 같은 개인적 실천에 머무릅니다. 물론 실천은 중요하고 필요하지만 이런 차원에 그칠 때 부딪히는 한계도 적지 않습니다. 환경사 연구에도 비슷한 문제가 있었습니다. 환경사 연구 초기의 많은 연구는 공해 문제에 집중하는 경향이 있었습니다. 현재와 맞닿은 문제에만 역사적 관심을 둘 때 환경 재앙, 생태 재앙 같은 손쉬운 결론에 이르면서 과거의 사실이 흐려지기도 했습니다.[67]

이 글에서는 생태환경사 수업을 구성하고 설계할 때 접하게 되는 질문과 고민, 유의점을 단계별로 정리해 보려 합니다. 최근 생태환경사에 대한 높은 관심을 하나의 사조가 '유행'하는 경향쯤으로 여기는 이들이 있습니다. 만약 유행이라면 그 이유가 있지 않을까요? 역사 교육자인 저에게 생태환경은 나와 내가 속한 공동체, 내가 만나는 학생들이 처한 과거, 현재, 미래의 문제입니다. 매우 실존적인 문제로 스쳐 지나갈 유행은 아닌 것이지요. 또 생태환경사 수업이 자연보호를 강조하는 환경 운동의 다른 버전이 아닌가 의문을 표하는 이들도 있습니다. 정치적 올바름으로 귀결되는 수업은 아닌가 하는 질문입니다. 분명한 것은 생태환경사 수업은 역사 수업이라는 사실입니다. 생태환경사 수업은 역사학의 성과와 문제의식을 바탕으로 이를 교육적으로 재구성한 결과물입니다. 따라서 학생을 역사 수업의 중심에 세우고, 기후위기 시대를 살아갈 청소년들에게 새로운 역사적 상상력을 제공하는 것이 생태환경사 수업의 중요한 역할입니다.

생태환경사 수업을 시작할 때 고려해야 할 중요한 사실이 있습니다. 학생들은 이미 세상을 바라보고 해석하는 자신만의 인식을 형성한 채 수업에 임한다는 사실입니다. 그것을 선입견, 편견, 선행 인식 등 무엇이라 표현하든 말이지요. 학생의 인식은 교실과 학교를 넘어 더 확장된 범주, 즉 속해 있는 사회와 문화 속에서 존재합니다. 물론 같은 사회에 속하더라도 저마다 인식 차이는 있지만, 학생은 사회문화적 존재로서 한 사회가 과거와 역사를 다루는 방식(역사문화historical culture)에 영향을 받습니다.

학생들이 역사를 배운다는 것은 자신의 기존 인식을 바탕으로 새로운 정보를 받아들이고 자신만의 내러티브를 만들면서 다시 인식을 확장해 가는 일입니다. 이 과정을 경험하며 학생들은 과거를 통해 현재를 이해하고 미래를 전망합니다(역사의식historical consciousness). 이때 역사 학습은 과거의 역사 지식을 아는 것, 즉 과거에 머물지 않습니다.[68] 역사 학습을 통해 학생들은 자신만의 정체성을 형성하기도 하고, 현재에 참여하는 방식을 결정하기도 하며, 미래에 대한 비전과 감정을 형성하기도 합니다.[69] 이때 현재 삶을 과거 혹은 미래와 연결해 의미를 부여하는 주체(agency)가 학생이라는 사실이 중요합니다.

생태환경사 수업을 준비하며 유튜브에 '기후위기'를 검색했더니 '재난', '대위기', '지구 멸망'이라는 문구와 관련 이미지의 섬네일이 나타났습니다. 대단한 공포심과 불안감을 불러일으키는 이미지였지요. 이 정도면 기후위기야 말로 인류가 해결해야 할 첫 번째 사안이 되어야 하는 것이 아닌가 싶지만 기후나 생태환경 문제가 국가 정책의 후순위로 밀려나는 현상은 쉽게 목격할 수 있습니다. 선거 국면에서 기후위기를 핵심 공약으로 내거는 후보도 있지만 이 문제에 무관심하거나, 심지어 성장을 위해 환경 규제를 풀어야 한다고 주장하는 이들도 있습니다. 이는 비단 특정 정치인들만의 문제가 아니라 기후 문제를 바라보는 사람들의 일반적인 인식이기도 합니다.

이 같은 상황을 설명하기 위해 기후위기 인식을 연구한 결과를 어렵지 않게 찾아볼 수 있습니다. 먼저 기후변화를 믿지 못하고 부정하는 이들이 있습니다.[70] 기후변화 자체를 인정하지 않는 경우부터 잘 해결될 것이라 낙관하는 이들, 심지어 기후변화가 도움이 된다고 여기는 이들도 기후변화 부정론자에 포함됩니다. 이들은 대체로 화석연료에 기반한 세계가 계속 유지되길 희망하는 기득권 세력들로 과학적 회의론을 부추기기도 합니다. 또 다른 부류는 현재의 기후변화가 인간 때문에 발생한다는 사실을 알면서도 아무 행동도 하지 않는 기후변화 무대응자입니다.[71] 마지막 부류는 기후변화를 인지하며 걱정과 공포, 불안감을 느끼는 이들입니다. 기후변화에 많은 관심을 기울이고 상황 개선을 위해 적극적으로 참여하는 활동가들이 여기 속합니다. 때때로 이들은 기후위기가 해결하기 어려운 문제라는 사실에 무력감을 느끼기도 합니다.

따라서 생태환경사 수업의 첫 시작은 학생들이 생태환경을 인식하는 '차이'를 파악하고 이를 교재로 삼아 수업을 구성하는 일입니다. 이 과정에서 학생들은 친구들과 다른 자신의 인식을 상대화하고 성찰할 수 있습니다. 기후위기와 생태환경 문제가 데이터로 입증되는 과학의 영역만이 아니라는 것, 사회문화적으로 구성된 담론으로 사회 구성원마다 다르게 받아들인다는 것을 확인할 수 있습니다.

감정과 정서가 중요한 이유

생태환경사 수업을 고민할 때 특별히 주목하게 되는 것이 감정과 정서°의 문제입니다. 최근 환경 교육에서는 '기후감정' 또는 '기후 불안'과 '기후우울'을 중요한 주제로 다루기 시작했는데요. 기후위기라는 불확실한 상황 앞에서 학생들이 느끼는 다양한 감정과 정서, 의지 등을 교육의 중요한 의제로 삼는 것은 어쩌면 당연한 일이 아닐까 합니다. 동시에 이제까지 교육이 지식 위주로 이루어져 왔음을 반성하게 됩니다. 역사 교육도 예외는 아니었지요. 그동안 역사 교육론에서는 역사적 '사고'과정을 강조하면서 대안을 찾으려고도 했습니다. 지식 습득과 사고 과정은 학습의 중요한 일부지

● 감정(affect)과 정서(emotion)를 구분해 표현했다. 감정은 짧은 시간, 정서는 비교적 긴 시간 동안 유지되는 것으로 보았다. affect는 정동으로 번역하기도 하는데, 상태의 변이를 포함한 개념이나 이 글에서는 사용하지 않았다.

만 학습을 넘어선 교육이라는 더 큰 맥락을 살필 필요가 있습니다.

학교 교육은 민주적이고 자율적인 주체로서 시민을 형성해 가는 과정이고 역사 교육도 한 축을 담당합니다. 역사 교육에서 다루는 역사는 지식과 사고만으로 구성될 수 없습니다. 지식과 사고가 명확히 구분되는 것인지 아리송할뿐더러 신경 과학이 발달하면서 인지가 학습의 유일한 방식이 아니라 일부이며, 인지과정 안에 감정이 포함된다는 것이 공식화되고 있습니다. 또한 감정은 개인의 발달뿐 아니라 사회적 치유와 통합에도 중요한 역할을 합니다.[72] 한 사회의 역사문화를 형성하는 데 감정의 역할이 크며, 동시에 정체성 형성에 영향을 미칩니다. 애국이라는 말에 열광하며 전쟁터로 내몰렸던 역사 속 젊은이들을 떠올리면 감정과 인지, 실천의 문제가 연결되어 있음을 짐작할 수 있습니다.

기후위기와 생태위기에 감정으로 접근하는 것이 현재의 비상사태를 실감하게 하고 위기 대응에 도움을 준다는 인식이 통용되지만 반론도 만만치 않습니다. 가령 일회용 소비나 육류 소비가 죄책감이라는 감정과 연결될 때 소비를 줄이는 요인이 되기도 하지만 역으로 감정적 저항에 부딪히기도 합니다. 이 같은 반발심은 우파 포퓰리즘이 싹틀 수 있는 토양이 되기도 합니다. 또 기후위기를 떠올릴 때 따라오는 불안이나 두려움의 감정도 지구의 종말이나 파국과 연결되어 대중의 관심과 참여에 부정적 영향을 미치기도 합니다. 사람들이 자포자기해서 생태환경 문제에 다가가지 않고 무관심하게 되는 결과를 낳을 수도 있습니다.[73]

생태환경사 교육에서 감정의 문제가 더 특별한 이유는 오늘날 기후와 생태환경에 대한 회의론과 부정론이 증가하는 상황과 관련 있습니다. 감정이 인식과 뒤엉켜 문제를 더 어렵게 만들기 때문입니다. 생태환경사 수업은 감정과 정서의 문제를 적극적으로 고려해야 합니다. 이때 유의할 점은 감정이 다양한 방식으로 재구성될 수 있다는 사실입니다. 어느 시점의 감정은 언제라도 다른 방향으로 변이될 수 있습니다. 아마존 숲의 파괴나 그곳을 지키던 환경운동가들의 피살 소식에 느끼는 슬픔은 고통스럽지만 분노의 감정으로 변해 참여의 기제가 되기도 합니다. 깊은 애도의 마음은 회복력을 불러일으키고 변화를 이끌기도 합니다. 생태 감수성이 역사와 만나는 여지도 타진해 볼 수 있지요. 자연을 마주할 때 느끼는 환희나 경외감을 연결하는 것입니다. 학생들이 과거로 들어가는 문을 열게끔 돕기 위해 이 같은 방식을 활용할 수 있습니다.

논쟁성을 살린 수업

해외에서는 기후 문제나 생태환경 문제를 '고약한 문제(wicked problem)'* 혹은 '어려운 지식(difficult knowledge)'이라 부릅니다. 복잡

• wicked problem을 '사악한 문제'로 해석한 경우가 많으나 이 글에서는 김용우의 글에 따라 '고약한 문제'로 번역했다. 김용우, 〈인류세와 역사학의 미래─디페시 차크라바르티의 논의를 중심으로〉, 《한국사학사학보》 48, 2023, 110쪽.

하고 정의하기 어려울 뿐 아니라 여러 요소가 연결되어 있어 해결의 기미조차 찾기 힘들어 보이기 때문입니다. 생태환경 문제는 정치적·사회적·경제적 차원의 문제가 원인과 결과의 선후를 가리기 어렵게 얽혀 있습니다. 다양한 이해관계자의 이익이 상충하기도 하고요. 규모와 범위에 따라, 시기와 방식에 따라 대응이 달라져 문제의 본질을 드러내는 것도 쉽지 않습니다. 한편, '어려운 지식'은 홀로코스트나 제노사이드 등을 다룰 때 제안된 개념입니다. 지식을 이해하는 과정에서 생겨난 무력감, 환멸, 위기로부터 만들어진 정서적인 벽 탓에 습득이나 연구에 도전하기 버거운 지식을 뜻합니다. 생태환경 지식을 접하는 이들은 과학 정보에 압도되거나 윤리적 딜레마에 직면하기 쉽고, 심리적 저항감에 문제를 회피하거나 부정하기도 쉽습니다.[74]

앞의 두 논의는 생태환경 문제가 그 자체로 다양하고 복잡하기에 교육적 접근 역시 이 같은 특성을 따라야 하며, 단편적이거나 단선적으로 접근해서는 곤란하다는 점을 이야기합니다. 수업을 준비하는 교사 입장에서 생태환경사는 학생들의 다양한 인식 및 그 기반이 되는 역사문화를 건드리기에 민감하고 논쟁적일 수밖에 없습니다. 이런 상황이 교사 개인에게 다소 부담스러운 것도 사실이지요. 따라서 보다 유연하면서 탄력적인 대응이 필요합니다.

여기서는 논쟁성에 초점을 맞추어 좀 더 이야기를 풀어 보겠습니다. 먼저 논쟁성은 토론 수업과 같이 수업 유형과 방법에 한정된 말이 아님을 유의해야 합니다. 수업 방식은 물론 교과서나 교육과정, 나아가 학습환경을 아우르는 다양한 차원에서 논쟁성이라는 요소를 적용할 수 있습니다. 민주주의 사회에서 차이와 갈등, 공존과 연관된 개념이기도 하고요. 역사 교육이 한 사회의 평화와 민주주의를 유지하는 데 기여할 수 있어야 한다면 이때 논쟁성은 교육적 활용을 위한 개념입니다. 역사 교육의 목표부터 내용 선정과 조직, 교수 학습 방법까지 모든 단계에서 중요한 개념적 기반이 됩니다.

한국 역사 교육계에는 주입식 교육에 반대하면서 시민 형성의 방향을 숙고해 온 오랜 전통이 있습니다. 이런 흐름을 기반으로 2010년대 중반 국정 교과서 국면을 겪으며 논쟁성이라는 의제가 더 심화되었습니다. 민족이나 국가의 거대 서사가 아니라 다양한 역사 주체들이 만든 무수한 역사에 관심을 가져야 한다는 문제의식이 강조되었습니다. 논쟁적 역사 수업은 학생이라는 주체가 다양한 관점에서 자료를 분석하고 자신만의 내러티브를 구성해 표현할 수 있어야 한다고 제안합니다. 교육도, 역사 연구도 그 자체로 논쟁성을 포함합니다. 여기에 더해 학교 역사 교육의 학습자들은 사회문화적 존재로서 저마다 다른 역사 인식 속에서 논쟁성을 드러냅니다.

생태환경사 수업을 논쟁적으로 구성한다면 세 가지 차원의 문제를 고려해 볼 수 있습니다.[75] 첫째, 교육의 논쟁성입니다. 역사 수업에서 생태환경사를 다룰 것인가를 결정하는 일부터 생태환경사 수업을 통해 학생의 삶과 역사를 잇는 통로를 만들 수 있는가, 생태적 존재로서 나(학습자)의 정체성을 모색할 수 있는가 등의 질문이 여기에 해당합니다. 둘째, 역사의 논쟁성입니다. 생태환경사 수업을 통해 자료를 분석 비판하고, 다양한 역사 행위자의 관점 차이를 확인하며 논쟁의 주제와 형태를 결정할 때 역사의 논쟁성을 고려해야 합니다. 현재 위기는 인류와 지구 행성이 상호작용을 통해 만들어 온 누층적 과정이라는 사실에서 출발해 역사를 탐구하는 방식도 가능합니다. 셋째, 학교 역사 교육의 논쟁성입니다. 이때 학교 역사 교육은 학습자와 교실 밖 역사가 연결되어 있다는 사실을 전제로 '어떻게' 영향을 주고받는가 하는 문제를 살핍니다. 오늘날 반생태환경적 문화 요소가 도처에 깔려 있다는 사실, 예를 들면 기후위기 부정과 같은 현상을 염두에 두고 수업을 구성하는 것이지요. 무엇보다 학습자들이 다양한 인식과 정서를 지닌 존재라는 사실을 고려하면 역사 교육은 민감하고 논쟁적일 수밖에 없는 요소를 내포합니다.

수업 구성의 기본 인식, 역사화와 생태적 사유

"역사 과목까지 생태환경 교육에 나서야 하나요?" 생태환경사 교육을 논의하고 토론하는 자리에서 꼭 빠지지 않고 나오는 질문 중 하나입니다. 이 질문에는 생태환경사에 대한 낯섦과 함께 기후위기 상황에서 역사 과목이 무엇을 해야 하는가, 무엇을 할 수 있는가에 대한 의구심이 짙게 배어 있습니다. 역사는 현재 위기에 직접적인 해결책을 마련할 수는 없지만 생태환경 문제를 맥락화하고 그 의미를 분명히 하는 데 도움이 됩니다. 다시 말해 문제의 본질을 파악하고 관련 현상을 정확히 볼 수 있는 새로운 관점을 사람들에게 제시한다는 뜻입니다.

우리가 이해하는 생태환경은 인간이 만든 관념 속에서 굳어진 경우가 많습니다. '자연 대 인간·도시·산업·근대성'을 이분법적으로 대치시키고 인간은 악하고 자연은 때 묻지 않은 순수한 존재로 이상화하는 방식이 대표적입니다. 이는 근대 이후 확고해진 인식입니다. 최근에는 과학적 데이터를 읽고 지구 멸망을 예견하는 언술도 팽배해 있습니다. 아직 실현되지 않은 이야기를 상상한 결과이자 사회문화적으로 공유되고 있는 이야기이기도 합니다. 이런 상황에서 '역사화'는 하나의 처방전이 될 수 있습니다. 역사화란 시간 속에서 대상을 유한한 존재로 자리매김하면서 특정한 시공간에 존재한 대상과 사건을 당연하게 여기는 관념을 깨 가는 것입니다. 역사화해 맥락 속에서 존재를 이해하는 것이야말로 역사가 가진 힘이라고 할 수 있겠지요.

생태환경사 수업을 설계하고 교재를 구성하는 전 과정에서 가장 중요한 문제의식은 생태적 문해력을 바탕으로 역사를 읽는 일입니다. 환경사가 윌리엄 크로논은 역사적 사실을 하나 더 아는 것보다 환경과 관련한 사고 습관을 체화할 것을 조언했습니다. 가령 크로논은 '모든 인간의 역사는 자연이라는 맥락을 동반한다'고 지적합니다. 역사에서 인간과 자연의 상호관계를 끊임없이 상기하는 말입니다. '우리 자신을 포함해 모든 환경 지식은 문화적으로 구성'되기에 생태환경 문제를 역사문화의 일부로 여기며 접근할 것을 주문하기도 합니다.[76]

생태적 사유를 바탕으로 생태환경사 수업을 구성하기 위한 첫 번째 아이디어는 인간을 생태적 존재로 이해하며 인간과 비인간 존재 간의 연결성(상호 의존성)을 자각하는 것, 동시에 이 모두가 생태적 한계 속에 존재한다는 사실을 인지하는 것입니다. 역사를 '생태적'으로 읽는다는 것은 생태학의 주요한 개념과 인식을 인간과 역사 이해의 준거로 삼아 그 논의를 확장해 가는 일입니다. '역사'에서 생태적 시선을 부여한다는 것은 생태 문제를 인간이 속한 정치적·사회적·문화적 차원에서 이해하는 일이기도 합니다. 카를 마르크스는 생산과 노동 과정을 인간과 자연의 "사회적 신진대사"라고 명명했는데요. 자본주의 체제에서 인류와 자연 사이에 회복 불가능한 문제가 생겨나며 '신진대사의 균열'이 일어난다고 보았습니다. 생산을 경제 분석의 영역으로만 규정하지 않고 자본주의 비판과 생태적 영역을 결합한 개념이지요.[77] 이 같은 인식에서 보면 환경 문제에서 사회와 권력 문제는 떼려야 뗄 수 없는 관계가 있음을 깨닫게 됩니다.[78]

두 번째 아이디어는 역사의 규모를 확장하는 것, 그리고 다양한 스케일로 시선이 오가도록 하는 것입니다. 역사의 규모를 확장하는 일은 인류세에서 비롯된 아이디어입니다. 인류세는 인간 활동이 지구를 바꾸는 결정적 힘으로 작용했음을 인식하고 인간종이 걸어온 역사에 대한 근원적 성찰을 요구하는 실천적 개념이기도 합니다. 역사의 규모를 확장하면 시간의 축을 길게 늘리면서 복합적이고 상호 연관적으로 인류와 지구를 이해할 수 있습니다.

　다양한 스케일로 역사를 본다는 것은 기존의 국가·민족 중심 서사에 익숙한 우리에게 다른 방식으로 역사를 볼 여지를 줍니다. 역사의 렌즈가 지방-국가-지역-세계-지구 행성을 오가는 것이지요. 여기서 강조점은 역사를 오가며 줌인, 줌아웃 할 수 있는 보다 유연한 시선을 갖추는 것입니다.

　인류세 등장 이후 기존의 인간이 만든 문명의 역사만이 아니라 전 지구적 시간 속에서 역사를 파악해야 한다는 논의가 시작되었습니다. 하지만 전 지구적 인식이라 해서 지구를 하나로 놓고 사유하며 지역을 축소하거나 종속시키는 것은 아닙니다. 저마다 다른 지역(공간)에서 다른 경험을 하며 지역의 눈으로 볼 때 또 다른 역사가 열리기 때문입니다.[79]

부정, 냉소, 절망을 넘어선 희망 찾기

생태환경사 수업을 고민하면서도 여전히 마음 한편이 불편합니다. 학생과의 만남과 대화를 통해 생태환경 문제를 열심히 공부하는 이 순간에도 지구의 상황은 계속해서 나빠지고 있습니다. 지구가 더는 회복력을 가질 수 없게 되는 시점(티핑 포인트)까지 시간이 얼마 남지 않았다는 과학자들의 경고는 인류가 얼마나 어려운 상황에 처했는지를 짐작하게 합니다. 이 문제의식은 교육학의 새로운 연구 경향에서도 포착됩니다. '어두운 교육학(dark pedagogy)'이 이런 연구의 한 사례입니다. 환경 파괴, 기후변화, 오염 문제를 끔찍하고 기괴한 이야기와 연결하면서 교육이 이 끔찍한 것들과 관계 맺어온 과정을 전면에 드러내는 방식입니다. 생태적 자원의 중요성을 무시해 온 인류가 불러일으킨 지속불가능의 과정을 '그림자 장소'라는 개념으로 제안하기도 합니다.[80]

역사 교육에서도 전통적 역사 영역을 전복적으로 해석하며 어두운 교육학과 그림자 장소라는 두 개념을 이용한 연구가 있습니다. 이는 영화나 소설 속에 팽배한 종말론 및 대재앙과 구별되는 교육적 접근입니다. 종말론과 대재앙이 결론지어진 미래로 향하면서 무기력과 패배감을 안긴다면 어두운 교육학과 그림자 장소는 어둡고 그늘진 곳을 직시하며 지속가능성을 말합니다. 마지막까지 희망의 끈을 놓지 않고 우리의 책임, 해결해야 할 문제를 직시하게 합니다.

만약 지구에 '종말'이 있다면 어느 날 갑자기 찾아오지는 않을 것입니다. 느리지만 고르지 않은 모습으로 일상을 위협하는 위기가 증폭되고 불의가 고조되면서 삶의 불안정성이 더 커지는 모습일 것입니다.[81] 엉킨 채 꽉 묶인 매듭처럼 풀기 힘든 문제인 것은 여전하고요. 멸망론이나 근거 없는 낙관주의가 아니라 기후위기 시대에 어떤 서사를 써 내려갈지를 숙고하며 과거에서 희망의 근거를 찾아가는 것이 역사 교육자의 책임이 아닐까 합니다. 우리의 목표는 미래를 열린 방식으로 이해할 수 있도록 돕는 동시에 세상이 더 나빠지지 않도록 하는 것이니까요.

이쯤에서 '급진적 희망'을 개념화한 연구를 함께 살펴볼까요? 미국의 철학자 조너선 리어는 희망에 대한 새로운 접근으로 급진적 희망을 말합니다. 서구의 휴머니즘(인간중심주의)과 자본주의가 주도하는 현 상황에서 단절을 통한 근본적 변화를 추구하기에 '급진적'이라 명명하는데요. 안정된 미래, 영속성, 확실성에 대한 생각을 버리고 인류가 황폐화되었다는 진실을 받아들이는 것이 급진적 진실입니다. 공교육이 실현불가능한 경제성장과 물질적 번영을 보편과 상식으로 만드는 데 일조했음을 시인하는 일도 포함해서 말입니다.[82] 급진적 배움은 학교가 생태적 사유의 공간으로 새롭게 탄생하는 과정을 뜻합니다. 급진적 진실을 수긍하고 급진적 배움을 이어 나갈 때 급진적 희망의 모습을 구체화할 수 있습니다. 다음 표는 급진적 희망 이론에 근거한 생태환경사 수업 아이디어로 한 캐나다 역사 교육자의 제안입니다. 이 제안을 실제 역사 수업에서 어떻게 구성할 수 있을지 적극적으로 검토할 필요가 있습니다.

희망과 관련한 논의를 살피다 보면 이 개념이 사회적으로 얼마나 다양하게 통용되는지를 알게 됩니다. 희망은 종교적 믿음에서 비롯된 '좋은 미래에 대한 바람'일 수도 있고, 삶을 추동하는 능동적 에너지일 때도 있습니다. 희망을 해결책이 아닌 문제의 일부로 여기며 희망에 부여된 진보, 보편화의 의미를 훼손해 전복할 수도

급진적 희망 이론에 근거한 생태환경사 수업 아이디어[83]

이론	수업 목표	수업 제안
급진적 진실	1. 현재의 환경 조건, 도전 과제 및 생명에 위협을 가하는 요소를 설명하고 맥락화합니다.	'인류세'라는 지질학적 시대를 정의하는 데 사용된 역사적 근거를 제시합니다.
	2. 환경-사회적 갈등과 불평등 사례를 분석해 인간 집단과 다른 종의 상호작용을 더 잘 이해할 수 있도록 합니다.	자원 관리 논쟁의 역사를 살피고 그에 따른 정책·계획의 역사를 조사합니다.
급진적 상상	3. 하나의 종 또는 비인간 존재의 관점에서 유럽의 세계관이 미친 영향력을 분석합니다. 토착민의 세계관과 비교할 때 차이는 더 분명해집니다.	나무(또는 강)의 역할이나 중요성을 원주민의 관점과 유럽인의 관점에서 비교해 바라봅니다.
	4. 사례 연구를 통해 토착민의 지식을 탐구하고 존중 접근법을 경험합니다.	기후변화가 토착민의 생활 방식에 미치는 직접적인 영향을 토착민 지식 보유자로부터 배워 봅니다.
급진적 가르침	5. 환경 및 인간 외의 구성 요소와 윤리적 관계를 맺을 수 있는 다양한 경험, 학습 기회 또는 교수법에 참여합니다.	지역 동식물 종이나 환경변화에 대해 지역 원로 또는 조부모와 구술 역사 인터뷰를 통해 들어 봅니다.
	6. 논쟁이 된 환경 문제를 이해하고 지원하기 위한 학생 활동을 구성합니다.	지역 환경 단체(예: 수질 옹호 단체) 또는 개인 활동가의 활동을 조사합니다.
급진적 희망	7. 환경 불안 유발 요인과 증상을 파악하고 이를 완화하기 위한 개인적·사회적 전략을 설명합니다.	기후변화를 직면한 청소년들의 이야기를 공유하고, 불확실성 속에서도 희망을 잃지 않고 회복력을 발휘할 수 있는 방법을 토론합니다.
	8. 환경변화의 맥락에서 개인의 삶과 연관된 내러티브를 구성합니다.	학습자가 인간의 가치를 재구성해 인권과 주체성 그 이상을 고려하도록 유도하는 '디지털 스토리'를 제작합니다.

있습니다. 파국이나 파멸의 미래를 부정하지 못하고 절망감을 가득 안고 있다가 생태적 위기의 순간에 희망을 말하며 또 다른 파열음을 내는 인간들의 '생태적 희망'도 존재합니다.[84] 이때 희망은 사실에 기반한 객관적 전망이기보다는 의지와 정서가 강하게 작용하

는 서사로 보입니다. '느린 희망'도 마찬가지입니다.[85] 환경 피해가
점진적으로 커지는 동안 환경변화에 대한 절망과 낙담의 이야기가
뒤엉키는 속에서도 우리 시야에 잘 보이지 않을 뿐 긍정적 변화와
희망은 계속 생겨난다는 개념입니다.

　희망을 고민할수록 역사가 지닌 근원적인 힘, '이야기(서사)의 힘'
을 떠올리게 됩니다. 서사는 과거에 만난 적 없는 새로운 세상을
상상하고, 시간의 연속선상에서 자신의 위치와 상황을 가늠할 수
있게 합니다. 희망에 대한 마지막 이야기는《인류세의 충격》이라
는 글의 아이디어로 마무리하고 싶습니다. 이 책을 쓴 역사학자들
은 인류세의 서사를 '지구적 사건'으로 상상할 것을 주문합니다.
역사에서 변화의 다른 기점들, 새로운 선택의 순간들, 예외를 만
들어 낼 수 있는 기회들이 연속해서 존재했다는 뜻입니다. 가지
않았지만 존재했던 다른 길들을 톺아보면서 새로운 서사의 가능
성을 만들어 갈 때 희망을 발견할 여지는 언제든 생겨날 수 있습
니다.*

---

* "인류세를 지구사적 사건으로 상상함으로써 우리는 근대성에 대한 웅장하고 무력한 내러
티브를 피할 수 있다. 근대로 이어져 오던 역사 속의 다원성과 다양성은 근대 철학자들의
장엄한 과정만은 아니다. 오히려 일련의 작은 연속적인 변화, 새롭게 마주하는 상황, 예외
의 연속으로 생각할 수 있다. …… 인류가 지구와 생태계를 불안하게 만들었다는 점에서
우울해 보일 수도 있다. 그러나 우리가 각성하고 공식적인 이야기를 버린다면 (부정적 미래
를 경고하는) 지구시스템 과학자들과도 명쾌하고 유익한 대화를 나눌 수 있다." Christophe
Bonneuil, Jean-Baptiste Fressoz, *The Shock of the Anthropocene: The Earth, History and
Us*, Verso: Newyork, 2016, pp. 269~272.

마지막으로 생태환경사가 지향하는 궁극적인 목표가 무엇인가를 되짚어 보려 합니다. 저는 이 글에서 '지속가능한 생태민주사회의 시민 형성'을 생태환경사 교육의 중요한 목표로 삼았습니다.

지속가능성은 1972년 로마클럽에서 발표한 〈성장의 한계(The Limits to Growth)〉에서 촉발된 개념으로 같은 해 스톡홀름에서 열린 유엔인간환경회의에서 환경 문제가 국제적 의제로 등장하며 본격적으로 사용되었습니다. 현재 유엔은 '지속가능 발전(Sustainable Development)'이라는 개념을 공식적으로 사용하면서 환경보전, 경제성장, 사회정의의 세 가지 영역의 고른 균형을 유지해야 한다고 말합니다. 하지만 이 용어는 사용하는 주체에 따라 달라지기에 대단히 논쟁적인 요소를 포함합니다.[86]

최근에는 지속가능성 대신 거주가능성이 대안으로 제시되기도 했습니다. 거주가능성은 인간과 인간 외의 존재, 즉 자연 세계를 포괄하는 단어입니다. 다양한 종과 복잡한 생명체가 지구 행성에서 살아가고 있음을 전제한 용어지요. 하지만 이 글에서는 지금까지의 세계가 불러일으킨 지속불가능성에 대한 근본적 반성과 어떤 존재도 소외시키지 않겠다는 의미를 강조하며 지속가능성이란 용어를 계속 사용했습니다.[87]

생태민주사회는 생태민주주의에 기반한 사회입니다. 생태민주주의는 현대 민주주의를 생태학적 관점에서 새롭게 주목한 개념입니다. 지구에 더 오랜 시간 머무를 세대와 지구를 생각하는 생태적으로 민감한 민주주의로 생태 문제가 정치 문제이자 민주주의 문제임을 강조합니다. 다시 말해 생태환경은 물리적 환경만의 문제가 아니라 정치적 주체인 시민들의 인식과 실천에 따라 달라질 수 있는 것입니다.[88] 교육의 생태전환도 생태민주사회를 기반으로 한 새로운 지향입니다. 이는 생태적 시민의 탄생을 통해 구현될 수 있는 제도이자 문화이기도 합니다.

생태환경사 교육은 학생들이 생태 시민, 즉 생태적 역량을 갖춘 시민으로 자신을 형성해 갈 수 있도록 역사를 통해 돕는 사회문화적 실천의 과정입니다. 학생들이 지속가능한 사회를 만들고, 민주주의의 모습마저도 생태적으로 재구성하는 데 역사 교육의 역할을 타진해 볼 수 있습니다. 이때 역사과에서 말하는 생태 시민은 자명한 시민이나 시민성을 전제하지 않음을 유의해야 합니다. 역사적으로 볼 때 시민성은 특정한 방식으로 구성되었기에 항상 한계가 있습니다.[89] 중요한 것은 시민의 '형성'입니다. 학생들은 인지와 감정, 다양한 학습의 경험을 넘나들며 자기 인식을 재구성하고 자신의 이야기(서사)를 만들어 가는 존재입니다. 특히 2020년 전 세계를 강타한 코로나19 팬데믹을 경험하며 인간이 얼마나 취약한 존재인지를 확인했습니다. 인간은 관계를 맺고 서로 돌보며 살아가는 존재이기에 상호의존성과 연관성은 무척이나 중요합니다. 개별적 주체의 변화에 그치지 않는 사회적 전환이 필요한 이유가 보다 분명해진 것이지요.

혹자는 생태환경사 교육의 목표가 '기후 운동가'를 양성하는 것인지 묻기도 합니다. 환경사의 발전과정이 환경 운동과 밀접하게 연관되었듯이 환경정의나 생태정의 환경 운동의 역사는 역사 수업에서 중요하게 다룰 수 있습니다. 하지만 역사 수업의 목표가 활동가를 키우는 것일 수는 없지요. 만약 역사 교사가 자신의 교실에서 툰베리와 같은 청소년 기후 활동가를 만난다면 지지하고 응원하며 도울 수 있겠지만, 그와 별개로 생태환경사 수업은 특정한 인간형을 만드는 것을 목표로 하지 않습니다. 오히려 생태적 시선으로 역사를 만나는 더 입체적이고 다양한 방식을 강조합니다.

　다원적 시선으로 생태환경사를 조명하는 일은 오늘날 세계화 시대에 더 중요해졌습니다. 자본이 만든 세계화가 보편성이라는 이름으로 하나의 실재가 존재하는 듯이 말하는 상황에서 다원성은 보이지 않았던 주체들을 드러내고 침묵했던 이들의 말을 경청하게 합니다. 불평등한 사회가 만든 더 취약한 이들의 목소리, 그리고 인간 외의 사물, 비인간, 물질과 물질성, 감정, 영성 같은 것을 형성하는 여러 행위자에게 관심을 기울이게 합니다.[90] 다원적 시선을 체화하기 위해 역사 교사들이 가장 먼저 할 일은 다양한 생태환경사 책을 읽어 보는 것입니다. 생태적 시선으로 역사를 구성한 책들은 우리에게 많은 시사점을 줍니다.

　청소년 세대가 기후위기 시대를 극복할 힘을 기르려면 역사 교육도 생태적으로 재구성되어야만 합니다. 19세기 국민국가의 필요에서 등장한 근대 역사학과 그에 기반한 역사 교육의 틀로는 지금의 위기에 대처할 수 없습니다. 인간이 건설한 문명의 발전사에 초점을 맞춘 역사 교육이 아닌, 근대적 사유를 성찰하는 기회를 제공하는 계기로서 생태환경사 교육이 요청되고 있습니다.

현재란 과거 사건이 원인이 되어 생겨난 당연한 결과가 아님을 생태환경사의 시선을 통해 깨닫게 됩니다. 인클로저 운동은 자본주의 발전의 자연스러운 과정이 아니라 공유지 파괴의 과정으로 이해하고 이를 막아 내려 한 자들의 저항적 목소리로 채울 수 있습니다.[91] "인류세 시대에 일어날 것으로 예상되는 환경 재앙의 대부분을 오스트레일리아 원주민들은 식민지화의 결과로 이미 경험했다"라는 한 오스트레일리아 역사가의 말은 기억이 현재와 어떻게 만날 수 있는지를 보여 줍니다.[92] 생태환경사는 '급진적인 기억'을 소환해 신화화하거나 왜곡된 인식을 재검토하고 현재 상황을 새롭게 통찰할 수 있는 계기를 만들어 줍니다.[93]

생태환경사 교육이 개별적 시도가 아닌 교육과정으로 자리 잡을 때 교육 현장의 전반적 변화를 기대할 수 있습니다. 영국의 역사 교육 전공자 케이트 호키는《역사와 기후위기(History and the Climate Crisis)》에서 현재의 기후위기를 더 잘 이해하기 위해 역사적 접근이 필요하다며 환경사를 역사 교육과정에 포함해야 한다고 주장합니다. 마이클 영의 '강력한 지식' 개념을 가져와 필요성을 설파하고, 환경사 도입을 위한 수업 구성 방안과 사례를 제시하기도 합니다. 그는 특히 환경사를 바탕으로 한 교과 지식 마련을 강조합니다.[94] 한국은 지난 2022 개정 교육과정에서 과목별로 생태환경 관련 성취 기준을 포함하며 변화를 꾀했습니다.

생태환경사 교육은 아직 첫걸음을 내딛은 정도로 더 많은 공부와 실천과 논의가 필요합니다. 하지만 그 방향은 분명해 보입니다. 생태환경 문제를 사회구조와 정치 문제로 이해하기, 환경·생태 정의의 시선에서 불평등의 문제 바라보기, 인간 중심의 근대적 문화를 성찰하며 비인간 존재를 포함한 새로운 문화 만들어 가기, 인간이 가진 다양한 감정, 정서, 감각적 경험을 존중하며 영성의 문제까지도 포괄하기, 그리하여 인간이 윤리적 존재로서 지금의 지구 행성이 처한 위기를 해결해 나가는 주체임을 잊지 말기. 역사 교사들이 생태환경사 수업을 설계하고 실천하는 동안 이 방향을 계속해서 숙고해 가길 희망합니다.

좌담회

생태환경사 수업을
막 시작하려는 선생님들께

참석자(가나다순)

원지혜

정효진

천장수

최재인

생태환경사 수업 연구 모임을 시작한 이유

천장수 우리가 생태환경사 수업 연구 모임을 한 지 만 3년이 되어 가고 있습니다. 그사이 세상은 더 어두운 위기 속으로 향해 가고 있는 것 같습니다. 최근 인도네시아 소식 들으셨어요? 해수면 상승으로 수도 자카르타에 거주하는 것이 불가능해졌다고 합니다. 그래서 칼리만탄섬으로 수도를 옮긴다는데, 이 개발로 다시 숲이 훼손되겠지요. '환경 재앙'의 악순환에 놓여 있음을, 차크라바르티의 말처럼 지속가능한 세상이 아니라 거주가능한 세상을 어떻게 만들지 논의해야 함을 실감했습니다.

이런 문제 인식에서 책을 썼습니다. 작업 후기를 대신해 생태환경사 수업을 막 시작하려는 선생님들에게 관련 정보를 제공하고자 좌담회를 열었고요. 첫 번째 질문입니다. 어떻게 생태환경사에 관심을 가지고 수업 연구 모임에 참여하셨나요?

정효진 모임을 시작한 2021년 당시 저는 고등학교에서 1학년 통합사회 수업도 맡고 있었어요. 통합사회 시간에는 기후위기를 주제로 4차시에 걸쳐 프로젝트 수업을 했는데요. 수업 구성 아이디어를 내는 것이 어렵지 않았고 학생들도 상당히 흥미를 보였습니다. 그런데 정작 전공인 역사 과목에서는 기후위기와 관련된 문제의식을 어떻게 풀어 내야 할지 막막하더라고요. 그때 마침 전국역사교사모임(전역모)에서 생태환경사 수업 연구 모임 구성원을 모집한다는 메시지가 왔어요. 그 제안이 한 줄기 빛 같았달까, 뭔가 실마리를 잡고 싶은 마음으로 문을 두드렸지요.

원지혜 저도 현실적 필요에 따라 시작했어요. 2021년에 1학년 주제 선택 수업을 하고 있었어요. 중학교 1학년 주제 선택 수업은 평가도 없고 자유도가 높잖아요. 그래서 '세계 시민 교육'이라는 틀 안에서 사회의 현안들, 성평등·민주주의·인권 등 여러 가지 카테고리로 수업을 진행했어요. 환경 문제도 당연히 다루었죠. 그때 제가 환경 문제에 관해 아는 것은 그레타 툰베리 정도? 정말로 기초적인 지식밖에 없는 수준이었지만 학생들과 수업하다 보니 환경 문제가 청소년의 삶과 얼마나 밀접하게 연결되어 있는지 깨달았어요. 교사로서 너무 모르고 있었다는 반성도 했고요.

그래서 환경 동아리를 만들었어요. 당시 주제 선택 수업을 같이 하던 학생들과 시작했는데, 학생들은 제 전공이 뭔지 몰랐어요. 그냥 과학이나 사회 선생님이라고 생각했을 수도 있죠. 환경 동아리 활동을 하면서 너무 재미있었고, 굉장히 많이 배웠어요.

그런데 한편으로는 '전공인 역사 수업에서 이야기하는 것과 환경 동아리에서 실천하는 것 사이의 괴리가 너무 크다'는 것을 느꼈어요. 기본적으로 역사 교과서의 서사에는 생태환경사의 시선이 거의 담겨 있지 않잖아요. 생태환경사를 공부하지 않고 있을 때라 역사 수업에서는 아무래도 환경과 관련된 접점을 찾기 어렵다고 생각했어요. 환경과 인간이 더불어 살아왔다든지, 인간이라는 주체가 환경을 파괴했다든지에 대한 내용이 교과서에 거의 없었기 때문에 갈등이 있었던 것 같아요. 일상적으로 하는 역사 수업에서 이 이야기를 아예 안 하고 있다는 점이 뭔가 죄책감이 들기도 하고, 역사 수업과 환경 이야기를 연결하는 법에 대한 고민이 많아졌어요.

생태환경사 공부를 시작하기 전에는 사실 전역모에서 거의 활동을 안 하는 유령 회원이었어요. 생태환경사라는 단어조차 생소했지만 모임 공지를 보고 '나처럼 환경 문제에 관심 있는 역사 선생님들이 있구나' 하고 놀랐어요. 저 혼자 별종인 것 같았는데, 비슷한 고민을 하는 역사 선생님들이 있다는 것 자체가 힘이 되었지요.

최재인 크든 작든 환경에 대한 관심을 가지고 공부 모임에 참여하신 것 같네요. 저는 굳이 계기를 꼽자면 코로나19 '덕분'(?)이었던 것 같아요. 사실 코로나19를 계기로 바이러스와 인간의 관계, 전염병의 심각성 등과 같은 전반적인 생태환경 문제에 관심이 생겼다기보다는, 수업 연구 모임이 온라인으로 진행된 덕에 망설임 없이 신청할 수 있었어요. 근무지가 춘천이다 보니 그동안 서울에서 열리는 모임에는 선뜻 참여하기가 어려웠거든요.

그런데 막상 공부해 보니 점점 흥미가 생기고 빠져들었어요. 대학에서 전공을 배울 때나 학교에서 학생들을 가르칠 때 정치적·경제적 이슈에만 관심을 두었지, 사실 환경 문제는 부차적이라고 생각했어요. 그런데 조금씩 알아가다 보니 환경 문제가 정치적·사회적·경제적 문제랑 분리되어 있지 않고, 어떤 면에서는 인간의 삶과 훨씬 밀접하게 연결되어 있더라고요. 심지어 큰 차원의 급진적인 전환을 이끄는 문제라고 생각하게 되었어요.

특강으로 조효제 선생님을 모셨을 때 "생태전환이라는 말에 '사회'를 보태서 사회생태전환이라고 해야 한다"라는 이야기를 하셨는데, 크게 와닿았어요. 어떻게 보면 아무 고민 없이 시작했는데, 공부를 시작한 지 3년 만에 학교에서 환경을 가르치게 된 것을 보면 저의 교직 인생에서 큰 전환점이 된 사건이 아닐 수 없네요.

천장수   저는 시골 출신인데, 가끔 동년배들하고 이야기하다 보면 "너는 우리 엄마 아빠가 경험한 걸 경험했네"라는 이야기를 들을 때가 있어요. 가난한 농촌 마을에서 자랐다는 데 부정적인 생각도 있었는데, 지금 돌아보면 유년 시절 자연에서 뛰어놀고, 관찰하고, 교감하며 살았던 일이 큰 자산으로 남았다고 생각해요. 그 경험이 자연에서 평화로움을 추구하는 친환경적인 삶을 소중하게 여기고 미세먼지·환경오염 등에 대해 민감하게 반응하게 한 것 같아요.

코로나19로 성장만을 추구하던 세상이 멈추니까 자연이 목소리를 내기 시작했다고 생각했어요. 예를 들면 인도에서 히말라야산맥이 보인다든가, 해수욕장에 다시 거북이들이 찾아온다든가 하는. 이렇게 자연이 치유하고 회복하는 능력이 굉장히 놀라웠고, 경이로운 자연의 힘을 보면서 우리 선택에 따라 세상도 괜찮아지지 않을까 희망을 품기도 했어요. 2021년 가을이 유난히 짧았는데요. '사계절 중에 가장 좋아하는 계절이 2주 만에 끝났다, 괜찮은 것인가?' 하는 의구심을 가지던 중 전역모에 공부 모임이 꾸려졌고 함께하게 되었어요. 역사 교사로서 위기의 시대, 위험이 현실화되는 상황에서 살아갈 학생들에게 도움이 되는 수업을 하고 싶다는 마음으로 계속 공부하고 있습니다.

이제 막 고민을 시작하는 분들에게 추천하는 콘텐츠

천장수   생태환경사 수업 연구 모임을 처음 시작할 때도 40명이 넘는 선생님들이 신청하셨는데, 그다음 해에도 모집할 때마다 신청 인원이 늘어났어요. 관심이 앞으로도 확산될 듯한데요. 이 주제에 막 관심을 가진 선생님들에게 쉽게 접근할 수 있는 콘텐츠를 추천해 주시면 좋겠어요.

정효진   한재각의 《기후정의》, 제이슨 히켈의 《적을수록 풍요롭다》를 추천합니다. 《기후정의》의 첫 장은 "아는 북극곰 있나요?"라는 질문으로 시작하는데요. 그 질문을 마주했을 때의 충격이 잊히지 않아요. 이 책은 기본적으로 '기후위기 문제는 유발자와 피해자가 동일하지 않다'는 문제의식에서 출발해 기후 문제가 국가, 계층, 세대 간 불평등의 문제임을 명쾌하게 드러냅니다. 수업 때 책 속 문제의식을 공유한 적이 있는데, 학생들도 뭔가 통찰을 얻었는지 제법 흥미로워했어요.

《적을수록 풍요롭다》는 자본주의 시스템 형성과정을 새로운 시각으로 보여 줍니다. 사실 교육과정에서는 그 중요하다는 자본주의가 도대체 어떻게 탄생했는지 잘 설명하지 않잖아요. 이 책은 인클로저와 식민지 수탈이 초기 자본주의 성립과정에서 얼마나 중요했는지를 강조해요. 수탈이 자본가들의 축적에 어떻게 기여했는지, 농민들과 식민지 주민들을 얼마나 가난하게 만들었는지, 또 저렴한 임금 등을 정당화하면서 어떻게 자본주의 시스템을 공고화했는지를 드러내죠. 세계사 교과서의 서사에서는 자본주의로의 이행이 평화롭고 자연스러운 과정으로 묘사되지만, 여기에 상당한 저항이 있었다는 사실도 짚어 줍니다. 그 과정에서 급격히 변화한 인간과 자연의 관계 역시 잘 나타내고 있어요. 자연을 식민화하면서 인류가 자연에 품었던 경외심 같은 것들이 사라지고 자연을 추출의 대상으로만 보게 되었다는 거지요.

이 책은 탈성장의 필요성에 대해서도 강조하는데요. 끊임없는 성장을 동력으로 삼는 자본주의 시스템은 지구의 생태적 한계를 생각할 때 불가능하다는 거예요. 생태환경사를 공부할 때 꼭 짚어야 할 주제고, 같은 맥락에서 조효제의 《침묵의 범죄 에코사이드》역시 추천합니다.

원지혜 아까 최재인 선생님 이야기처럼 생태전환 교육이라는 것이 결국 '사회생태전환'이고, 이 부분에서 역사 교육이 역할을 할 수 있다고 생각해요.

저는 넷플릭스 다큐 〈카우스피라시(Cowspiracy)〉에 대해 이야기하고 싶어요. 〈카우스피라시〉랑 〈시스피라시(Seaspiracy)〉, 이렇게 두 가지 다큐를 같이 보면 좋은데, 〈카우스피라시〉는 2014년 작이라 좀 오래되긴 했어요. 이 다큐를 보면 공장식 축산이 결국 이산화탄소 발생과 굉장히 큰 연관이 있다는 것을 알게 됩니다. 하지만 이 문제는 결국 권력의 문제라서 아무도 쉽게 이야기하지 못해요. 축산업자들과 권력의 결합, 비건 이야기는 대놓고 하지 않는 환경 단체 등 생태환경 문제가 어떻게 연결되어 있는지를 적나라하게 드러내는 다큐였어요. 학생들과 처음 권력, 자본의 문제와 환경 문세를 연관해 이야기할 때 효과적일 것 같아요. 사회의 민낯을 다루기 때문에 다소 충격적일 수 있지만요.

천장수 이런 위기 상황에 인류가 어떻게 대처하고 있는지를 잘 드러내는 영화로 〈돈 룩 업(Don't Look Up)〉도 있어요. 소행성 충돌이라는 소재가 기후 재앙으로 바뀌면 영화 속 모습이 딱 우리의 현실이잖아요. 심지어 코로나19 팬데믹 이후로도 세상의 근본적인 질서가 하나도 안 변했다는 것이 너무 섬뜩해요. 이윤만을 추구하는 자본과 그를 부추기는 권력층의 행태가 여전히 계속되고 있으니까요. 올해 총선에서도 당장 눈앞의 선거에서 승리하려고 단기적인 개발과 발전을 약속하는 공약들이 넘쳐났어요. 권력과 자본만 문제인 것은 아니지요. 위기를 위기로 인식하지 못하는 사람들은 변화를 말하려는 사람을 불편해하고, 오히려 비판하는 움직임도 있어요. 대안을 상상하지 않는 거예요. 기후위기를 넘어 기후 붕괴, 기후 재앙이 현실이 되는 가운데 〈돈 룩 업〉에 등장하는 여러 주체의 모습을 우리와 비교해 살펴보면 좋을 것 같아요.

최재인　저는 환경 수업하면서 학생들이랑 함께 본 〈컨테이전 (Contagion)〉이라는 영화가 기억에 남아요. 2011년에 개봉한 영화인데, 마치 팬데믹을 겪고 과거로 돌아가서 만든 것처럼 전 세계가 혼란에 빠진 모습을 너무 잘 보여 주어서 놀랐어요. 전염병이 발병한 지역과 발병 계기, 확산 양상 등이 실제와 너무 흡사해서 소름이 돋을 정도였거든요. 영화를 보고 나면 코로나19와 같은 인수공통감염병이 일어날 수 있다는 것을 진지하게 고민했으면 막을 수도 있지 않았을까 하고 생각하게 되더라고요.

천장수　최근 KBS 다큐 인사이트에서 〈도착한 미래〉를 보았는데, '미래 세대'를 위해 움직이자면서 먼 훗날의 일처럼 이야기하는 것들이 이미 현재 우리의 문제임을 다큐 제목이 말하는 듯해요. 여섯 번째 대멸종이 진행 중이고 폭우, 가뭄, 폭염, 홍수, 한파 등 재앙의 빈도와 피해 규모가 늘어나는 현실을 경고하면서 지금 무엇을 해야 할지 생각하게 하는 다큐였어요. 더 깊이 공부하고 싶은 선생님들에게는 EBS 〈위대한 수업〉 중 존 로버트 맥닐의 '환경의 역사'를 추천합니다. 실크로드와 페스트, 콜럼버스의 교환, 산업혁명과 향유고래, 동아프리카 코끼리, 거대한 가속의 시대 등 흥미로운 주제를 만날 수 있어요. 더 파고들고 싶다면 마사 누스바움의 '동물을 위한 정의', 반다나 시바의 '식량 주권 선언'도 함께 보시면 좋아요.

최재인　학생들에게 동기 부여 차원에서 추천하고 싶은 영상은 KBS 다큐 〈지구 위 블랙박스〉예요. 내용과 형식 두 측면에서 매우 인상적이었는데요. 먼저 내용적인 측면은 '2049년' 지구의 모습을 보여 주는 것이 기본 설정이에요. 이 설정이 굉장히 절묘하고 의미 있다고 생각했는데, 탄소 중립 달성 목표로 삼은 시기가 2050년이 잖아요. 그런데 다큐에서의 현재 시점인 2049년에 이미 지구는 인간이 살 수 없는 행성이 되어 버린 거예요. 초반부에 AI 로봇이 캡슐 안에서 지구를 내려다보는 인간에게 "왜 인간들은 지구가 이렇게 될 때까지 아무것도 하지 않았어?"라고 질문해요. 인간은 "하려고 했었지. 하지만 그게 잘 안됐어"라고 대답합니다. 그 말이 오래 마음에 남았어요.

　이 다큐는 소재를 다루는 방식도 신선했어요. 총 5부작 중에서 1부를 학생들과 함께 보았는데, 가수 잔나비와 윤도현이 등장해요. 잔나비는 남극에 가서 빙하가 쏟아지는 풍경을 뒤에 두고 노래를 불러요. 윤도현은 해안 침식이 진행되는 동해에 수조를 설치하고 그 안에서 노래를 부르는데, 수조 안에 물이 점점 차올라요. 클라이맥스를 향해 갈 즈음엔 가수의 상반신 전체가 물에 잠겨요. 시각과 청각의 시너지로 감정에 엄청난 파동이 일더라고요. 노래가 끝난 뒤에 교실 전체가 숙연해졌던 기억이 나요. 영상을 보면서 이것이 우리의 현실이구나, 여기서부터 뭔가 시작해 보자, 이런 이야기를 나눌 수 있을 것 같아요.

천장수　　그런데 이런 위기 상황을 직면하는 것도 중요하지만 그 단계 뒤에는 "그럼 우리는 어떻게 하라고요? 대안이 있어요?"라는 질문을 마주하게 되잖아요. 연구 모임을 처음 시작했을 때 구도완 선생님 책을 읽고 특강을 들었는데요. 그분이 쓰신《생태민주주의》가 학생들에게 제시할 수 있는 적절한 자료가 아닐까 해요. 이 책은 학생들이 행위 주체자로서 발언하고 비인간 존재를 대변할 수 있는 사람들의 목소리도 포함되어야 한다고 말합니다. 위기에 대한 강조뿐 아니라 '민주주의를 보완하는 숙의과정을 거치면 더 나은 미래를 만들어 갈 수 있다' '여전히 세상에는 선한 사람들이 있고 그래서 세상이 잘 굴러갈 수 있다'라는 긍정적인 메시지가 담겨 있어서 좋았어요.

정효진　　맞아요. '민주주의는 기본적으로 국가 중심적일 수밖에 없고 인간 중심적이면서 더 긴 시간 지구에서 살아갈 세대를 고려하지 않는다. 그러니 각 지방에 더 큰 권한을 주고, 미래세대와 비인간 존재의 권리를 침해하지 않는 새로운 방식의 정치체제가 필요하다. 그것이 생태민주주의다'라고 저는 이해했는데요. 기후위기와 생태위기가 미증유의 어려움이다 보니 기존 시스템을 넘어서는 대안을 고민해야 할 것 같습니다. 조효제 선생님의 표현을 빌리면 '사회적 상상력'이 필요하겠지요. 그런데 이것이 혼자의 힘으로는 어렵더라고요. 그래서 공부 모임을 계속 찾게 되는 것 같아요.

천장수   그동안 우리가 정말 많은 책과 논문을 읽었는데요. 생
태환경사 공부에 꼭 필요하다고 여기는 책을 추천해 주실 수 있을
까요?

정효진   읽기 무척 어려웠지만 그래도 일단 《자연과 권력》을 추
천해요. 환경사의 대가인 독일의 요아힘 라트카우가 쓴 책인데요.
저는 무엇보다 이 책을 통해 환경사를 공부하면서 견지해야 할 자
세, 유념할 점을 배울 수 있었어요. 일단 '복잡성'을 마주할 용기를
가져야겠다는 생각이 가장 많이 들었습니다.

이 책은 환경사의 관점에서 세계 곳곳의 역사를 조망하는데요.
사실 생태환경사 공부를 시작할 때 당장 기후위기 해법을 찾고 싶
은 급한 마음이 있었어요. 새로운 서사나 관점을 만날 때마다 '이
것이 답이다'라는 식의 공식이나 법칙을 발견하고 싶었거든요. 환
경결정론적으로 생각하고 싶은 유혹도 컸고요. 인간의 모든 활동
이 환경 파괴 활동이었다고 단순하게 바라보고 싶기도 했습니다.

그런데 《자연과 권력》은 어떤 것도 쉽게 단언하지 않고 계속해
서 질문을 던집니다. 화전 같은 방화경제를 예로 들 수 있어요. '방
화경제는 당연히 환경 파괴지'라고 생각하고 넘어가기 쉬운데, 방
화경제도 운영 방식에 따라 생태적 영향이 얼마나 천차만별인지를
면밀히 파고들어요. 이것이 아주 중요한 태도거든요. 기본적으로
생태환경사는 생태계의 상호 의존성, 연결성, 복잡성을 인정하는

데서 출발해야 하는데, 복잡한 문제는 그 복잡성을 살려서 다루어야 하니까요. 이 책이 논지를 이끌어 가는 방식이 어떻게 보면 기존에 해 온 역사 수업과 대척점에 있어서 반성도 많이 되었습니다. 저는 학생들이 이해하기 좋게 인과관계가 분명하고 매끈한 스토리를 짜서 설명해 왔는데, 이런 방식은 역사적 사건이 전개되는 순간의 복잡성을 다 걷어 내고 단순화하니까요.

자연 자체를 숭배하는 듯한 경향을 멀리하고 인간의 여러 정치적 결정이 환경 문제에 아주 큰 영향을 미쳐 왔음을 주목한다는 점역시 장점이에요. 지금의 위기는 인류의 선택이 누적되어 발생했고 여전히 해결의 열쇠는 인간이 쥐고 있죠. 이 책은 환경 문제를 해결하는 데 권력과 정치적 결정의 중요성을 환기합니다. 그러면서도 인류라는 단위로 뭉치지 않고 국가보다 작은 단위, 그러니까 라트카우의 표현을 빌리면 '생태 소우주'라는 개념을 통해 환경적 조건이나 영향을 섬세하게 살펴요.

마지막으로 지속가능성이라는 렌즈를 장착하고 역사를 살핀다는 점 역시 추천 이유입니다. 이를테면 농업이 놀랍도록 융성했던 중국에서도 명나라·청나라 대에 이르러 자연을 너무 구석구석 이용해 버리고 지속불가능성으로 치닫게 된 요인이 무엇인지 조명합니다. 우리도 지금 자연의 여유분까지 다 짜내서 쓰고 있지 않는지 성찰하게 되더라고요. 그런데 아무리 좋은 책이어도 혼자서는 절대 못 읽었을 거예요. 저희 한동사팀*에서 거의 1년을 두고 읽었는데도 힘들었기 때문에 주변 선생님들과 모임을 만들어 함께 보시기를 추천합니다.

최재인　저는 생태환경사 세계사팀에서 읽었던《중국사 어떻게 읽을 것인가》와《유목민의 눈으로 본 세계사》가 생각나는데요. 세계사에서 중국사가 차지하는 비중이 엄청 크잖아요. 이 두 권의 책이 중국사에 대해 너무 좁게 알고 가르쳐 왔다는 것을 깨닫게 해주었습니다.

중국사뿐 아니라 교과서 전체에서는 굉장히 단순한 방식으로 유목민을 다룹니다. 고유한 역사나 문화가 있고 주체적으로 행위한 존재가 아니라 느닷없이 출현해서 혼란을 일으키고 어느 순간 역사의 무대에 사라져 버린 것처럼 묘사하죠. 두 책은 유목이 초원 지대의 생태환경에 따른 생업 방식이었으며 유목민이 특별히 폭력적인 성향을 가지고 있었기 때문에 정착민과 갈등했던 것이 아니라는 점을 알게 합니다. 유목민을 정착민과 동등한 위치에서 볼 수 있게 한다는 점에서 배울 것이 많은 책이었어요.

기억에 남는 책 한 권을 더 꼽자면 원고에서도 다루었던《면화의 제국》입니다. 교과서의 틀에서 벗어나 서양사 수업을 새롭게 재구조화할 수 있는 아이디어를 준 책이었어요. 면화를 중심에 두고 교과서 여기저기에 흩어져 있는 신항로 개척, 산업혁명, 미국 남북 전쟁, 인도 민족 운동 등의 요소를 연결했더니 완전히 새로운 내러

● 생태환경사 수업 연구 모임 한국사·동아시아사 분과.

티브가 만들어지더라고요. 처음으로 생태환경사 관점의 세계사 수업을 하게 해 준 책이라 기억에 남고, 선생님들에게도 추천하고 싶습니다.

원지혜　　저는 케이트 호키의 《History and the Climate Crisis》[1]가 굉장히 좋았어요. 국내에 번역되어 있지 않은 책인데요. 부제가 '교실 속 환경사'거든요. 교실에서 환경사를 이야기할 때 부딪히는 어려움이나 갈등이 있잖아요. 그런 양상을 구체적으로 접하는 것만으로 생태환경사 수업을 처음 준비할 때 많은 도움이 될 것 같아요. 갈등을 어떻게 해소할 수 있을지 제시하기도 하고요.

　　또 생태환경사 수업에 활용할 만한 다양한 그림도 삽입되어 있습니다. 그림에 담긴 사람들의 자연관이라든지 생태관을 자연스럽게 이야기하면서 활용하기 좋게끔 구성되어 있어서 추천하고 싶어요. 이런 책이 더 많으면 좋겠는데, 한 권밖에 없어서 너무 아쉽기도 하고 그런 점에서 저희가 쓴 책도 도움이 되면 좋겠네요.

천장수　　저도 《History and the Climate Crisis》는 정말 강력 추천해요. 생태환경사를 공부하다 보면 생각보다 세계 여러 나라에서 일찍부터 이 주제를 주목해 왔고 진행된 연구가 많다는 것을 알게 되는데요. 케이트 호키의 글을 읽을 때는 저절로 신이 났어요. 바다 건너에도 우리와 똑같은 문제의식으로 애쓰는 사람이 있다는 동지애를 느껴서 참 좋았습니다. 동시에 같은 어려움을 겪고 있다는 것도 알게 되었지요. 예를 들어 영국 교육부가 기후변화 지침을 내리면서 행동 지향적 접근에 신중하라고 압박하는 것처럼요.

케이트 호키는 '역사 교육의 사회적 유연성을 완전히 수용하고 과거와 현재를 의식적으로 연결하며, 논쟁의 여지가 있는 문제를 해결할 기회를 포착하고 한계를 뛰어넘는 것을 두려워하지 않는 실천'을 행하는 사람을 '위험 감수자'라고 표현했거든요. '우리 모임 선생님들도 위험 감수사구나' 하는 생각이 들었어요.

더불어 나중에 함께 공부하고 싶은 책이 있어요. 프랑스 학자들이 쓴《The Shock of the Anthropocene》[2]입니다. 이 책에 등장하는 다음 문장이 인상적이었는데요. "우리는 생존하는 법, 즉 재앙의 빈도와 인류 불행의 원인을 제한하면서 지구를 거주가능하고 회복력 있는 상태로 남겨 두는 법을 배워야 합니다. 하지만 생존하는 것으로는 충분하지 않습니다. …… 인류세 시대에 품위 있는 삶을 위해 노력한다는 것은 억압적인 제도, 소외된 지배와 상상력으로부터 자유로워지는 것을 의미합니다."

끝없는 욕망이 정상적인 것처럼 보이게 하는 시스템이 우리를 억압하고 있다는 것을 민감하게 인지하고, 거기서 해방되기 위해 노력하는 삶을 강조하지요. '우리는 왜 이렇게 소비자본주의 시스템에 젖어서 살고 있지? 이런 사회경제구조에서 어떻게 자유로워질 수 있을까?'를 질문하고 그 너머의 '품위'를 상상하게 하는 책입니다.

원지혜　기존 시스템이나 세계관 자체에 도전하는 것이 어떻게 보면 생태환경사 수업의 핵심인 것 같아요. 제이슨 히켈의《적을수록 풍요롭다》에 이런 부분이 나와요. "봉건제는 한 번에 무너진 것이 아니다. 봉건제 다음 자본주의, 이렇게 바로 이행하지 않았다. 그 과정에는 다양한 사람의 잊힌 저항과 혁명이 있었다." 아네테 케넬의《미래가 있던 자리》는 경제에서 '공유'라고 하면 우리는 공유지의 비극을 떠올리지만, 역사에는 공유했기에 부유해진 사례도 충분히 있었다고 말해요. 자본주의가 최선의 답이라는 고정관념을 버려야 한다는 것이지요.

생태환경사 수업을 하다 보면 우리 사회에서 답으로 여기는 지배적 시스템에 물음표를 던지고 대안을 상상하는 작업을 하게 되어요. 이런 점에서 케이트 호키가 말한 위험 감수자가 된 듯한 느낌을 받기도 했습니다.

최재인 제가 최근에 결이 비슷하면서 조금 다른 표현을 들었는데요. 유기쁨 선생님이 어떤 강연에서 "무너지는 하늘을 떠받치는 존재들"이라는 표현을 쓰셨어요. 그러니까 무너지는 하늘이 점점 황폐해지는 생태환경이라고 보았을 때 이를 떠받치는 존재들이 곳곳에 있다는 거예요. 그 존재들에 주목하자는 말씀을 하신 건데, 이 표현이 계속 머릿속에서 맴돌더라고요. 삶의 터전을 지키려는 원주민이 될 수도 있고, 폐허 속에서 생존을 이어 가는 동식물이 될 수도 있겠지요. 오늘 대화를 나누면서 생태환경사 수업 연구 모임을 함께한 선생님들도 그런 존재가 아닐까 하는 생각을 했어요.

한국사 관련해서 추천하고 싶은 책은 《국토와 민족생활사》예요. 이 책을 읽으면서 과거의 인류가 쌓아 온 경험에서 아이디어를 찾을 수 있겠다고 생각했어요. 이 책에서는 《택리지》를 굉장히 중요하게 다룹니다. 그전까지 《택리지》는 그냥 지리지일 뿐이었는데, 생태환경사 관점에서 들여다보면 자연지리와 환경, 인간이 맺어 온 상호관계성이 훨씬 더 크게 보입니다. 전인미답의 길을 개척해야 한다고만 생각하지 말고 역사 속에서 찾으려는 노력도 필요하겠다는 생각이 들었지요.

수업에서 활용한 참고 자료

천장수 실제 수업에서 활용하신 책들이 있을 텐데요, 수업 역량을 키우는 데 도움이 될 책은 어떤 것들이 있을까요?

정효진 중국사 수업을 할 때는 《환경으로 보는 고대 중국》이 바로 활용할 만한 아이디어를 참고할 수 있어서 좋아요. 그리고 아까 말씀드린 《적을수록 풍요롭다》를 활용해서 와트타일러의난이나 인클로저를 새롭게 바라보면서 토론하고 글 쓰는 학습지를 만들었던 기억이 납니다.

원지혜 일단 저는 《살아있는 세계사 교과서》를 많이 활용했어요. 기존 연구 성과를 활용하는 것도 중요하다고 생각하거든요. 그런 점에서《살아있는 세계사 교과서》의 관점이 많은 도움이 되었습니다.《한 컷 세계사》도 추천하고 싶어요. 학습지를 만들 때 이 두 권을 참고하면 어렵지 않게 시작할 수 있을 것 같아요.《녹색 세계사》는 처음 공부할 때 많이 참고했는데, 지금은 발췌독을 해야 할 듯합니다. 그러니까 취하지 않을 부분이 조금 있는데, 이스터섬의 이야기가 대표적이에요. 이 책에서는 인간이 과도한 삼림 벌채 등으로 환경을 착취한 결과 자원 고갈로 문명이 붕괴되었고 이제는 그 섬에 아무도 살지 않게 되었다고 서술하고 있는데, 현재 이 가설이 틀렸다는 연구 결과들이 제기되고 있어요.《20세기 환경의 역사》,《환경과 경제의 작은 역사》도 생태환경사 수업에 많은 도움이 되었는데, 절판되었습니다. 그리고 수업 초반부에는 학생들과 같이 조효제 선생님의《탄소 사회의 종말》을 발췌해 읽었어요. 우리가 왜 역사 시간에 환경 문제에 대해 이야기할 필요가 있는지를 설득할 때 요긴했지요.

천장수　《녹색 세계사》같은 경우에는 소재가 풍부하고 인간이 얼마큼 자연에 영향을 미쳤는지 충격적인 사례로 드러냅니다. 기존 교과서에 포함되지 않은 시선이나 서사에 대해 비판적으로 접근할 수 있어서 좋았어요. 하지만 지혜 선생님 말씀처럼 다른 자료와 교차 보완이 필요해 보여요. 처음 선사 시대 수업에 적용할 때는《녹색 세계사》만 인용해 농경의 시작이 역사에 미친 부정적 측면을 드러냈지요. 하지만 다른 책들, 예를 들어 J. 도널드 휴스가 쓴

《An Environmental History of the World》[3] 같은 경우에는 농업의 전환이나 문명과 진보가 부정적으로만 일관되지 않았다고 보거든요. 다양한 책들을 넘나들면서 수업 내용을 마련해야 할 것 같아요.

한국사 수업에서 활용할 수 있는 책은 대중서로 알려진《삼국 시대 사람들은 어떻게 살았을까》입니다. 2022년 개정판에 생태환경이 별도의 장으로 추가되었는데요. 신화로 본 인간과 자연, 삼국 시대 질병과 치료, 숲 벌채와 인간 공간의 확대, 고대 도시의 오물 처리가 목차예요. 올해 만난 학생들에게 이중 관심 있는 주제를 선택해서 읽게 했어요. 많이 어려워했고 이해 수준의 차이도 있었지만 끝까지 읽고 비평문을 쓰는 작업까지 진행했습니다. 이런 식의 수행평가가 아니더라도 각 단위 수업에서 연결해 활용할 수 있는 부분이 있어요.

한동사팀에서 함께 읽었던 김동진 선생님의《조선의 생태환경사》도 도움이 많이 되었어요. 특히 15세기에서 17세기 조선에서 호랑이와 표범이 극적으로 사라졌고 다른 야생동물의 대멸종 역시 본격화되었다는 점이 인상적이었어요. 15세기에서 17세기의 수전 개발, 17세기 이후 산지 화전 개발과정에서 야생동물의 서식처가 파괴되었음을 수업에서도 다루었습니다.

그 밖에도 이병희 선생님의《고려 시기 생태환경 연구》, 근현대사 분야의 고태우, 양지혜, 배항섭 선생님의 연구 논문들[4]이 도움이 많이 되었습니다. 한국사에서 생태환경사를 연구하는 성과들이 더 많이 축적되면 좋겠어요.

원지혜 저는 첫 시간 세우기가 중요하다고 생각하는데요. 특히 학생들과 왜 우리가 생태환경사 이야기를 나누어야 하는지 충분히 논의해야 하는데, 첫 수업을 준비할 때 《탈성장 쫌 아는 10대》, 《인류세 쫌 아는 10대》가 도움이 되었습니다. 《탈성장 쫌 아는 10대》의 시작 부분에 '역사의 쓸모'라는 말이 나와요. 역사의 쓸모에 대해 다양한 답을 내릴 수 있지만 이 책에서 이야기하는 것은, 역사를 지도처럼 활용해야 한다는 것이지요. '지금은 잠깐 멈추고 우리가 걸어온 길을 돌아보아야 될 때 아니야?'라는 물음과 탈성장 이야기를 엮어서 전하니 학생들이 이해하는 데 도움이 되었어요.

정효진 《문명과 대량멸종의 역사》라는 책도 수업에 활용할 소스가 많아요. 이를테면 베트남전쟁에서 생태계 파괴가 어떻게 일어났는지, 미국 서부를 개척하는 과정에서 동물과 토양이 어떤 비극을 겪는지, 현대의 각국 군대가 탄소를 얼마나 배출하는지가 수치와 함께 잘 정리되어 있어요. 수치를 참고할 수 있는 다른 책으로는 《사피엔스가 장악한 행성》도 있고요.

원지혜 올해 모임에서 함께 읽은 《기후변화 세계사》도 좋았어요. 이 책으로 학습지를 만들다가 생태환경사의 복잡성을 제대로 느꼈어요. 자꾸 불명확하게 이야기하는 저자의 태도에 당황했거든요. 학생들에게 좀 더 명확하게 '이렇게 되어서 이렇게 된 거야' 하고 답을 내려 주고 싶은 제 모습을 발견했어요. 그래도 그런 부분을 드러내는 것이 생태환경사를 입체적으로 살리는 것이겠지요.

최재인   저는 이 책의 2권이 좀 더 재미있더라고요. 전쟁과 기후 개입 혹은 기후 조작이라는 소재가 흥미로웠어요. 제1차 세계대전 때부터 전쟁 당사국들이 기상학에 큰 관심을 기울였다는 이야기나, 베트남전쟁 때 미국이 인공강우를 뿌리기 위해 기후를 조작했다는 이야기들이 충격적이었어요. 이런 소재들을 수업에서 다루면 좋겠다고 생각했지요. 또 작가가 당시 상황을 잘 반영한 문학 작품을 소개하고 있는데요. 예를 들어 1920년대 과잉생산으로 곡물가가 폭락했던 미국 상황을 보여 주는 《분노의 포도》, 19세기 초 인도네시아 탐보라 화산 분출 당시를 반영한 《프랑켄슈타인》 등을 언급합니다. 개인적으로 문학이 역사적 상상력을 고양하는 데 도움이 된다고 생각해요. 《대륙의 딸》, 《분노의 포도》, 《프랑케슈타인》 같은 책들을 읽고 필요한 부분을 발췌해 역사 수업에서 다루고 싶은 마음이 있어요.

천장수   저는 《기후변화 세계사》의 큰 강점은 기후변화가 우리 삶과 밀접하다는 것을 다양한 역사적 사례로 드러내는 데 있다고 생각했어요. 예를 들어 군인이 되고 싶어 하는 청소년이 자기 진로와 기후변화는 전혀 관련이 없다고 생각할 수 있는데, 사실 관련성이 높은 꿈을 품고 있다는 점을 알려 줄 수 있는 것이지요. 기후변화로 인한 재난, 물과 식량 부족이 몰고 올 대량 이주, 이를 막기 위한 군사 충돌이 연쇄적으로 이어질 수 있으니까요. 기후변화가 우리에게 미칠 영향을 '역사'로 실감할 수 있는 책이에요.

수업과정에서 겪은 어려움과 고민

천장수 생태환경사를 공부하면서 겪은 고충이나 수업과정에서 겪은 어려움을 나누어 볼까요? 최근 예비 교사들을 만났을 때 "생태환경에 주목하고 기후정의를 주장하는 것이 매우 정치적이라는 오해를 받지 않았나요? 학부모 민원은 없었나요?" 같은 질문을 받았어요. 자본주의 너머를 이야기하는 것, 탈성장을 말하는 것이 정말 위험을 감수하는 일일까요?

원지혜 사실 저도 대학교 때 생태환경 문제를 크게 인식하지 못했어요. 환경 문제를 이야기할 때 옛날에는 그런 이야기 많이 했었잖아요. 부르주아 운동이라고……. '먹고살 만하니까 환경 문제까지 이야기하는 것이다'라는 냉소적 시선이 있었어요. 그런데 요즘에는 환경 문제가 먹고사는 문제와 진짜 관련이 있게 되었어요. 근본적으로 지속가능성을 담보해 나가려면 결국 기존 시스템의 전환이 요구되는 상황이고요. 그러다 보니 교실에서 환경 문제를 다루기가 곤란해질 때가 있지요.

최재인 이것이 단순한 정치적 구호가 아니라는 것을 보여 주려면 생태환경 문제와 우리 삶이 만나는 부분을 잘 포착해서 드러내야 할 듯해요. 역사 수업이 아니라 환경 수업 사례라서 조심스럽긴 한데, 2024년 4월에 총선이 있었잖아요. 학생들한테 자기가 살고 있는 지역의 선거구에서 출마한 후보들의 환경 정책을 조사해 보고 정책에 대한 질의서나 제안문을 쓰도록 했어요. 학생들이 막막해할 줄 알았는데, 축구 전용 경기장 설립, 골프장 건설, 농업 폐기물 처리, 군대 차량 노후화로 인한 매연 문제 등에 대해서 제안문을 열심히 쓰더라고요. 이것을 메일이나 SNS로 후보자들에게 보냈더니 절반 정도는 답변이 왔어요. 이 과정에서 학생들이 굉장히 뿌듯해하는 모습을 보면서 저도 자신감이 좀 더 생기더라고요. 어떻게 보면 총선을 앞둔 민감한 시기에 그야말로 정치적인 행위를 한 것인데, 민원이 들어왔더라도 '쫄지' 않을 수 있었을 것 같아요. 이 수업을 완성한 것은 학생들이고, 그야말로 사회 구성원으로서 역할을 한 것이니까요.

원지혜　　저희 학교가 있는 지역에서는 환경 문제가 정치적으로 비화할 때 나타날 수 있는 문제를 주민들이 이해관계로 대면하고 있지 않은 경우가 대부분이에요. 그래서 비교적 자유롭게 생태환경 이야기를 할 수 있었던 것 같아요. 그런데 이해관계가 얽혀 있는 지역, 예를 들어 석탄발전소에서 일하는 부모님을 둔 학생들에게 석탄이나 이산화탄소가 어떻다, 뭐 이런 이야기를 하는 점이 되게 정치적인 문제가 될 수 있다는 것이지요. 수업에 참여하는 학생들도 더 예민한 감각으로 느낄 테고요. 그러니까 이런 문제로 수없이 갈등해 온 지역 사회에서 근무하시는 선생님들은 이 주제를 꺼내는 것 자체를 어렵게 느낄 수 있을 것이라고 생각해요.

최재인 저는 어떤 선택이 필요한 상황을 계속 제시하고 학생으로 하여금 그 과정을 직접 경험하게 하는 것도 필요하다는 생각이 들어요. 그러니까 교사의 선택을 보여 주는 것이 아니라 역사 역시 그 당시 사람들이 내린 선택에 의해서 흘러 왔음을 알게 하는 것이지요. 우리가 살아갈 미래는 지금 내린 선택에 따라서 결정된다는 것을 경험하게 하는 것도 역사 교육의 일부니까요.

천장수 현재를 외면한 교육은 삶과 괴리될 수밖에 없기에 민감하고 논쟁적인 주제를 교실이라는 공론장으로 자꾸 끌어와야 한다고 생각해요. 환경부가 실시한 '기후변화에 따른 의식조사'를 바탕으로 구성한 설문지를 우리 학교 3학년 학생들을 대상으로 조사해 보았는데요. 기후변화의 심각성을 인식(94.8%)하고, 인류가 지금과 같은 생활 방식을 유지하면 찾아올 미래에 두려움(77.8%)을 느끼지만, 해결하고자 하는 의지와 실천은 상대적으로 부족하다는 것을 알 수 있었어요. 위기를 체감하는 것에 비해 환경에 관한 공공 의사결정과정에 적극적으로 참여하겠다고 답한 비율(45.2%), 기업이나 정부의 결정이 환경에 미치는 영향에 의견을 표현하겠다고 답한 비율(27.3%)은 낮았거든요. 설문 결과가 우리가 생태환경사 수업을 해야 하는 이유를 보여 준다고 생각해요. 학생들은 문제를 제대로 이해하기보다는 막연한 두려움만 가지고 있거나 어떻게 풀어가야 하는지를 모르고 있어요.

코로나 시대를 겪은 청소년이 기후위기를 체감하는 정도가 성인의 두 배가 될 것이라고 해요. 학생들은 삶에 지대한 영향을 미치는 기후·생태 위기의 본질을 알 권리가 있습니다. OECD에서도 이런 시대적 위기에 대응하는 교육이 시급하다고 말해요.[5] 학생들이 생태환경 변화에 따른 미래 사회의 불확실성에 능동적으로 대응하면서 살아가길 바라는 것은 교사로서의 꿈이기도 합니다.

생태환경사 수업으로 체감한 변화

천장수 마지막 질문으로 가 볼까요? 생태환경사 수업으로 일어난 학생과 교사의 변화에는 어떤 것이 있나요?

최재인 한국사, 세계사 수업을 거꾸로 수업 방식으로 진행하는데, 매시간 수업 전에 디딤 영상을 보고 질문을 한 개씩 남기는 것이 과제예요. 그런데 요즘 학생들이 남긴 질문을 보면 "이 나라가 멸망한 것도 기후변화와 관련이 있나요?", "초원 지대 혹은 사막에서 사람이 어떻게 살았을까요?" 같은 내용이 자주 눈에 띄어요. 예전 수업과 확실히 달라진 점이에요. 수업에서 다루는 이야기의 폭이 훨씬 다양해졌지요. 그만큼 수업 준비에 공력을 많이 들여야 한다는 부담도 있지만요.

천장수　저도 비슷한 경험을 했어요. 작년 신라 말 사회상 수업 때 한 학생이 "선생님 이 혼란한 사회상에 기후도 어떤 영향을 주지 않았을까요?"라고 했는데, 찾아보니 이 시기와 기후를 연결해서 연구한 논문˙이 있더라고요. 학생의 질문 덕분에 이 논문의 자료를 활용해 올해 수업을 개선할 수 있었어요.

원지혜　수업의 내러티브 자체가 굉장히 풍성해졌다고 생각해요. 생태환경사를 공부하기 전과 후의 저의 교직 생활이 많이 달라졌어요. 삶과 수업에서의 변화는 말할 것도 없고, 역사를 보는 관점 자체도 풍부해진 것을 느껴요. 당시 사람들의 생활 모습을 읽어내는 것은 교과서만으론 부족하잖아요. 그런 점을 생생하게 되살릴 수 있다는 것 자체가 가장 큰 장점이지요. 또 논쟁성과 복잡성에 대해서도 계속 생각해 보게 되고요. 소외되었던 사람들의 이야기와 배제되었던 주체들을 교실로 불러오는 것도 흥미 있는 작업이에요. 학생들한테도 지금은 아무것도 변화시키지 못하는 것 같지만 결국 우리가 하는 선택들이 모여서 역사를 만들어 가고 있다

˙ 이현숙, 〈생태환경으로 본 신라 멸망에 대한 시론(8~9세기 기후변동과 신라의 역병 상관관계를 중심으로)〉, 《신라사학보》 56, 2022. 한랭 건조한 기후가 흉년, 메뚜기, 기근을 발생시키고 영양이 부족한 인구가 급증한 상태에서 역병까지 유행했을 때의 참담한 재난 상황에 대한 연구다.

고 이야기합니다. 무력감과 절망감을 느낄 수도 있지만 그래도 힘을 내 보자는 의미에서요. 어쨌든 여러 과목의 특성을 살려서 기후환경 이야기를 하는 시간이 중요한 것 같아요. 몇 번 계기교육으로 그치는 것이 아니라 교육과정 전체가 생태전환으로 가야 하는 것이지요.

정효진　저에게 생긴 가장 큰 변화는 책을 많이 사고 많이 읽게 되었다는 점이에요(웃음). 그리고 항상 마음에 부담감이 있어요. 새롭게 품게 된 문제의식을 수업에 풀어 내야 하는데, 쉽지 않거든요. 여기 계신 세 분 선생님은 수업 실천을 많이 하시는 것 같은데, 저는 아직도 어려워요. 일반계 고등학교에서 근무한다는 점을 무시할 수는 없겠지만 그 속에서도 흐름을 만들어야 하는데 잘 안되네요. 초반에 말씀드린 것처럼 교내 인문학 아카데미나 통합사회 수업에서는 생태환경사의 시선을 끌어들이는 것이 훨씬 수월한데 말이지요. 그렇지만 글쓰기나 토론, 수행평가에서 조금씩 시도하고 있으니 시간과 경험이 쌓이면 더 나아지겠지요. 수업 실천에 대해 여전히 무거운 마음으로 고민하고 있습니다.

윈지혜　저도 2021년 하반기부터 공부를 시작해서 2022년도에 실제 수업에 적용했거든요. 사실 전역모에서 직무 연수를 요청하셨던 것이 계기가 되었어요. 덜컥 수락은 했는데 주제 구상부터 정말 쉽지 않더라고요. 그해에 혁신학교에서 제가 3시수의 세계사를 거의 혼자 전담하는 상황이었어요. 동 교과 선생님이 계시긴 했지만 배려를 해 주셔서 제가 하고 싶은 것을 다 해 볼 수 있었죠. 학생들도 잘 따라 주었고요. 여러 가지 요인이 운 좋게 맞물려서 서툰 가운데서도 새로운 시도를 할 수 있었어요. 학교를 옮기고 나서도 공부 모임을 유지하고 있지만 공부한 것을 수업에 제대로 반영하고 있는지 의문이 들어서 꾸준히 노력해야 할 것 같아요.

최재인　저에게 나타난 가장 큰 변화는 교과서를 보는 관점이 달라졌다는 거예요. 예전에도 교과서를 잘 활용하지 않긴 했지만 그래도 교과서에 실린 내용이 학계의 연구 성과를 가장 잘 반영한 것이라는 인식이 있었거든요. 그런데 생태환경사 공부를 하면서 교과서가 보여 주는 것은 정말 일부며, 이 지식도 누군가가 만들고 구성했다는 사실을 알게 되었어요. 부끄러울 수도 있는 얘기인데, 저는 지금까지 해 온 공부 중에 요즘 하고 있는 생태환경사 공부가 가장 재미있어요. 역사 교사임에도 불구하고 지금처럼 역사 공부를 좋아했던 적이 없는 것 같아요. 그러면서 한편으로는 조금 전에 지혜 선생님이 이야기했던 것처럼 이것이 내 공부로만, 내 즐거움으로만 그치면 안 되는데, 어떻게 수업에서 잘 녹여 낼 수 있을까 하는 고민을 계속하고 있어요. 또 하나의 사소한 변화라면…… 학생들이 아무 데나 버려진 쓰레기를 발견하면 자꾸 저를 찾아온다는 것?(웃음)

정효진 재인 선생님이 말씀하시니 생각이 났는데, 세계사 시간에 교과서 다시 쓰기 활동을 한 적이 있거든요. 자본주의 성립과정, 베트남전쟁을 생태환경사의 시선을 담아 공부한 뒤 교과서를 다시 써 보게 하는 것이었는데, 학생들이 생각보다 아주 재미있어하고 결과물도 훌륭해서 놀랐던 기억이 있어요.

원지혜 환경 문제에 관심이 있는 사람이 일상을 어떻게 보내는지는 사실 눈에 너무 보이잖아요. 끊임없이 자기 검열을 해야 하는 것이지요. 다른 사람들의 눈도 신경 써야 하고요. 환경과 관련된 수업이나 활동을 많이 하다 보니까 아메리카노 한 잔을 먹을 때도, 식당에 가서 고기를 먹을 때도 약간 눈치 보이는 점이 있어요. 환경 동아리 학생들은 제가 가죽 재킷 입고 갔을 때 "이거 진짜 동물 가죽은 아니죠, 선생님?" 이렇게 이야기하기도 하고요. 저뿐 아니라 환경 동아리에 소속되거나 기후환경에 대해 문제의식을 드러내는 학생들도 자주 겪는 일이겠지요. 그런데 이런 생각을 해요. 긍정적으로 보면 한 사람으로 인해서 주변 사람들이 문제의식을 환기하게 되는 것이잖아요. 이런 일상 자체가 예전과 다른 가장 큰 변화인 것 같아요.

천장수 우리가 생태환경사를 공부했다고 지금 당장 멋들어진 수업을 짜잔 하고 내놓을 수는 없지요. 그건 너무 어려운 일인 것 같고 그냥 사소하게 수업 곳곳에서 조금씩이라도 시도하려는 노력이 먼저 필요한 것 같아요. 예를 들어 저는 선사 시대 수업에 인류세 개념을 넣었어요. 그리고 학생들에게 이렇게 말했지요. "대한민국 중학생 중에서 인류세라는 개념을 알고 있는 학생이 얼마큼 될까요? 여러분은 시대적 화두를 알고, 인류세의 증거를 말할 수 있는 학생들이니 뿌듯해 해도 돼요." 학생들을 칭찬하고 독려하는 것처럼 어려움과 불편함을 감수하는 저 자신과 여기 함께 이야기 나누는 선생님들께도 '엄지 척'을 날리고 싶어요.

정세랑의 《시선으로부터》에 좋아하는 문장이 있어요. "질리지 않는 것이 가장 대단한 재능인 것 같았다. 매일 똑같은 일을 하면서 질리지 않는 것. 수십 년 한 분야에 몸을 담으면서 흥미를 잃지 않는 것. 같은 주제에 수백수천 번씩 비슷한 듯 다른 각도로 접근하는 것."

우리가 생태환경사 공부를 지금 3년 넘게 하고 있는데, 앞으로도 계속하겠지요? 한 번에 소화할 수 없으니 반복할 수밖에 없고요. 이렇게 저렇게 다른 각도로 계속해 보는 거지요. 접근 방식을 달리하면서 아득할 정도로 반복하는 것을 우리의 재능으로 삼아 보아요. 매번 즐겁지는 않더라도, 함께하면 질리지 않고 가끔 행복할 것 같아요. 이야기 나누다 보니 시간이 금방 지났네요. 오랜 시간 자리해 주셔서 고맙습니다.

총론

1   J. Donald Hughes, *An Environmental History of the World – Humankind's changing role in the community of life*, Second edition, Routledge, New York, 2009.

2   加藤圭木, 〈朝鮮植民地支配と公害 戰時期の黃海道鳳山郡を中心に〉, 《史海》 61, 2014.

3   J. Donald Hughes, Ibid.

1부 생태환경사 수업의 출발

1   사이먼 L. 루이스·마크 A. 매슬린, 김아림 옮김, 《사피엔스가 장악한 행성》, 세종서적, 2020.

2   "교원대 황새 복원 20년… 야생 복귀 가능성 '성큼'", 《연합뉴스》, 2016.01.03.

3   "학대 논란 일었던 '갈비뼈 사자', 새로운 보금자리 찾았다", 〈SBS 8 뉴스〉, 2023.07.05.

4   김덕진, 《세상을 바꾼 기후》, 다른, 2013.

5   폴 반·존 플렌리, 유정화 옮김, 《이스터섬의 수수께끼》, 아침이슬, 2005.

6   Terry L. Hunt and Carl P. Lipo, "Ecological Catastrophe, Collapse, and the Myth of 'Ecocide' on Rapa Nui (Easter Island)", *Questioning Collapse*, 2010.

7   최재인, '나무로 보는 환경과 인간의 역사' 수업 활동지, 2024(https://drive.google.com/drive/folders/1dVvjnws1GVcDGFDqnxsQt4-0ihlaGC0T).

8   천장수, 〈생태환경의 관점으로 본 역사수업 : 사회적 재난으로서 팬데믹(전염병)에 대한 탐구를 중심으로〉, 《역사교육연구》 44, 2022, 289~323쪽.

9   교육부 고시 제2022-33호 별책7, 〈2022 개정 교육과정 사회과 교육과정〉.

10   가와키타 미노루, 김정희 옮김, 《설탕으로 보는 세계사》, AK, 2023.

11   윤세병, 〈일본 중학교 역사교과서의 생태환경사 서술〉, 《역사교육연구》 44, 2022, 189~241쪽.

12 전국역사교사모임 공동수업연구프로젝트 결과물 중 2023 생태환경사 세계사 분과 자료 참조. 전국역사교사모임 홈페이지(https://www.akht21.org/archive/bbs/123) 55번 게시글.

13 EBS 다큐프라임 〈아시아 대평원〉을 재구성해 제작한 영상 중 일부로 유목민의 삶을 소개한 클립(https://www.youtube.com/watch?v=_gbnSH0BOuI); 최재인, '위진 남북조 시대의 호한 융합' 수업 활동지, 2024(https://drive.google.com/drive/folders/1dVvjnws1GVcDGFDqnxsQt4-0ihlaGC0T).

14 이재정,《의·식·주를 통해 본 중국의 역사》, 가람기획, 2005.

15 안드리 스나이르 마그나손, 노승영 옮김,《시간과 물에 대하여》, 북하우스, 2020.

16 Robert B. Marks, *China: An Environmental History*, Rowman & Littlefield Publishers, 2017, p. 242.

17 Donald Worster, "Transformations of the Earth: Toward an Agroecological Perspective in History", *The Journal of American History*, vol. 76(4), 1990, p. 1088.

18 방지원, 〈역사교육에서 생태환경적 접근의 의미〉,《역사교육과 생태환경》(한국역사교육학회 학술대회 발표 자료집), 2022, 12쪽; 고유경, 〈지속가능한 발전을 위한 역사교육―환경사와 역사교육의 연대를 위한 제언〉,《역사비평》 138, 2022, 161쪽.

19 유용태,《동아시아사를 보는 눈》, 서울대학교출판문화원, 2017, 17~23쪽; 유용태, 〈동아시아와 세계사, 왜 무엇을 가르치나?―'농업 패싱'의 교류사를 묻는다〉,《역사교육》 164, 2022, 221~222쪽.

20 펠리페 페르난데스아르메스토 외, 이재만 옮김,《옥스퍼드 세계사》, 교유서가, 2020, 46쪽.

21 윤세병, 〈역사 교과서 속 민주화 운동사 서술의 전환〉,《역사와 교육》 23, 2023, 102쪽.

22 Kate Hawkey, *History and the Climate Crisis: Environmental history in the classroom*, London: UCL Press, 2023, p. 14.

23 조지형, 〈17세기, 소빙기, 그리고 역사추동력으로서의 인간―거대사적 재검

토〉,《이화사학연구》43, 2011, 1~2쪽.

24 김문기, 〈17세기 중국과 조선의 소빙기 기후변동〉,《역사와경계》77, 2010, 158, 166쪽.

25 신미성, 〈조선 후기 경신대기근 관련 역사 교과서 서술 분석과 지도 방안〉, 공주대학교 석사학위 논문, 2019, 25쪽.

26 김문기, 앞의 논문, 166쪽.

27 김문기, 앞의 논문, 171쪽.

28 유용태, 앞의 논문, 234~235쪽.

29 〈쌀은 어디에서 나는 걸까?〉, 네이버 지식백과, EBS 동영상 2010.10.11. (https://m.terms.naver.com/entry.naver?docId=2441492&cid=51642&categoryId=51644)

30 한국생활사박물관편찬위원회,《한국생활사박물관》9, 2003, 56~57쪽.

31 농촌진흥청 어린이홈페이지 '한국의 전통 농기구'(https://www.rda.go.kr/children/pageUrl.do?menu=agri&pg=0203#none).

32 Robert B. Marks, Ibid., pp. 129~132.

33 이철승,《쌀, 재난, 국가》, 문학과지성사, 2021.

34 Robert B. Marks, Ibid., pp. 158~166 ; 미야지마 히로시, 박은영 옮김,《한중일 비교 통사》, 너머북스, 2020, 277~283쪽.

35 김동진,《조선의 생태환경사》, 푸른역사, 2017, 87~95쪽.

36 미야지마 히로시, 앞의 책, 43~50쪽 ; 유용태 외,《함께 읽는 동아시아 근현대사 1》, 창비, 2010, 76~77쪽 ; 프란체스카 브레이, 〈무엇이 소농을 지속하게 하는가〉,《농업사연구》1, 2002, 109~135쪽 ; 이호철, 〈한국농업의 세계사적 의의〉,《농업사연구》3, 2004, 133~148쪽.

37 미야지마 히로시, 앞의 책, 306~307쪽.

38 한국역사연구회,《조선시대 사람들은 어떻게 살았을까 2》, 현북스, 2022, 115쪽.

39 미야지마 히로시, 앞의 책, 50쪽.

40 앞의 책, 289쪽.

41 Robert B. Marks, Ibid., pp. 283~285.

42 프랭클린 히람 킹, 곽민영 옮김,《4천 년의 농부》, 들녘, 2006, 7~16쪽.

43 Robert B. Marks, Ibid., p. 7.

44 한재각,《기후정의》, 한티재, 2021, 33~41쪽.

45 프란츠 브로스위머, 김승욱 옮김,《문명과 대량멸종의 역사》, 에코리브르, 2006, 159쪽.

46 조효제,《침묵의 범죄 에코사이드》, 창비, 2022, 53쪽.

47 피터 프랭코판, 이재황 옮김,《기후변화 세계사》, 책과함께, 2023, 781쪽.

48 앞의 책, 778쪽.

49 Judith Shapiro, *Mao's War Against Nature: Politics and the Environment in Revolutionary China*, Cambridge University Press, 2001, pp. 129, 195.

50 조효제, 앞의 책, 97~99, 101쪽; 프란츠 브로스위머, 앞의 책, 153~154쪽.

51 조효제, 앞의 책, 51~52쪽.

52 윤세병,〈근대 과학기술의 생태적 성찰과 역사교육의 과제〉,《역사와 교육》 22, 2022, 95쪽.

53 후지하라 다쓰시, 최연희 옮김,《전쟁과 농업》, 따비, 2020, 78~79쪽.

54 앞의 책, 80~81쪽.

55 윤세병,〈일본 중학교 역사교과서의 생태환경사 서술〉,《역사교육연구》 44, 2022, 228~230쪽.

56 양지혜,〈공해병과 '식민지'라는 질문—미나마타병사건 이후의 역사쓰기와 '식민지 조선'〉,《도시연구》 31, 2022, 253~255쪽.

57 양지혜,〈근현대 한국의 광업 개발과 '공해'라는 느린 폭력〉,《역사비평》 134, 2021, 391쪽.

58 양지혜,〈일제하 일본질소비료(주)의 흥남 건설과 지역사회〉, 한양대학교 박사학위 논문, 2020, 253~257쪽.

59 양지혜, 앞의 논문, 2022, 268~271쪽.

60 환경 아카이브 풀숲, '온산병 사태' 검색 결과(https://ecoarchive.org/items/show/1134) 2024.5.10. 검색.

61 고태우,〈1970년대 한국의 공해 상황과 재난 인식〉,《개념과 소통》 28, 2021, 21~31쪽.

62 앞의 논문, 18~20쪽.

63 앞의 논문, 47쪽.

64 KBS스페셜 〈플라스틱 대한민국, 불타는 쓰레기 산〉, 2019.07.11.

65 조수룡, 〈발전이라는 매트릭스: 한국현대사 연구의 발전 패러다임에 대한 성찰〉, 《역사와현실》 100, 2016 ; 고태우, 〈대가속의 어두움 : 20세기 한국의 역사는 발전의 역사인가?〉, 《역사학보》 257, 2023.

66 조수룡, 앞의 논문, 367~371쪽.

67 유용태, 앞의 논문, 241~242쪽.

68 하라 모토코, 김경호·박은영 옮김, 《환경으로 보는 고대 중국》, 성균관대학교출판부, 2023, 16~18쪽 ; 마크 엘빈, 정철웅 옮김, 《코끼리의 후퇴》, 사계절, 2011, 58~59쪽.

69 하라 모토코, 앞의 책, 80~100쪽.

70 Conrad Totman, *Japan: An Environment History*, I.B. Tauris, 2016, p. 139.

71 이시 히로유키, 안은별 옮김, 《세계 문학 속 지구 환경 이야기 1》, 사이언스북스, 2013, 228~229쪽.

72 2015 교육과정 금성출판사 '동아시아사' 교과서, 113쪽.

73 〈OECD 환경전망 2050 : 무대응의 결과 요약〉, 환경부 번역 배포, 2012, 1쪽.

74 "부자일수록 탄소배출 많다…상위 10%가 전세계 배출량 '절반' 차지", 〈jtbc뉴스〉, 2023.11.20.(https://news.jtbc.co.kr/article/article.aspx?news_id=NB12152973에서 검색)

75 비르지니 레송, 권지현·남윤지 옮김, 《2033 미래 세계사》, 휴머니스트, 2013, 129쪽.

76 피터 프랭코판, 앞의 책, 803쪽.

77 김육훈, 〈생태환경사 수업을 위한 교재 구성 논의 시론〉, 《역사와 교육》 22, 2022, 25~49쪽.

78 천장수, "선사시대 두껍게 읽기", 〈생태환경사 한국사 동아시아사 소모임 공동수업프로젝트 결과물〉, 2023(https://www.akht21.org/archive/post/123/33458).

79 성춘택, 〈역사 교과서의 선사시대 서술에 대한 비판적 검토 : 구석기·신석기 시대를 중심으로〉, 《인문학연구》 31, 2016.

80 메리 위스너·행크스의 《케임브리지 세계사 콘사이스》는 17분의 3이, 펠리페 페르난데르아르메스토 외의 《옥스퍼드 세계사》는 13분의 3이 선사 시대 분량이다.

81 박리미, 〈깊은 역사(Deep History)와 선사시대의 역사화〉, 한국교원대학교 대학원 석사학위 논문, 2020.

82 원지혜, "생태환경사 시선에서 선사시대 재구성하기", 〈2022 생태환경의 시선으로 역사 교육과정과 교과서를 말하다〉, 전국역사교사모임 홈페이지(https://www.akht21.org/archive/post/123/33255).

83 고진아, "생태환경사의 시선으로 살펴보는 선사시대 수업 이야기", 〈2022 생태환경사 한국사 동아시아사 소모임 공동수업프로젝트 결과물〉, 전국역사교사모임 홈페이지(https://www.akht21.org/archive/post/123/33270).

84 천장수, 앞의 글.

85 성춘택, 앞의 논문.

86 김육훈, 〈전근대 한국사 시간에 생태환경사 수업 상상하기〉, 《역사교육》 139, 2022.

87 서민수, 〈삼국 초중기의 숲 인식 변화〉, 《역사와 현실》 103, 2017 ; 서민수, 〈신라 중고기 왕경의 숲 개간과 경관 변화〉, 《한국문화》 81, 2018 ; 한국역사연구회, 《삼국시대 사람들은 어떻게 살았을까 1》, 현북스, 2022.

88 이정빈, 〈고구려-수 전쟁과 전염병〉, 《한국고대사연구》 102, 2021.

89 이현숙, 〈생태환경으로 본 신라멸망에 대한 시론〉, 《신라사학보》 56, 2022.

90 〈2022 공동수업연구프로젝트-생태환경사 수업사례공유_한국사 동아시아사 공부모임〉, 전국역사교사모임 홈페이지(https://www.akht21.org/archive/post/123/33270).

91 홍은경, "생태환경적 시선으로 전염병의 역사 바라보기", 〈2023 생태환경사 수업 사례〉, 전국역사교사모임 홈페이지(https://www.akht21.org/archive/post/123/33458).

92 김육훈, 〈전근대 한국사 시간에 생태환경사 수업 상상하기〉, 《역사교육》 139, 2022의 글을 토대로 수업을 진행했다.

93 '숙종의 애(愛)묘일기', 〈천일야史〉, 채널A(https://tv.naver.com/v/16963301).

94 김용현, "개화·실력 양성 운동 다시 읽기", 〈2023 생태환경사 한국사 동아시아사 소모임 수업 결과물〉, 전국역사교사모임 홈페이지(https://www.akht21.org/archive/post/123/33458).

95 강문형 외, 〈생태환경의 시선으로 역사 교육과정과 교과서를 말하다〉, 전국역

사교사모임·역사교육연구소, 2022(https://www.akht21.org/archive/post/123/33255).

96 그레타 툰베리, 이순희 옮김, 《기후 책》, 김영사, 2023.

97 Kate Hawkey, Ibid.

98 조 굴디·데이비드 아미티지, 안두환 옮김, 《역사학 선언》, 한울, 2018.

99 김동진, 앞의 책; 이병희, 《고려시기 생태환경 연구》, 국학자료원, 2023. 한국 생태환경사학회 홈페이지에서 학술 대회 및 세미나 관련 자료와 《생태환경과 역사》 원문을 찾아볼 수 있다(http://ecohistoria.net/).

100 [교육부 고시 제2022-33호] 초중등학교 교육과정 총론, 2022.

101 유은정, 〈생태전환 교육에 대한 교과별 교사 인식과 교육 실천 연구〉, 《이슈페이퍼》, 교육과정평가원, 2023.

102 앞의 논문, 25쪽.

103 노슬아, 〈자연재해로 본 식민지 조선의 역사 (1)~(2)〉, 《역사교육》 135~136, 2021~2022.

104 정효진, 〈생태환경사 수업 도전기―체르노빌 원전사고 수업을 중심으로〉, 《역사교육》 136, 2022.

105 양경화, 〈역사 시간에 기후위기라니〉, 《역사교육》 137, 2022.

106 천장수, 〈사회적 재난으로서 팬데믹(전염병)에 대한 역사적 탐구수업 설계〉, 《역사교육》 138, 2022.

107 경기도중등독서연구회·김현민·박시영·이경주·정은경, 《가치를 가르칩니다》, 서해문집, 2019.

108 앞의 책을 참고하면 그 과정을 좀 더 자세히 살펴볼 수 있다.

2부 생태환경사 수업의 다양한 실천

1 강봉원, 〈반구대 암각화에 표출된 육지동물의 재인식―동물사육 문제와 편년의 재검토〉, 《한국신석기연구》 23, 2012, 133~167쪽.

2 2020 교육과정 금성출판사 중학교 역사 교과서.

3 박상욱, 〈그림 원사료(이미지) 어떻게 볼 것인가〉, 《역사와 경계》 76, 2010.

4 김한종, 〈역사교육에서 미술사 자료의 텍스트성과 그 활용〉, 《문화사학》, 1999, 920~922쪽.

5 권오현, 〈회화 사료의 독해와 발문 방안의 연구〉, 《사회과교육연구》 13, 2006, 11~16쪽.

6 강선주, 〈박물관 교육의 이론과 실제〉 강의 원고, 경인교육대학교 대학원 수업 교재, 미간행; 김예진, 〈초등 역사교육에서 그림 사료 읽기를 활용한 교수 · 학습 방안의 개발〉, 경인교육대학교 교육전문대학원 석사학위 논문, 2021, 24~25쪽에서 재인용.

7 그림을 읽는 방법과 관련해 이외에도 김태웅·최윤제 외, 《우리 역사 어떻게 읽고 생각할까》, 아카넷, 2014, 117~133쪽 등의 의견을 참고할 수 있다.

8 고구려 고분벽화 가상전시관(http://contents.nahf.or.kr/goguryeo/mobile/html/03_mural. html?ver=1.1). 이를 재현한 그림은 다음 기사를 참고할 수 있다. "안악3호분을 해부한다(3) ― 동수의 집 구경", 《매일경제》, 2017.03.02.

9 이준정, 〈한반도 유적 출토 사육종 개의 활용 양상에 대한 고찰 ― 의도적 매장, 의례적 희생 가능성을 중심으로〉, 《한국상고사학보》 81, 2013, 6쪽.

10 박유미, 〈고대사회에서 소가 갖는 사회경제적 위상 ― 고고학·문헌자료를 중심으로〉, 《한국민속학》 74, 2021, 6~14쪽.

11 김동진, 《조선의 생태환경사》, 푸른역사, 2017, 60쪽.

12 홍종하·신동훈, 〈유전학적 연구결과를 중심으로 살펴본 동북아시아 소의 기원과 확산〉, 《한국상고사학보》 105, 2019, 269쪽.

13 박유미, 앞의 논문, 10~11쪽.

14 《고려사》 권27, 세가 원종 12년 3월; 홍성일, 〈고려 후기 농우 소유 계층의 변동〉, 《동국사학》 40, 2004, 137쪽에서 재인용.

15 홍성일, 앞의 논문, 141~142쪽.

16 김대길, 〈조선전기 농우정책에 관한 연구〉, 《사학연구》 55·56, 1998, 252쪽.

17 염정섭·소순열, 《농업기술과 한국문명》, 들녘, 2021, 107쪽.

18 서민수, 〈고구려 전기 우경에 관한 연구〉, 건국대학교 대학원 석사학위 논문, 2014, 22~23쪽.

19 염정섭, 《조선시대 농민들의 농사짓기》, 세창출판사, 2023, 24쪽.

20 디지털부산문화대전

21 국립민속박물관,《한국민속문학사전 — 설화 편》, 2012.

22 서민수,〈겨리의 관점에서 본 고구려의 우경〉,《역사와 현실》106, 2017, 205쪽.

23 김동진, 앞의 책, 61쪽.

24 김대길,〈조선 전기 농우정책에 관한 연구〉,《사학연구》55·56, 1998, 258쪽.

25 김동진, 앞의 책, 73쪽.

26 강명관,《노비와 쇠고기》, 푸른역사, 2023, 236~241쪽.

27 조선 후기 우금 정책에 관해서는 다음 논문을 참고할 수 있다. 김대길,〈조선 후기 우금에 관한 연구〉,《사학연구》52, 1996.

28 김대길, 앞의 논문, 257~258쪽; 엄동명 외,〈조선후기 소아전염병 두창(痘瘡)과 마진(麻疹)에 대한 인식 변화 —4종 종합의서를 바탕으로〉,《대한한의학원전학회지》35, 2022.

29 김동진,〈병자호란 전후(1636-1638) 소의 역병(牛疫) 발생과 확산의 국제성〉,《의사학》22, 2013, 71~73쪽.

30 OECD – FAO 2023~2032 농업 전망, ‘육류 소비’ 보고서, 2023(https://data.oecd.org/agroutput/meat-consumption.htm).

31 "내년까지 공급과잉 장기화…한우 가격 하락세 이어질 듯",《한국농어민신문》, 2023.07.20.

32 동물권에 관해서는 다음 책을 참고할 수 있다. 피터 싱어, 김성한 옮김,《동물해방》, 연암서가, 2012; 남종영,《동물권력》, 북트리거, 2022.

33 에릭 홀트 – 히메네스, 박형신 옮김,《우리는 세계를 파괴하지 않고 세계를 먹여 살릴 수 있는가》, 한울아카데미, 2021, 76~82쪽.

34 송충기,〈역사학에서 ‘동물로의 전환’〉,《서양사론》139, 2018.

35 Hilda Kean and Philip Howell, *The Routledge Companion to Animal – Human History*, Routledge, 2020, p. 9.

36 이시 히로유키, 안은별 옮김,《세계 문학 속 지구 환경 이야기 1》, 사이언스북스, 2013, 215~222쪽.

37 임재해,〈동물 보은담에 갈무리된 공생적 동물인식과 생태학적 자연관〉,《구비문학연구》18, 2004; 임재해,〈설화에서 공유된 자연생명의 생태학적 재해

석과 재창작〉,《남도민속연구》41, 2020 ; 조미연, 〈한국 설화에 내재된 인간과 동물의 생태적 관계 고찰〉,《국문학논집》22, 2013.

38 로버트 단턴, 조한욱 옮김,《고양이 대학살》, 문학과지성사, 2023. 45~46쪽.

39 차의진, 〈역사 수업에서 비판적 읽기에 의한 설화 이해〉, 한국교원대학교 석사학위 논문, 2006, 8~9쪽.

40 김진, 〈설화를 통한 역사 이해의 유형과 초등학교 역사학습〉, 한국교원대학교 석사학위 논문, 2020.

41 최지연, 〈고등학교 '한국사' 수업에서의 설화 활용 방안 : 조선시대 설화에 대한 비판적 읽기를 중심으로〉, 서강대학교 교육대학원 석사학위 논문, 2011.

42 Robert B. Marks, *China: An Environmental History*, Rowman & Littlefield, 2017, p. 105.

43 임재해, 〈구비문학의 사회적 소통과 정서적 공감 기능〉,《구비문학연구》49, 2018, 5~58쪽 ; 임재해, 앞의 논문, 2020, 138쪽에서 재인용.

44 임재해, 앞의 논문, 2020.

45 손용택, 〈한국의 풍수설화와 사회과교육〉,《사회과교육》57, 2018.

46 김용선, 〈분뇨서사에 굴절된 대도시 한양의 팽창〉,《온지논총》50, 2016.

47 정규식, 〈'예덕선생전'의 인물 분석과 근대 지향성〉,《한국문학논총》83, 2019, 162쪽.

48 정규식, 〈분뇨 서사로 읽는 연암 박지원의 개혁 사상〉,《국어국문학》191, 2020, 278~282쪽.

49 정규식, 앞의 논문, 282~285쪽.

50 다음 자료를 토대로 수업을 구상했다. 이정빈, 〈신화로 본 인간과 자연, 만남과 이별〉,《삼국시대 사람들은 어떻게 살았을까 1》, 현북스, 2022.

51 앞의 책.

52 Nam-lin Hur, "Atrocity and Genocide in Japan's Invasion of Korea, 1592-1598", *The Cambridge World History of Genocide*: Volume 2, Cambridge University Press, 2023.

53 강상순, 〈조선시대의 역병 인식과 신이적 상상세계〉,《일본학연구》46, 2015.

54 권혁래, 〈17세기 재난문학《어우야담》을 통해 보는 재난상황과 인간존중정

신〉, 《동아시아고대학》 61, 2021, 9~44쪽.

55 김재웅, 《나무로 읽는 삼국유사》, 마인드큐브, 2019.

56 김재웅, 《〈삼국유사〉와 생태문학적 상상력》, 《국학연구논총》 18, 2016.

57 국사편찬위원회, 사료로 본 한국사 — 고려시대 농민의 경제생활(http://contents. history.go.kr/front/hm/view.do?levelId=hm_058_0020&whereStr=%40where+%7B+IDX_TITLE%28 HASALL%7C%27%EC%B2%AD%EC%82%B0%EB%B3%84%EA%B3%A1%27%7C100000%7C0% 29+or+IDX_CONTENT%28HASALL%7C%27%EC%B2%AD%EC%82%B0%EB%B3%84%EA%B3 %A1%27%7C100%7C0%29+or+IDX_ALL%28HASALL%7C%27%EC%B2%AD%EC%82%B0%EB% B3%84%EA%B3%A1%27%7C1%7C0%29+%7D)

58 권혁래, 앞의 논문, 26~27, 32~33쪽.

59 최영준, 《국토와 민족생활사》, 한길사, 1999, 50쪽.

60 이정훈, 〈한국인과 외국인이 본 DMZ의 의미와 가치〉, 《이슈 & 진단》, 2019, 15쪽.

61 김태우, 《평화를 걷다》, 모시는사람들, 2016, 233쪽.

62 (사)한국DMZ평화생명동산 외, 《DMZ를 보고합니다》, 열린책들, 2021, 29쪽.

63 철원 DMZ 생태평화공원 홈페이지 탐방 코스 안내(https://www.cwg.go.kr/dmz_ tracking/contents.do?key=1277).

64 김원일, 《아우라지 가는 길》, 강, 2014, 326쪽.

65 강기희, 《대한민국 도슨트 — 정선》, 21세기북스, 2023, 15쪽.

66 오횡묵, 《정선총쇄록》, 1887; 《정선군지》, 135쪽.

67 뿌리관 홈페이지(https://www.33mf.org).

68 최영준, 앞의 책.

69 김경엽, 《대한민국 도슨트 — 원주》, 21세기북스, 2023.

70 김삼웅, 《해월 최시형 평전》, 미디어샘, 2023.

71 김삼웅, 《장일순 평전》, 두레, 2019, 188쪽.

72 김소남, 〈1970~80년대 원주그룹의 생명운동 연구〉, 《동방학지》 178, 2017.

73 "목표 3천7백만 불로 미주 지역 등 신 시장 개척 주력", 《매일경제》, 1977.05.12.

74 윤성은, 〈산업화 초기 산재 피해자들의 삶의 경험과정 연구: 원진레이온 노동자들을 중심으로〉, 성균관대학교 박사학위 논문, 2018.

75 "무재해 표창", 《조선일보》, 1988.08.06.

76 윤성은, 앞의 논문.

77 "양주 원진레이온 공장 앞 하수구 청소하다 세 종업원 가스 질식사", 《동아일보》, 1977.10.24 ; "두 인부 가스 중독사", 《경향신문》, 1979.04.24.

78 윤성은, 앞의 논문.

79 "남양주군 도농리 〈원진레이온〉 주택가 공장 유독가스 사람도 나무도 시들", 《동아일보》, 1981.04.02.

80 "원진레이온 상대 공해배상소 제기", 《동아일보》, 1982.12.29.

81 원진산업재해자협회, 〈원진노동자 직업병위원회 전사〉, 1998.

82 "이황화탄소 중독", 《동아일보》, 1988.07.22.

83 구술사의 교육적 활용에 대해 다음 자료를 참고할 수 있다. 강남진, 〈구술사를 활용한 한국 현대사 교수·학습방안—5·18민주화운동을 중심으로〉, 《역사교육연구》 40, 2021 ; 김경아, 〈공공역사의 교육적 실천으로서의 구술사 방법의 의미와 가치〉, 《역사교육연구》 39, 2021.

84 김애경, "기억과 기록 원진레이온 사건 구술사 프로젝트 보고서", 〈2022 공동수업연구프로젝트〉, 전국역사교사모임 홈페이지(https://www.akht21.org/archive/post/123/33281).

85 황교련, 〈원진레이온 직업병과 두 가지 과학적 삶 : 이황화탄소 중독증의 인식 가능성과 판정을 둘러싼 논쟁을 중심으로〉, 《과학기술학연구》 21-1, 2021.

86 대한의사협회, 〈원진레이온과 이황화탄소 중독〉, 1996.

87 요시나카 다케시, 박찬호 옮김, 《생명의 증언》, 건강미디어협동조합, 2017.

88 "팔려간 '원진 기계' 중국노동자 죽인다", 《한겨레》, 1999.08.04.

3부 생태환경사 수업의 새로운 내러티브

1 이 글은 필자의 석사학위 논문(〈인류세의 도전과 세계사 서술—서사 구성을 중심으로〉, 한국교원대학교, 2024) 일부 내용을 포함하고 있다.

2 Constantin Fasolt, *The Limits of History*, Chicago : The University of

Chicago Press, 2004, pp. 32~33.

줄리아 애드니 토머스, 김동진 옮김, 〈'인류세'와 '기후변화'는 어떻게 다르며 왜 중요한가〉, 《에피》 7, 2019, 190~197쪽.

Julia Adeney Thomas, "History and Biology in the Anthropocene: Problems of Scale, Problems of Value," *The American Historical Review*, Vol. 119, No. 5, December 2014, p. 1588.

"지구 '위험 한계' 넘었다…'심장마비 임박 고혈압 환자 수준'", 《중앙일보》, 2023.09.14.

Ian Angus, "IPCC Report Puts Global Warming Crisis in Anthropocene Framework," *Climate & Capitalism*, October 11, 2018.(https://climateand-capitalism.com/2018/10/11/ipcc-report-puts-global-warming-crisis-in-anthropocene-framework/)

안드레아스 말름, 위대현 옮김, 《화석 자본》, 두번째테제, 2023, 412~421쪽.

제이슨 W. 무어, 김효진 옮김, 《생명의 그물 속 자본주의》, 갈무리, 2020, 273~308쪽.

디페시 차크라바르티, 이신철 옮김, 《행성시대 역사의 기후》, 에코리브르, 2023, 62~73, 83~113쪽.

윌 스테픈 외, 김찬종 옮김, 〈인류세: 개념적·역사적 관점〉, 파울 크뤼천, 이별빛달빛 엮음, 《인류세와 기후위기의 대가속》, 한울아카데미, 2022, 68~69쪽; 사이먼 L. 루이스·마크 A. 매슬린, 김아림 옮김, 《사피엔스가 장악한 행성》, 세종, 2020, 153~192, 302~316쪽; 캐럴린 머천트, 우석영 옮김, 《인류세의 인문학》, 동아시아, 2022, 18, 36쪽.

Zoltán Boldizsár Simon, "Does the Past Still Matter?," Paul M. Dover ed., *Engaging with the Past and Present*, Oxford: Routledge, 2023, pp. 45~52.

디페시 차크라바르티, 김용우 옮김, 〈기후변화의 정치는 자본주의의 정치를 넘어선다〉, 파울 크뤼천, 앞의 책, 183쪽.

디페시 차크라바르티, 앞의 책, 2023, 18~19, 255, 288~289쪽.

로널드 라이트, 김해식 옮김, 《진보의 함정》, 이론과실천, 2006, 18~24쪽.

Christophe Bonneuil, Jean-Baptiste Fressoz, *The Shock of the Anthropocene*:

The Earth, History, and Us, trans. David Fernbach, London : Verso, 2016, pp. 253~287.

16 조 굴디·데이비드 아미티지, 안두환 옮김, 《역사학 선언》, 한울아카데미, 2018, 69~73쪽.

17 잭 구디, 〈인류학은 세계사에 어떤 기여를 했는가?〉, 데이비드 크리스천 엮음, 류충기 옮김, 《세계사의 탄생》, 소와당, 2021, 472쪽.

18 Katie Holmes, Andrea Gaynor & Ruth Morgan, "Doing environmental history in urgent times," *History Australia*, vol. 17, issue 2, 2020, p. 239.

19 디페시 차크라바르티, 앞의 책, 2023, 120~153쪽.

20 메리 위스너 – 행크스, 〈케임브리지 세계사 시리즈 서문〉, 데이비드 크리스천 엮음, 앞의 책, 14~17쪽.

21 디페시 차크라바르티, 앞의 책, 2023, 280~281쪽.

22 J. Donald Hughes, *An Environmental History of the World*, Routledge, 2009, pp. 5~7; 데이비드 크리스천, 〈서장: 책을 펴내며〉, 데이비드 크리스천 엮음, 앞의 책, 31쪽; Patrick Manning, "Preface," *A History of Humanity: The Evolution of the Human System*, Cambridge : Cambridge University Press, 2020, pp. ix-x.

23 디페시 차크라바르티, 〈역사의 기후:네 가지 테제〉, 2023; 조지형 외, 《지구사의 도전》, 서해문집, 2010, 355~364쪽.

24 Hughes, Ibid., pp. 30~33, 218.

25 현재 적용 중인 2015 개정 고등학교 세계사 교육과정을 분석했다. 교육부, 《사회과 교육과정》, 교육부 고시 제2018-162호 [별책 7], 2018. 2022 개정 교육과정은 모든 역사 과목에 부분적으로 생태환경사의 관점을 담고 있어 역사의 발전이라는 관점을 성찰하고 지속가능성을 고려하도록 하고 있다. 하지만 지구 시스템의 총체적 위기로서 서식 가능성의 문제를 제기하는 인류세의 폭넓은 관점을 반영하여 세계사 서사를 재구성하고 있지는 않다. 교육부, 《사회과 교육과정》, 교육부 고시 제2022-33호 [별책 7], 2022.

26 피터 프랭코판, 이재황 옮김, 《기후변화 세계사》, 책과함께, 2023, 58쪽.

27 양정현, 〈중등 역사과에서 한국사와 외국사의 연계 논리와 형식〉, 《역사교육

연구》23, 2015, 87~116쪽; R. G. 콜링우드, 김봉호 옮김, 《서양사학사》, 탐구당, 2017, 276~310쪽.

28 아미타브 고시, 김홍옥 옮김, 《대혼란의 시대》, 에코리브르, 2021, 16쪽; 알렉산드르 엣킨트, 김홍옥 옮김, 《자연의 악》, 에코리브르, 2023, 432쪽.

29 2015 개정 교육과정 고등학교 세계사 교과서 4종(금성, 미래엔, 비상, 천재)과 비교했다.

30 앨프리드 W. 크로스비, 이창희 옮김, 《태양의 아이들》, 세종서적, 2009, 226~232쪽.

31 마크 버트니스, 조은영 옮김, 《문명의 자연사》, 까치, 2021, 90~91쪽; 재레드 다이아몬드, 김진준 옮김, 《총, 균, 쇠》, 문학사상사, 2009, 173~259쪽.

32 메리 위스너-행크스, 류형식 옮김, 《케임브리지 세계사 콘사이스》, 소와당, 2018, 26~27, 288~331쪽.

33 존 R 맥닐, 홍욱희 옮김, 《20세기 환경의 역사》, 에코리브르, 2008, 62~71쪽.

34 Will Steffen et al., "The Trajectory of the Anthropocene: The Great Acceleration," *The Anthropocene Review*, vol. 2, 2015, pp. 4~7.

35 루크 클로시, 〈신앙, 지식, 언어〉, 데이비드 크리스천 엮음, 앞의 책, 239쪽.

36 김한종, 《역사 교과서 국정화, 왜 문제인가》, 책과함께, 2015, 104~109쪽.

37 이헌창, 〈한국사 파악에서 내재적 발전론의 문제점〉, 《한국사 시민강좌》40, 일조각, 2007, 9~10쪽.

38 권내현, 〈내재적 발전론과 조선 후기사 인식〉, 《역사비평》, 2015, 425~427쪽.

39 박찬승, 〈한국학 연구 패러다임을 둘러싼 논의―내재적 발전론을 중심으로〉, 《한국학논집》35, 2007, 103~104쪽.

40 최종석, 〈내재적 발전론 '이후'에 대한 몇 가지 고민〉, 《역사와 현실》100, 2016, 75~76쪽.

41 이정철, 〈문제는 자본주의다―내재적 발전론 비판의 역사인식〉, 《내일을 여는 역사》22, 2005, 204쪽; 윤해동, 〈'숨은 신'을 비판할 수 있는가?〉, 《한국사학사학보》14, 2006, 122쪽.

42 윤해동, 《인텔리겐차》, 푸른역사, 2002, 272~273쪽.

43 백승종, 《생태주의 역사강의》, 한티재, 2017, 47~48쪽.

44 김병권, 《기후를 위한 경제학》, 착한책가게, 2023.

45 시바 요시노부, 임대희·신태갑 옮김, 《중국 도시사》, 서경문화사, 2008, 23~24쪽.

46 하라 모토코, 김경호·박은영 옮김, 《환경으로 보는 고대 중국》, 성균관대학교 출판부, 2023.

47 이상희·윤신영, 《인류의 기원》, 사이언스북스, 2015, 120쪽.

48 이준정, 〈작물 섭취량 변화를 통해 본 농경의 전개과정〉, 《한국상고사학보》 73, 2011.

49 안승모, 〈식물 유체로 본 시대별 작물 조성의 변천〉, 《농업의 고고학》, 사회평론, 2013, 92~93쪽.

50 신보배, 〈고대 김해의 철 생산과 묘제의 변화에 대해〉, 《동북아문화연구》 26, 2011.

51 존 펄린, 송명규 옮김, 《숲의 서사시》, 따님, 2002, 68~69쪽.

52 서민수, 〈숲 벌채와 인간 공간의 확대〉, 《삼국시대 사람들은 어떻게 살았을까 1》, 현북스, 2022, 312~324쪽.

53 김동진, 《조선의 생태환경사》, 푸른역사, 2017, 50쪽.

54 John F. Richards, *Unending Frontier-An Environmental History of the Early Modern World*, University of California Press, 2006; John F. Richards, John R. McNeill, *The World Hunt-An Environmental History of the Commodification of Animals*, University of California Press, 2014.

55 권순홍, 〈고대 도시의 오물 처리〉, 《삼국시대 사람들은 어떻게 살았을까 1》, 현북스, 2022, 338~339쪽.

56 김준형, 〈19세기 마을 단위 금양의 확산과 채초를 둘러싼 갈등〉, 《남명학연구》 57, 2018; 배수호·이명석, 《산림공유자원관리로서 금송계 연구》, 집문당, 2018; 김호걸 옮김, 〈반곡식목서〉, 《생활문물연구》 20, 2007, 95~102쪽.

57 양지혜, 〈일제 시기 경제사 연구 동향과 과제〉, 《한국근대사 연구의 쟁점》, 2023.

58 加藤圭木, 〈朝鮮植民地支配と公害―戰時期の黃海道鳳山郡を中心に〉, 《史海》 第61號, 2014.

59 加藤圭木,《紙に描た「日の丸」—足下から見る朝鮮支配》, 岩波書店, 2021.

60 환경과공해연구회,《공해문제와 공해대책》, 한길사, 1991, 169~171쪽.

61 데이비드 몽고메리, 이수영 옮김,《흙》, 삼천리, 2010.

62 윤세병,〈일본 중학교 역사교과서의 생태환경사 서술〉,《역사교육연구》 44, 2022.

63 강연실·이영희,〈환경 위험과 생물학적 시민권 : 한국의 석면 피해자보상운동을 중심으로〉,《시민사회와 NGO》 13 - 1, 2015; 강연실·김지원·박진영,〈환경보건재난의 사회적 구성 : 석면과 가습기살균제 피해를 중심으로〉,《환경사회학연 ECO》, 25 - 2, 2021; Kang Yeonsil, "Transnational Hazard: A History of Asbestos in South Korea, 1938-1993", *The Korean Journal for the History of Science* 43-2, 2021

64 한국공해문제연구소,《한국의 공해지도》, 일월서각, 1986, 263~266쪽.

65 이지홍, "생명의 반딧불이, 산업재해 피해자 문송면 군", 민주화운동기념사업회 홈페이지(https://www.kdemo.or.kr/d-letter/all/page/75/post/18).

66 이경란,〈한국근현대사에서 공생적 관점의 도입과 협동조합운동사〉,《사학연구》 116, 2014; 김이경,〈한국 일본의 협동조합 유입 적용 경로 비교를 통한 일제하 한국 협동조합 전개의 특징〉,《한국협동조합연구》 39-1, 2021.

67 요아힘 라트카우, 이영희 옮김,《자연과 권력》, 사이언스북스, 2012, 11~58쪽.

68 Susanne Popp, "Historical Consciousness, Historical Culture, and Public History: Three Key Concepts of History Teacher Education at German Universities", *Bulletin of Asia-Pacific Studies* vol. XXII, 2020, pp. 80~86.

69 Gripe, A. S., & Sandahl, J., "Students' historicisation of the environmental crisis", *Historical Encounters*, 11(1), pp. 1~17.

70 마이클 만·톰 톨스, 정태영 옮김,《누가 왜 기후변화를 부정하는가》, 미래인, 2017, 87~107쪽.

71 신혜정,〈'생존'에 밀리는 기후환경〉, 서울대학교 대학원 석사학위 논문, 2023, 3~7쪽.

72 강화정,〈역량 교육 비판의 관점으로 본 유네스코 교육 보고서의 역사교육적 함의 :《함께 그려보는 우리의 미래》를 중심으로〉,《역사와 세계》 63, 2023,

63~69쪽.

73　Sighard Neckel, "Climate emotions and emotional climates: The emotional map of ecological crises and the blind spots on our sociological landscapes", *Social Science Information*, Vol. 60(2) 2021, pp. 253~271.

74　Heather E. McGregor, "Jackson Pind & Sara Karn, A 'wicked problem': rethinking history education in the Anthropocene", *Rethinking History*, 25:4, 2021, pp. 483~507; Farley, "Lisa, Radical Hope: Or, the Problem of Uncertainty in History Education", *Curriculum Inquiry*, v39 n4, 2009, pp. 537~554.

75　김육훈, 〈논쟁성을 살리는 역사교과서 서술 체제 탐색〉,《역사교육연구》43, 2022, 297~308쪽.

76　William Cronon, "The Uses of Environmental History", *Environmental History Review*, Vol. 17, No. 3, 1993, 1~22쪽.

77　존 벨라미 포스터 강연록(https://ws.or.kr/article/23858).

78　황진태, 박배균, 〈한국의 국가와 자연의 관계에 대한 정치생태학적 연구를 위한 시론〉,《대한지리학회지》48-3, 2013, 352~353쪽.

79　German Alfonso; VARGAS, Alberto; HENNESSY, Elizabeth, "Anthropocene in Friction. Dis-Encounters Between Geology and Histor", *Journal of Social, Technological and Environmental Science*, v. 8, n. 1, 2019, pp. 151~168.

80　Riede, F., "Deep History Curricula under the Mandate of the Anthropocene: Insights from Interdisciplinary Shadow Places", *Futures of Education, Culture and Nature-Learning to Become*, 1, 2022, pp. 172~185.

81　Katie Holme, Andrea Gaynor & Ruth Morgan, "Doing environmental history in urgent times", *History Australia* 17, 2020, pp. 230~251.

82　Heather E. McGregor, "A 'wicked problem': rethinking history education in the Anthropocene", pp.488~491.

83　Ibid., pp. 498~499.

84　Herr, Anna-Zöe, "Narratives of Hope: Imagination and Alternative Futures in Climate Change Literature", *Transcience: A Journal of Global Studies*, Vol 13, Issue 2, 2022, pp. 88~111.

85   Mauch, Christof. "Slow Hope: Rethinking Ecologies of Crisis and Fear," *RCC Perspectives: Transformations in Environment and Society*, 2019, no. 1.

86   성경희, 〈지속가능발전에 대한 비판적 고찰과 사회과 시민교육 : 낭만주의와 염세주의의 기로에서〉, 《사회과교육》 63-1, 2024, 121~144쪽.

87   다카하시 마사키, 〈이대로 좋은가? 일본의 SDGs〉, 《역사교육》 145, 2024, 299~306쪽.

88   정규호, 〈민주주의 강의 — 생태민주주의〉, 《희망세상》, 2011, 10~11쪽.

89   강문형·강성민·강화정·김병윤·김육훈·박영진·원지혜·윤세병·이경훈·이명화·천장수, 《생태환경의 시선으로 역사 교육과정과 교과서를 말하다》, 전국역사교사모임·역사교육연구소, 2022, 10~14쪽.

90   Carvalho, A., & Riquito, M., "Listening-with the subaltern: Anthropocene, Pluriverse and more-than-human agency", *Nordia Geographical Publications*, 51(2), 2022, pp. 37~56.

91   제이슨 히켈, 김현우·민정희 옮김, 《적을수록 풍요롭다》, 창비, 2021, 69~173쪽.

92   Katie Holme, Andrea Gaynor & Ruth Morgan, "Doing environmental history in urgent times", 2020, p. 2.

93   아네테 케넬, 홍미경 옮김, 《미래가 있던 자리》, 지식의날개, 2022, 7~20쪽.

94   Hawkey, Kate. *History and the Climate Crisis: Environmental history in the classroom*. London: UCL Press, 2023.

좌담회

1   Hawkey, Kate. *History and the Climate Crisis: Environmental history in the classroom*. London: UCL Press, 2023.

2   Christophe Bonneuil and Jean-Baptiste Fressoz, *The Shock of the*

Anthropocene: The Earth, History and Us, Verso, 2016.

3   J. Donald Hughes, *An Environmental History of the World - Humankind's Changing Role in the Community of Life*, Routledge, 2009.

4   고태우, 〈대가속의 어두움: 20세기 한국의 역사는 발전의 역사인가?〉,《역사학보》257, 2023; 양지혜, 〈근현대 한국의 광업 개발과 '공해'라는 느린 폭력〉,《역사비평》134, 2021; 배항섭, 〈한국 근대사 이해의 글로벌한 전환과 식민주의 비판: 기후변동과 역사 연구의 새로운 방향 모색〉,《역사비평》145, 2023.

5   OECD 교육 2030(미래 교육과 역량 프로젝트) OECD, 〈OECD Education 2030〉, 2018(www.oecd.org/education/2030/); 유네스코 2050(함께 그려 보는 우리의 미래: 교육을 위한 새로운 사회계약) Unesco, 〈International Commission on the Futures of Education〉, 2022(https://unesdoc.unesco.org/ark:/48223/pf0000381212).

총론 : 생태환경사를 공부하고 가르친다는 것

- 전국역사교사모임·역사교육연구소, 〈생태환경의 시선으로 역사 교육과정과 교과서를 말하다—지속가능한 생태민주사회의 시민 형성을 지향하며〉, 2022.
- 진보교육연구소 교육과정연구모임, 《대전환 시대 변혁의 교육학》, 살림터, 2022.
- J. Donald Hughes, *An Environmental History of the World—Humankind's changing role in the community of life*, Second edition, Routledge, New York, 2009.
- Joachim Radkau, *Natur und Macht. Eine Weltgeschichte der Umwelt*, München, 2000; 이영희 옮김, 《자연과 권력》, 사이언스북스, 2012.
- Johnson Donald Hughes, *What is Environmental History?*, Cambridge 2016; 최용찬 옮김, 《환경사란 무엇인가?》, 앨피, 2023.
- Kate Hawkey, *History and the Climate Crisis : Environmental history in the classroom*, UCL Press, 2023.
- Ramachandra Guha, *Environmentalism—A global history*, new York, 2000; 권태환 옮김, 《환경 사상과 운동》, 다산출판사, 2006.
- Robert B. Marks, *China—An Environmental History*, Second edition, Rowman & Littlefield, London, 2017.

1부

1. 기후위기 시대, 역사 교사니까 잘할 수 있는 일을 찾아서

- 김육훈, 〈역사수업에 녹색 빛을 비추어보자—문답으로 풀어놓은 '생태환경사 교재 구성과 수업 실천' 제안〉, 《역사교육》 135, 2021, 149~179쪽.
- 원지혜, 〈기후위기에 맞선 생태민주주의 수업 한해살이 이야기〉, 《역사교육》 139, 2022, 174~198쪽; 〈지속가능한 세상을 위하여〉, 《역사와 교육》 22, 2022, 50~70쪽.
- 제이슨 히켈, 김현우·민정희 옮김, 《적을수록 풍요롭다》, 창비, 2021.

- 존 벨라미 포스터, 김현구 옮김, 《환경과 경제의 작은 역사》, 현실문화, 2001.
- 펠리페 페르난데르아르메스토 외, 이재만 옮김, 《옥스퍼드 세계사》, 교유서가, 2020.

2. 세계사 교과서를 낯설게 마주하는 시간

- 강인욱, 《유라시아 역사 기행》, 민음사, 2015.
- 세오 다쓰히코, 최재영 옮김, 《장안은 어떻게 세계의 수도가 되었나》, 황금가지, 2006.
- 스기야마 마사아키, 이경덕 옮김, 《유목민의 눈으로 본 세계사》, 시루, 2013.
- 스벤 베커트, 김지혜 옮김, 《면화의 제국》, 휴머니스트, 2018.
- 오카모토 다카시, 강진아 옮김, 《중국사 어떻게 읽을 것인가》, 투비북스, 2023.
- 이나미, 《생태시민으로 살아가기》, 알렙, 2023.
- 이재정, 《의식주를 통해 본 중국의 역사》, 가람기획, 2005.
- 제이슨 히켈, 김현우·민정희 옮김, 《적을수록 풍요롭다》, 창비, 2021.

2부

1. 소의 자리가 있는 한국사를 상상하다

- 권오현, 〈회화 사료의 독해와 발문 방안의 연구〉, 《사회과교육연구》 13, 2006.
- 김동진, 《조선의 생태환경사》, 푸른역사, 2017.
- 박상욱, 〈그림 원사료 어떻게 볼 것인가〉, 《역사와 경계》 76, 2008.
- 박유미, 〈고대사회에서 소가 갖는 사회경제적 위상 ― 고고학·문헌자료를 중심으로〉, 《한국민속학》 74, 2021.
- 염정섭·소순열, 《농업기술과 한국문명》, 들녘, 2021.
- 이종현, 《그림으로 보는 한우 이야기》, 팜커뮤니케이션, 2021.
- 정연학, 〈농경사회에서 소가 지닌 상징성〉, 《심우, 소를 찾아서》, 국립민속박물관, 2021.

4. 구술 인터뷰로 산업화와 공해의 역사 돌아보기

- 김애경, 〈역사 동아리와 함께한 '원진레이온 사건' 구술사 프로젝트〉, 《역사교육연구》 45, 2023.
- 김애경 외, 〈구술사 연구를 시도하고 싶은 선생님을 위한 안내서〉, 전국역사교사모임 홈페이지, 2022.
- 노동환경건강연구소, 《고통에 이름을 붙이는 사람들》, 포도밭출판사, 2021.
- 송병건, 《산업재해의 탄생》, 해남, 2015.
- 요시나카 다케시, 박찬호 옮김, 《생명의 증언》, 건강미디어협동조합, 2017.
- 원진노동자 직업병위원회, 《전사》, 1998.
- 윤성은, 〈산업화 초기 산재 피해자들의 삶의 경험과정 연구 : 원진레이온 노동자들을 중심으로〉, 성균관대학교 박사학위 논문, 2018.
- 황교련, 〈원진레이온 직업병과 두 가지 과학적 삶〉, 《과학기술학연구》 21 – 1, 2021.

3부

1. 새로운 세계사를 위한 밑그림

■ 인류세에 대한 전반적인 소개를 담은 입문용 책

- 사이먼 L. 루이스·마크 A. 매슬린, 김아림 옮김, 《사피엔스가 장악한 행성》, 세종, 2020.
- 얼 C. 앨리스, 김용진·박범순 옮김, 《인류세》, 교유서가, 2021.

■ 인류세 용어를 비판하고 자본세 관점에서 자본주의 600년의 역사를 서술한 책

- 라즈 파텔·제이슨 무어, 백우진·이경숙 옮김, 《저렴한 것들의 세계사》, 북돋움, 2020.
- 제이슨 히켈, 김현우·민정희 옮김, 《적을수록 풍요롭다》, 창비, 2021.

■ 세계사 서술과 접근법을 소개하는 책

- 데이비드 크리스천, 류충기 옮김, 《세계사의 탄생》, 소와당, 2021 (케임브리지 세계
  사 시리즈의 1권으로 세계사의 역사, 시대 구분 문제, 기술·에너지·가족·이주의 역사, 젠더사, 인류학
  과 세계사 등 흥미로운 주제를 다룬다).

■ 새로운 관점을 담은 역사 서술을 보여 주는 세계사 책
- 데이비드 크리스천·신시아 브라운·크레이그 벤저민, 이한음 옮김, 《빅 히스
  토리》, 웅진지식하우스, 2022.
- 메리 위스너 – 행크스, 류형식 옮김, 《케임브리지 세계사 콘사이스》, 소와당,
  2018.
- 앤터니 페나, 황보영조 옮김, 《인류의 발자국》, 삼천리, 2013.
- 유발 하라리, 조현욱 옮김, 《사피엔스》, 김영사, 2015.
- 피터 프랭코판, 이재황 옮김, 《기후변화 세계사 1·2》, 책과함께, 2023.
- 아미타브 고시, 김흥옥 옮김, 《육두구의 저주》, 에코리브르, 2022.

더 늦기 전에 시작하는 생태환경사 수업

기후위기 시대, 역사 교사의 역할을 찾아서

1판 1쇄 발행일 2024년 10월 28일
1판 2쇄 발행일 2025년 2월 10일

지은이 전국역사교사모임

발행인 김학원
발행처 (주)휴머니스트출판그룹
출판등록 제313-2007-000007호(2007년 1월 5일)
주소 (03991) 서울시 마포구 동교로23길 76(연남동)
전화 02-335-4422 **팩스** 02-334-3427
저자·독자 서비스 humanist@humanistbooks.com
홈페이지 www.humanistbooks.com
유튜브 youtube.com/user/humanistma
인스타그램 @humanist_insta

편집주간 황서현 **편집** 김나윤 박민영 **디자인** 장혜미
조판 홍영사 **용지** 화인페이퍼 **인쇄·제본** 정민문화사

ⓒ 전국역사교사모임, 2024

ISBN 979-11-7087-254-2 03900